武术散打运动教程

主　编：崔建功
副主编：丁传伟

北京体育大学出版社

策划编辑　李志诚
责任编辑　侯恩毅
责任校对　张春芝
版式设计　李沙沙

图书在版编目（CIP）数据

武术散打运动教程/崔建功主编. -北京：北京体育大学出版社，2016.5（2023.6）
ISBN 978-7-5644-2288-2

Ⅰ.①武…　Ⅱ.①崔…　Ⅲ.①散打（武术）-中国-教材　Ⅳ.①G852.4

中国版本图书馆 CIP 数据核字（2016）第 118790 号

武术散打运动教程
WUSHU SANDA YUNDONG JIAOCHENG　　崔建功　主编

出版发行：北京体育大学出版社
地　　址：北京市海淀区农大南路 1 号院 2 号楼 2 层办公 B-212
邮　　编：100084
网　　址：http：//cbs. bsu. edu. cn
发 行 部：010-62989320
邮 购 部：北京体育大学出版社读者服务部 010-62989432
印　　刷：北京建宏印刷有限公司
开　　本：710mm×1000mm　1/16
成品尺寸：170mm×228mm
印　　张：21.25
字　　数：355 千字
版　　次：2016 年 5 月第 1 版
印　　次：2023 年 6 月第 3 次印刷
定　　价：72.00 元

目录

Contents

第一章　武术散打概述

散打运动是指两人按照一定的规则，运用武术中踢、打、摔和防守等技法，进行徒手格斗对抗的现代竞技体育项目，是中国武术的重要组成部分。散打运动与实用技击不完全一样，它从体育的观念出发，许多动作受到竞赛规则的制约，在不伤害对手的情况下，可以充分发挥各流派的技法。现代散打运动也不同于传统武技，是在传统武技基础上的继承和提高，其体育属性是其得以发展的基础，也正基于此它才能发展壮大，为各国人们所接受。

第一节　武术散打的特点

一、表现形式的民族性

武术散打与世界上其他搏击技术有着共同之处，即它们都是以运用拳、腿或摔的技法直接击打对方身体为主的项目，但在这共同的表现形式中，武术散打又突出地反映了我们本民族特有的风格与气度。

首先是在比赛形式中的体现。散打的比赛形式采用的是传统的“打擂台”方式。所谓“打擂台”，顾名思义就是比赛双方只能在擂台上各呈技艺，争出高下。

如果一方下擂，不管他胜出对方多少分，仍要判定为该局败方。其原因就是，既在擂台上较技，能否不下擂台自然是判定技击胜负的最基本标准。这就与西方搏击中以体能为基础的搏击有着明显的区别。我们的民族从来就强调人与客观外界的“和谐统一”，那么，在竞技比赛中，把人能否在擂台上作为胜负判定的基本标准，无疑是本民族传统思维方式所产生的结果，这是民族性最深层的反映。

其次是在规则制定中的体现。现行的散打规则规定，比赛采用每局单独计分的“三局两胜制”。每局比赛得分多少只作为本局胜负评定的依据而不带入下一局。这就要求运动员每一局都需从“零”开始，这就使得比赛始终是以得“分”为主，而不以“重创”为要，最终使竞技中的散打得以充分表现的是“技法”，胜则是靠“招数”。这与传统技击术中的“点到为止”的原则有着一脉相承的思想。此外，对“得分部位”的规定也颇具民族特点。散打的得分部位几乎是全身性的，这有别于世界上任何一种搏击术，从反面提醒了人们对自己身体的任何部位都要防护好，这正是用反衬的方法证明我们是个讲究“以生为贵、全生保身”的民族。还有诸如对“倒地”的处理和对使用方法的规定等，都潜存着“穷寇勿追”的兵家思想，说到底是与传统的伦理观点分不开的。

其三是在技术运用中的体现。各武术流派的技法都属散打技术的运用范围，这首先就表露了现代散打与传统技击术的承续关系，同时也反映了散打技术追求“一统”的整体观。在对技术动作的要求方面，散打只注重动作的具体形态，而不注重对每个具体形态组成的各个细节的追究和数学语言的使用，以至散打的动作技术没有具体的规范要求。在技术运用方面，散打提倡的是心领神会的“顿悟”，强调的是“拳打千遍”功到自然成，而少有使用解析的方法来提高运用能力。所有这些都反映了我们的散打与民族传统的思维习惯有着十分密切的关系。

二、散打反映文化的直接性

西方体育具有文化的含义是因为体育本身就是文化的一种表现形态，而武术散打除了作为具有体育性质的文化含义外，还由于它是发生和建立在中国传统文化的基础上，并且它自身也带有丰厚的传统文化底蕴，甚至可以说它本身就包含了几乎所有传统文化的主要精神，并将其直接地体现始终。这就是为什么人们把竞技散打、实用散打和民间的传统技击术混为一谈；为什么在提及武术散打时，就与防身自卫的需求联系在一起；为什么人们一谈到武术散打，就首先强调武德的修养和情操的陶冶的真正原因所在。

尽管竞技散打与传统技击已有所不同，但它还是以中国传统文化为其发展基础，在传统文化的总体氛围中生存和发展。如中国传统哲学思想对武术散打的渗透，使之确立了基本风格，在思维模式上，以“道”为追求的最高境界，决定了武术散打最终将超越形式而升华为对人生真谛的追求。以“重用”为核心的种种规范，构成了武术散打竞技在动态中求“稳”的一面；以“阴阳”“五行”的变化，又形成其在稳中求“动”的一面。同样，习武的目的绝非是为了逞强斗狠，而是与习文一道，最终来完成对理想人格的追求。此外，武术散打还在不同程度上体现了传统医学、美学、兵学、养生学等多种“学科”的思想内容。

由此可见，武术散打其实是作为传统文化的载体之一出现的，人们在谈到散打时，必然论及它的文化内涵。甚至有许多外国人为了解中华文化而通过学练武术散打开始入门。

第二节　武术散打的历史回顾

一、远古时期徒手格斗技术的形成

武术散打的产生可以追溯到上古时代。原始社会时期，人们为了生存，获取生活资料，在狩猎实践中悟出了拳打、脚踢、绊摔、擒拿、跌扑等动作。私有制产生后，氏族社会、部落之间的战争时有发生，使用武力成了掠夺财富最主要的手段。求生的本能向人们提出了军事技能的要求，提出了对部落的成员先进行军事技能训练的任务。人与兽斗、人与人斗的本能活动，经过漫长的岁月和积累，一旦过渡到有意识的技击交流时，就产生了质的飞跃，这就是武术散打的萌芽。然而这远不是体育范畴的武术散打运动。

到了商周时期，人们的徒手格斗技术有了发展。在商代，武舞与练武逐渐分化，攻防格斗技术已被单独用出来训练士兵。在周代，练武成为教育的一项重要内容，并有了专门的训练时间和内容。奴隶社会尖锐的民族矛盾、阶级斗争，使奴隶主越来越重视对本阶级子弟和奴隶进行军事技能训练和体质锻炼，统治者还规定了专门的训练时间——“三时务农，一时练武”。此时的练武内容有射箭与对抗攻防技术，习武已成为人们有意识、有目的、有组织的活动。

春秋战国是奴隶制向封建制转变的时期。社会变革带来了政治、军事、经济、文化、教育、体育等方面的变化与发展，这个时期，格斗技术发展到了一个新阶段。由于诸侯争霸，攻伐激烈，为争雄称霸，各国都重视“拳勇”“技击”对军队战斗力的影响，重视技击术在战场上的应用。齐桓公曾于春秋两季举行全国性比较武功的“角试”来选拔天下豪杰、枭雄以为己用。管仲也曾在齐国招募全国有“拳勇股肱之力”“筋骨秀出众者”来训练军队。齐国正是靠重视拳勇、技击而首先称霸诸侯的。这个时期军队的训练有了新的发展，无论形式、内容，还是规模都远远超越了商周。当时练习的主要内容是徒手与器械的攻防格斗技术。

在民间，当时习武成风，除了格斗技术的发展外，在《荀子·议兵营》和《资治通鉴》中还记载了战术的应用，“用手臂捍头目而覆脑腹也”“沂而袭之与先掠而后击之，岂手臂不救也”。从中可以看出，徒手相搏已有指上打下、声东击西的佯攻战术的运用。

此时，攻防格斗的体育性质逐渐被人们认识，正如孙子曾指出“搏刺强士体”，比武除了较量武艺外，还有增强体质的作用。这种认识上的提高，是攻防格斗技术（散打）走向体育竞技的萌芽。

二、古代时期徒手格斗技术的发展

秦汉、三国时期正处于封建社会的上升时期。统一的多民族国家的建立，经济、政治、文化的发展，使人们在较长时间内处于相对安静的环境中，为武术逐渐由单纯军事型向体育竞技方向发展创造了条件。

秦统一六国后，“收天下之兵”，客观上限制了民间的练武活动，但却使“手搏、角抵”——武术徒手形式的对抗发展起来。1975 年在湖北江陵出土的秦墓中发现一个木蓖，其弧形背面就有彩绘的“手搏”比赛场面，画面显示比赛在台上进行，其中还有一人双手前伸，作裁判状。

汉初的统治者为抵御匈奴，鼓励习武，大大促进了民间的练武活动，并出现了一个新名词——“武艺”。同时，出现了许多不同风格的技击流派。当时所说的武艺是徒手和器械对抗与套路的总称，它既包括徒手的角抵、手搏以及斗剑等对抗，也包括单练和对练等套路运动。

两晋南北朝时期实行府兵制，选士的标准对武艺有很高要求，一定程度上促进了武艺的发展。据《通典·兵典》记载：“选士之科……引彊彻札，戈铤剑戟，便于利用，挺身捕虏，搴旗斩将，堪陷阵者；矫捷若飞，审城越堑，出入无形，堪窥战者；往返三百里不及暮至者；破格舒钩或负六百斤行五十步、四百斤行百步者。”选拔士兵不但对技术的要求高，也对身体素质如速度、耐力、力量诸方面有严格的要求。两晋南北朝后期，儒、道、佛日趋合流，玄学盛行，官僚贵族迷恋奢侈生活，信奉宗教，追求长生不老术，其消极影响在一定程度上阻碍了武术的发展。武术的对抗形式虽然得到广大人民的喜爱，而统治阶级却把它当作追求刺激和消遣玩赏的内容，违背其内在规律，致使其面目全非，破坏了其正常发展。

隋唐五代时期是武术大发展时期。当时手搏、角抵倍受重视，尤其是唐代武举制的实行，大大促进了武术的发展，练武之风盛行，武艺出众者如“猛殿之士”“矫捷之士”“疾足之士”大量出现，并出现了职业教授武艺的人。民间武术蓬勃兴起，武术体育性质更加明显，徒手格斗的相扑、角抵、手搏等有了进一步的规范化。从隋唐五代的手搏、角抵比赛可看出大体规则如下。

- 不按体重分级。
- 主要用踢、打、摔的技法。
- 活动场地多在方形台上进行。
- 没有护具，比赛时多赤身短裤。
- 犯规处罚不明显。
- 获胜者给予重奖。

两宋时期，由于内受封建军阀统治，外受强敌侵扰，民间练武成风，开始出现练武组织“锦标社”“英略社”“角抵社”等。《宋史·兵志》说：“手搏虽不切于用（指用于战场），而习其身臂。”徒手攻防格斗活动的健身性与娱乐性的功能，从宋朝到明朝的著作中都有反映。宋人调露子认为："上古之人淳素，以良饱饮足，或以前肱为格击，手赤来取胜负。"《梦粱录》说："每年春秋两季，禁中教场，呈试武艺，飞枪砍柳，走马舞刀，百艺俱全。"当时，"手搏"已在群众中喜闻乐见，成为文化生活的组成部分。

元代，由于统治者的禁武，武术一度陷入了衰落期。为防止人民反抗，统治者对民间的武术倍加摧残，民间"聚团围猎""弄枪棒""习武艺"被一概禁绝(《元典章》)。武艺多是以秘密家传方式在暗中传授。元代统治者虽然对民间武术百般摧残，但在军队却开展骑、射、摔跤等项目，以保持部队的精锐。从历史角度来看，对抗性的比武如手搏、摔跤、器械等还是有所发展。袁宏道著《嵩游记》："晓起出门，童自分棚立乞观手搏，主者曰：山中故事，试之多绝技。"正规的比武叫打擂台。擂台叫"献台"，裁判叫"布署"，比赛有一定规则，"不许暗算"，先败下台者认输。比赛时，"当思搏法，此临敌着也，敌强宜用抽御，敌均宜用裆抄，敌弱宜用冲燥"，反映了比赛中攻守进退的战术研究和实用的招法及多样化，从形式上看，更接近体育竞技比赛的要求。

明清两代是武术集大成的发展时期，人们在练武的组织如"社""团""馆"中习武，利用各种形式传授武术，形式多样的拳种不断出现并得到人民群众的喜爱。各类人物操练武艺，由于不同拳种风格各异，打法不一，因而经常通过比武较量发展武艺，"打擂"在民间广为流传，比如各种节日宴会，擂主在公开场合搭上擂台，迎战所有的挑战者。这种比赛不用先报名，来自各地的拳师只需地方同意就可以上台比武。

三、近代武术散打的发展

民国初年，习武开禁，拳击之风蓬勃一时。民间出现了许多拳术社、武术会、武士会。其中上海的"精武体育会"最为庞大。它在许多省市及香港都设有分会，并传播到东南亚一带，在继承与发展武术上起到了积极作用。

民国时期，1927年在南京成立了"中央国术馆"，后来相继在24个省市建立了国术馆，县级国术馆达300多个。国术馆学生的主要练习内容除了套路外，就是散打和中国式摔跤。

1928 年 10 月，中央国术馆在南京举办“第一届国术国考”，国考设有散打比赛，采取双败淘汰制，三局两胜。比赛在长方形的场地上进行，对抗不限流派，不以体重分级，临时抽签分组比赛。

1933 年，中央国术馆在南京举办“第二届国术国考”，大部分省市都派代表队参加。当时的散打比赛以点到为止，没有时间限制，凡用手脚踢中对手任何部位都得一点。因此，对手为了在比赛中多得点，用脚尖踢中对方，或以手摸到对方的头发也算得一点。由于当时比赛规则不规范的原因，导致双方皆不轻易出动作，在场上躲躲闪闪、跳来蹦去，当时报纸的评论是“国术场成了斗鸡场”。

1929 年在浙江举办了“国术游艺大会”，其中参加散打比赛的运动员有 125 人。1933 年，在南京举办的“全国运动大会”仍设有散打比赛项目。

虽然民国时期试图把“打擂台”这种形式以体育比赛的形式展现出来，但没有成功。

第三节 武术散打的现状与发展趋势

中华人民共和国成立后，武术散打运动经历了一个曲折的发展过程。建国后不久，武术散打运动的发展曾一度红火，可是由于考虑安全问题以及发展武术的重点在套路等多种原因，散打运动的发展十分谨慎、缓慢。党的十一届三中全会后，武术散打运动才逐步走向繁荣。

一、现代武术散打运动形成，“积极、稳妥”地向前发展

1978 年，党的十一届三中全会以后，文化界出现了“百花齐放、百家争鸣”的大好形势。从那时起，武术开始在全国广泛地发展起来。是年，原国家体委运动司武术处成立了武术散打调研组，并于同年在湖南湘潭举行的全国武术比赛期间听取了部分教练员及武术工作者的意见。尔后在北京召开了座谈会，又进行了

个别访问，听取了武术界特别是部分老武术工作者的意见。在此基础上，写出了《关于开展武术散打运动的报告》。原国家体委对报告进行了研究并提出了“积极、稳妥”的方针，为武术散打运动的开展奠定了基础。

1979 年，为全面继承和发展武术这一古老的传统文化遗产，原国家体委决定按照竞技体育的模式首先在浙江省体委、原北京体育学院和武汉体育学院 3 个单位进行武术散打项目的试点，以取得经验，逐步推广。同年 5 月，在广西南宁举行的全国武术观摩交流大会上做了首次汇报表演。9 月的第 4 届全运会期间，原国家体委调试点单位的散打代表队赴石家庄赛区，与河北散打队进行了公开的表演。1980 年 10 月，原国家体委又调集散打试点单位的有关人员开始拟订《武术散打竞赛规则》（征求意见稿）。通过试验修改，于 1982 年 1 月制定了《武术散打竞赛规则》（初稿），并按此规则在北京举行了全国武术散打邀请赛。随后按照这一规则，在北京举行了全国武术对抗项目表演赛。

1982 年 12 月，在北京召开的全国武术工作会议上正式提出武术散打的问题。大会报告中指出：“技击尚处在实验阶段，要逐渐积累经验。对待技击的开展要取慎重稳妥的态度。”在大会总结报告中又提到：“关于武术技击，目前限制在一定的范围内进行。”

自此，武术散打本着“积极、稳妥”的精神，每年都举行一次全国性的比赛。1987 年提出在全国武术对抗性项目表演赛中采用设台比赛的办法。1988 年在兰州举行的散打表演赛中第一次设台比赛。自此，武术散打以擂台形式进行比赛被确定下来，体现了武术的民族风格。

武术散打运动的开展，深受群众尤其是青少年的喜爱。但是，由于武术散打比赛是一项直接对抗、十分剧烈的运动，为了减少和避免伤害事故，对运动员的身体素质、心理素质、训练水平以及竞赛组织、场地条件、医务监督要求都很高。因此，1989 年，原国家体委办公厅发出《关于加强武术散打比赛管理的通知》，这个通知保证了武术散打运动沿着规范、科学的方向发展。

1989 年在江西宜春举行了第一次武术散打正式比赛——全国武术散打锦标赛。这次比赛正式采用《武术散打竞赛规则》。这是武术散打发展的一个新起点。

武术散打运动得到了各省、自治区、直辖市体委的普遍重视和支持，其发展出现了可喜的局面。开展活动和参加比赛的单位不断增加，先后在成都、重庆、郑州、沧州及武当山等地举行了各种类型的全国性武术散打邀请赛。

1990 年，经原国家体委审定，《武术散打竞赛规则》正式颁布执行，并实行裁判员、运动员等级制度。1990 年，原国家体委正式公布实施《武术散打技术等级标准》。同年批准了 14 名散打武英级运动员。中国武术散打裁判员队伍，经过数年的实践和努力已初步形成，且自成体系。1990 年，经过考核，由原国家体委批准了第一批国家级武术散打裁判员。武术散打比赛的评分采用电子计分器，比以往的评分方法有了很大改进。武术散打邀请赛、武术之乡比赛、武术馆校比赛、革命老区武术比赛等不断举办，对武术散打运动的发展起到了很大的推动作用。

1990 年，在河南焦作召开了第一次全国武术散打工作会议，确定了武术散打的发展方向。1993 年的第 7 届全国运动会把武术散打列为全运会正式比赛项目，设男子团体 1 块金牌。全国有 14 个单位派队参加。这意味着武术散打进入了一个新的发展时期。1997 年，第 8 届全国运动会将金牌总数增至 3 块，分设大、中、小 3 个组别的比赛。2001 年的第 9 届全国运动会将金牌总数增至 6 块，将散打按体重分为 11 个级别。

1999 年，为了使武术散打进一步规范化和突出民族特色，将原先“散手”正式改名为“散打”，1999 年的全国比赛正式改名为“全国武术锦标赛散打团体赛”，并且增设了全国散打青年锦标赛。同时，在比赛中除保留拳套、护齿和护裆外，脱掉其他所有护具，使武术散打以一个崭新的形象展现在体育大舞台上。

2002 年 2 月 7 日，在盐湖城举行的国际奥委会第 113 次会议上，国际武术联合会被准予为被承认的联合会。

2003 年 11 月 2—7 日，第 7 届世界武术锦标赛在中国澳门举行，女子散打首次列为比赛项目。

2005 年 10 月 13—15 日，我国第十届运动会武术比赛分别在江苏省南京市（套路比赛）和连云港市（散手比赛）举行。在本次全运会中武术项目的金牌数量添加到 21 块，其中套路 12 块，散打 9 块。

2008 年 2 月 18 日，国际武术联合会与 2008 第 4 届釜山世界大众体育运动会组委会就在釜山共同举办的 2008 第 4 届釜山世界大众体育运动会世界武术比赛相关事宜在京进行了友好协商，并签署了合作备忘录，武术作为正式比赛项目首次进入世界大众体育运动会。

2008年3月30日开始，“大比武2008——中国武术散打功夫王争霸赛”开赛。这一系列赛事由武术管理中心主办，黑龙江电视台承办，黑龙江省体育竞赛管理中心和哈尔滨少林武校协办，竞合国际营销机构推广的跨年度顶级赛事。比赛设70千克级、80千克级、90千克级和90千克以上级4个级别，分为选秀赛、擂主赛、功夫王争霸赛3个阶段。

2009年1月17—18日，全球新春武术搏击慈善大赛在北京开赛。本次赛事融合了全球顶尖的格斗高手，著名的K－1世界自由搏击组织、WBC世界拳击理事会、WMC世界泰拳理事会、WKF世界空手道联盟等国际格斗组织联袂派出优秀选手参加比赛。

2011年，中国武术协会在国家体育总局的领导下，贯彻落实科学发展观，以“大武术观”统一思想和行动，大力推进武术标准化建设，在竞技武术、社会武术、武术科研、武术段位制、会员制、武术之乡、武术进学校、全民健身、武术申奥，以及武术的国际推广等方面均取得可喜成绩，呈现出新的发展态势。其中，以下10项大事尤为突出，是2011年工作中的亮点。

1. 成功召开首次全国武术协会主席和秘书长联席会议。

2. 以颁布《武术运动管理手册》《中国武术段位制手册》《中国武术段位制系列教程》等为标志的武术标准化建设取得多项新成果。

3. 建立了覆盖全国的中国武术协会段位制工作委员会组织体系，启动了中国武术段位制官方网站。

4. 武术被国际奥委会列为2020年奥运会备选项目。

5. 第7届城运会武术预赛和决赛圆满成功。

6. 中国武术代表团在联合国总部表演轰动美国纽约。

7. 中国武术代表队在第11届世界武术锦标赛上取得优异成绩。

8. 教育部召开武术进中小学工作座谈会。

9. 在西藏自治区首府拉萨市举行首届太极拳比赛。

10. 国家武术研究院与李连杰先生签订《武术太极院合作协议》。

2012年8月7—9日，武术运动管理中心在山东省泰安市举办全国武术散打一级裁判员晋级考试班。经采用笔试、口试、技术考核、实践评判等方法进行考核，共有52人达到了国家级裁判员标准，这次培训培养了一批年轻的武术散打一级裁判骨干，增加了裁判员队伍实力，提升了整体水平，锻炼了队伍。全年共完成了国际级、国家级、一级裁判上岗培训和为参赛单位培训一级裁判员骨干的任务，全年培训人员达300余人次，完成了运动员注册，裁判员晋级考核任务。

2013年武术运动管理中心全力做好各项赛事工作。

1. 抓好第12届全运会武术比赛各项工作，确保赛风赛纪和反兴奋剂工作不出任何问题。全运会设项调整后，各专业队竞争会非常激烈，赛事活动必将成为对武术管理工作的一次检验。要高度重视赛风赛纪和反兴奋剂工作，加强对裁判员、运动员、教练员、工作人员的教育和监督管理工作，确保武术赛事不出赛风赛纪和兴奋剂问题。要全力以赴做好组织工作，实现公平、公正、公开的办赛宗旨，达到总局提出的办赛目标。

2. 办好中国武术散打百强争霸赛等商业性赛事活动。中国武术散打百强争霸赛将于2013年初进行第一季6场比赛，此次赛事将贯穿全年，是由全国最优秀的武术散打运动员参赛，以职业联赛为根本，以商业操作为主线，将娱乐融入竞技，以竞技体现娱乐，带动中国整个武术产业发展的一次赛事活动。是武术市场开发很好的赛事品牌，对于武术走向市场化、产业化、规模化的一次尝试，是具有历史意义的。我们要把握好这次难得的机遇，要充分利用中国武术协会新闻委员会的资源优势，对赛事给予积极的报道宣传，扩大赛事影响力力争将中国武术散打百强争霸赛办成国内外一流、武术界顶级的精品赛事，进一步推动武术的影响力。

3. 要促进武术赛事活动水平的提高和发挥，总结经验，处理好数量和质量关系的问题，继续抓好各项赛事的同时，调动各方面的积极性，吸引更多的社会力量，支持武术事业的发展。全年国内外赛事任务仍然较为繁重，有第12届世界武术锦标赛、世界武搏运动会、世界运动会武术比赛、东亚运动会武术比赛、第6届亚洲青少年武术锦标赛、亚洲室内运动会泰拳及自由搏击比赛、世界杯泰拳比赛、世界自由搏击比赛、中欧4国武术散打争霸赛、中亚4国武术散打争霸赛，国内赛事有全国武术锦标赛、冠军赛等计划内赛事。

总体上看，目前武术散打运动已形成了系统、科学的组织程序；较为完善的竞赛制度以及竞赛规则和裁判法；培养了一批武术散打教练员和裁判员，使得武术散打运动得到了进一步的发展，加快了走向世界的步伐。

二、弘扬民族传统文化，逐步进入国际竞技大舞台

为了让世界了解武术，让武术走向世界，中国武术研究院和中国武术协会于1988年10月举办了首届国际武术节，并在深圳首次举行了国际武术散打擂台邀请赛。来自15个国家和地区的近60名运动员参加了为期3天7个级别的角逐，我国派出了5名队员参赛，分获5个级别的冠军。这是首次向世界展示武术散打的风姿。

自此，我国又于1990年在北京举办了国际武术散打邀请赛，这是国际武术联合会成立后第一次全面检验成员国开展武术散打运动情况的活动，也预示了散打被各国认可和接受的可喜前景，为世界武术锦标赛的设项提供了可靠的依据。1991年，国际武术联合会在北京举办了第1届世界武术锦标赛，散打被列为表演项目。这次锦标赛共有40个国家和地区的500多名运动员参加，中国派运动员参加了散打比赛，标志着散打项目在国际体坛确立的良好开端。在此后每两年一届的世界锦标赛上，散打都被列为正式比赛项目。此外，在历届的亚洲武术锦标赛上也把散打列为正式比赛项目。

2002年7月，第1届世界杯武术散打比赛在上海举行，这标志着武术散打运动的国际化已结出了丰硕的成果。

2004年11月12—14日，第2届世界杯武术散打比赛在广州举行，来自23个国家和地区的66名运动员分别参加男子48千克级到90千克级以上共11个，女子散手比赛首次列入比赛项目。

2005年12月10—14日，第8届世界武术锦标赛在越南首都河内举行，来自61个国家和地区的千余名运动员、官员将参加此次盛会。赛事共设套路男女22个项目和散打男女18个级别的比赛。

2006年8月22—25日，首届世界青少年武术锦标赛在马来西亚首都吉隆坡举行，共有40个国家和地区的354名男女选手参加，其中229人参加套路比赛，争夺甲、乙两组共36枚金牌，125人参加散手比赛，争夺男、女共12个级别的冠军。中国队有18名运动员参赛，其中参加套路比赛的10人，参加散手比赛的8人。共获得金牌16枚、银牌1枚。

2006 年 9 月 22—24 日，第 3 届世界杯武术散打比赛在西安举行，来自 24 个国家和地区的 260 余人参赛，参赛运动员均是武术世界锦标赛散打项目各级别的前 3 名。

2007 年 11 月 11—17 日，第 9 届世界武术锦标赛在中国北京举行，来自 89 个国家和地区的近 1500 名运动员、教练员和工作人员参加本届赛事，是历届世锦赛中参赛国家和地区及报名人数最多的一次。本届比赛设套路比赛 22 项、散手比赛 18 个级别，将决出 40 枚金牌。中国作为东道主，派出 19 名运动员参加。

2008 年 8 月 21—24 日，“北京 2008 武术比赛”在北京奥林匹克体育中心体育馆举行。比赛设套路 10 枚金牌、散手 5 枚金牌。有来自世界五大洲 43 个国家和地区的 128 名男女运动员参加比赛。

2010 年武术界的另一件大事就是首届世界武搏会的成功举办。首届世界武搏会于 2010 年 8 月 28 日—9 月 4 日在北京举行，共设武术、合气道、拳击、柔道等 13 个竞赛和表演项目。这是继 2008 年奥运会后北京举办的水平最高、参加人数最多、影响力最大的国际综合性体育赛事，吸引了来自 106 个国家和地区 1279 名运动员的积极参与。中国代表团共派出 64 名运动员，参加 9 个大项、54 个小项的比赛，获得了 15 金、3 银、13 铜的成绩。

2012 年 2 月 25 日，国家武术散打队正式成立，在性质上从完成某项任务临时集中训练，变更为应对国际赛事的常规训练单位，国家武术散打队的成立是中国武术几代人努力的结果，是对中国散打人的肯定。国家武术散打队的任务是打好包括亚运会、世锦赛、亚锦赛和世界杯等在内的国内国际赛事。

2012 年，我们向国外共派出了 22 个出访团队，197 人次，访问了 22 个国家和地区，足迹遍及亚、非、欧、美各大洲，宣传了武术，扩大了武术和中国文化在海外的影响力。

与此同时，世界各国为了让更多的武术爱好者都能了解散打，国际武术联合会和中国武术协会还组织编写了大量的国际武术散打教材，多次举办各种类型的国际武术散打教练员、裁判员学习班，同时还派出大批的专家、教练员到各国去推广普及武术散打运动，甚至帮助组建和训练所在国的国家队参加世界各类散打比赛。通过这些工作，无形中提高了各国武术散打的技术水平。

散打运动现在已越来越被各国人民接受和喜爱。各洲和各国的武术组织还通过各种形式经常举办洲际的和本国的武术散打比赛，有的洲已把散打列为洲际武术锦标赛的正式项目。所有这些，都为中国武术散打真正走向世界，打下了坚实的基础。

三、进行市场化探索，寻求可持续发展道路

为把武术散打推向市场，寻求在新形势下武术运动可持续发展的道路，中国武术运动领导机构做了大量有益的尝试。

1993 年中国武协成功运作了南北争霸赛；1999 年推出“中国功夫—美国职业拳击”争霸赛，使中国散打的知名度大幅度得到提高；在此期间，还举行了 3 次“搏击职业试点赛”和 2 次“水上搏击擂台赛”等。中国武术市场化的道路逐渐在武协领导者们的脑海中清晰和明确下来，总结经验和教训，开始酝酿中国武术长期、持久的“职业联赛”。

但是多年来，中国武术一直面临着资金匮乏的局面，比赛只是拉到一笔赞助才能搞一场，没有资金就只能作罢，因而没有什么连续性。从 1995 年确定“市场化”的思路到 1998 年找到长期合作伙伴和稳定的资金支持，中国武术运动管理中心做了大量工作。终于在世纪之交的 2000 年 3 月 25 日，中国武术散打职业联赛暨首届中国武术散打王争霸赛，在北京奥林匹克体育中心武术运动管理中心散打馆开战。来自全国 6 个级别的 120 余名运动员通过 9 个月的角逐，产生了中国第一个“散打王”。但是，这并不是真正意义上的职业联赛，因为它的主体条件还不具备——运动员还没有实现职业化。尽管如此，中国武术毕竟在市场化的道路上迈出了坚定的一步，为今后的发展打下了坚实的基础。

2001 年 9 月 23 日，在我国广东省广州体育馆举行了第 1 届中国功夫—泰国职业泰拳争霸赛，这是中国功夫和泰拳首次正式交手。中国选手用娴熟的腿法和快摔技术以 5∶2 的比分战胜了泰国选手。

2003 年 8 月 8 日，第 4 届中国功夫—泰国职业泰拳争霸赛在泰国首都曼谷举行，中国以 3∶2 客场获胜。

2006 年 2 月 23—26 日，“江中杯”首届国际武术搏击争霸赛在重庆市举行，来自中国、俄罗斯、美国、法国、伊朗、罗马尼亚的 16 位选手参加角逐，最终，

俄罗斯选手穆斯里穆夺得“KFK 超霸王中王”桂冠。

2007 年 3 月 22—25 日，第 2 届“泸州老酒坊杯”国际武术搏击争霸赛在重庆举行，中国队黄磊获“超霸王中王”称号。

2007 年 8 月 1—2 日，“今麦郎杯”中俄散打对抗赛在哈尔滨举行，中国队以 4∶2 的总成绩取得最终胜利。

2008 年 3 月 20—23 日，第 3 届“泸州老酒坊杯”国际武术搏击赛在重庆大田湾体育馆举行，来自中国、伊朗、埃及、日本、阿塞拜疆等 10 个国家的运动员参加了比赛。

2008 年 4 月 19—20 日，“2008 中国 VS 伊朗散打对抗赛”在黑龙江举行，女子散打对抗成为正式比赛项目。

2008 年 7 月 26 日，中国武术散打与美国自由搏击将在冰城哈尔滨一决高下。来自美国的 7 位搏击男选手和 2 位搏击女选手挑战 9 位中国武术散打高手。

2011 年 1 月 18 日，晚上，由国家体育总局武术运动管理中心和中国武术协会主办的蓝带杯 2011 中俄武术散打对抗赛在冰城哈尔滨举行，在 90 千克级大级别比赛中，功夫王黄磊击败强大的俄罗斯选手鲁斯兰，中国散打队以 5∶0 横扫对手。2010 年 5 月份，中国散打队曾远赴俄罗斯挑战，结果 5 位队员全部失利，并且多人被 KO，这是中国散打队历史上少有的一次惨败。此次中俄散打队决战哈尔滨，中国散打队五虎将一雪前耻。

2011 年 6 月 11 日，2011 年“中国武术散打—职业泰拳争霸赛”总决赛第二场在安徽合肥奥体中心展开较量。经过 5 场比赛较量，中国散打继去年广东顺德之战 3∶2 获胜后，又以同样的比分击败泰拳。

2012 年 1 月 7 日，蒙利钦杯宝力高搏击争霸赛在呼和浩特结束。中国草原铁拳 4∶1 击落泰拳，本次争霸赛分 60 千克、65 千克、70 千克、72 千克和 75 千克 5 个级别。中国队杨亮、赵额日德木土、王冠、包舍日古冷和傲特根·巴特尔，分别对阵泰国的神鳄·刹名鳄、界颂、杰阿·弗萨、坤坤汉沙拉和阿听·韩胜那。在前 3 个级别中，中国选手分别以高比分轻松击败泰拳。在第 4 个级别 72 千克的比赛中，泰国“天煞克星”坤坤汉沙拉击败“草原飞鹰”包舍日古冷，扳回 1 分。在第 5 个级别 75 千克级别的比赛中，中国拳手傲特根·巴特尔没有再让泰国选手赢得比分，在 3 局中，分别以 30∶22、29∶26、30∶27 的比分将阿听·韩胜那击败。

中国队以 4∶1 大比分击败泰拳。

2013 年 4 月 9 日，中国真功夫武术散打百强争霸赛第二阶段决赛比赛于晚 19∶30 在西安城市运动公园体育馆展开争夺。刘玲玲击败袁雪涛获得女子中量级的冠军，贾伟超战胜李浩天获得男子重量级的冠军，而最后的压轴大戏中，丛天天击败张井会获得了男子超重量级的冠军。此外，中国队在两场外战比赛中再度取得 1 胜 1 负的成绩。

2013 年 6 月 22 日，“亿阳杯”首届海峡两岸联队 VS 欧美武术搏击对抗赛在北京体育大学综合馆举行，本次比赛共有 7 场巅峰对决。决出 7 位优胜者。

2013 年 12 月 31 日晚间，2013 世界功夫王者争霸赛在吉林省长春市鸣锣开战。来自中国、法国、泰国、新西兰、俄罗斯、日本 6 个国家的顶尖搏击高手一直拼到“2013 年的最后一刻”，最终中国拳手获得八胜一负的战绩，并囊括两条金腰带。

武术散打运动市场化的探索和开发，已经具备了一定的经验，但与发达国家的体育赛事相比，如美国的 NBA、欧洲各国足球职业联赛、美国职业拳击、日本空手道、韩国跆拳道等，我们的市场化水平还处于较低层次，即使与中国的职业足球联赛、CBA 比赛、乒乓球比赛相比，我们也还有一定的差距。我们的市场化道路任重而道远，我们将不断地在实践中探究成功之路，面对困难与挫折，永不放弃。

四、以科研为依托，项目管理日益系统化和规范化

为使武术散打能够更加健康全面地发展，近年来国家体育总局武术运动管理中心、武术研究院和中国武术协会做了大量的工作。

首先是加大了武术散打科研工作的力度，在各直属院校和各地专家、学者的大力支持、协助下，武术散打科研着重从 4 个方面入手，并取得了可喜可贺的成绩：一是生物科学对武术散打技术发展的指导与应用；二是探讨了武术散打教学与训练的科学化问题；三是探讨武术散打与传统文化、武术套路的相互关系以及武术散打发展的影响；四是对武术散打发展趋势和发展战略的研究和探讨，制定出总体发展规划。尤其是 1996 年，原国家体委武术研究院在成都组织制定的对武术散打技术框架和理论框架的初步构建意见，以及全国武术散打教练员岗位培训

教材的编写，标志着武术散打已初步建立起自身的体系框架。

其次，为了推广和普及武术散打运动，培养武术散打的技术骨干，原国家体委武术研究院自1989年4月在北京举办首届全国武术散打教练员培训班以来，先后多次在各地举办过各种类型的教练员培训班。全国各省、自治区、直辖市和各行业体协、各体育院校都选派了大批的武术散打骨干参加了类似的培训班或轮训，参训人数达百人之多，使武术散打得以在全国推广和普及，为发展更多的高水平运动队，在技术上和组织上做了充分的准备。

其三，较为科学地制定了武术散打竞赛规则。自1982年制定出第一部武术散打竞赛规则以来，原国家体委武术研究院又多次组织专家学者，针对武术散打运动的规律与现状，探讨如何利用规则的导向作用，保护散打的技术特点和正确引导技术的发展。同时还根据各个不同时期的散打技术水平，分别制定了1990年、1996年等几个不同阶段的裁判规则，这样既顺应了武术散打运动的发展形势，又确保了武术散打运动继续的开展。1998年最新的武术散打竞赛规则，更突出了与国际接轨的特点，为更快地把武术散打推向奥运会准备了条件。

其四是加强项目的管理。为了做好项目管理工作，原国家体委武术运动管理中心对举办各种层次、各种类型散打竞赛的报批程序和批准条件更为严格，加强了对运动员的资格审查和注册登记工作，制定了端正赛风和加强了对社会主义精神文明建设的一系列措施，并着手建立段位制、会员制和多种竞赛体制，武术散打医务监督制度也逐渐得到完善。这些工作为细化和健全项目管理工作奠定了基础。

尽管武术散打运动的科学基础比较薄弱，科研工作还需要大力发展，尽管我们的社会正处于深刻地变革之中，由此而带来的武术散打运动科学、合理、高效管理难度提高，但毕竟武术散打运动正不断朝着规范化、系统化、科学化的方向发展着。

第四节　武术散打竞赛规则的发展变化

竞赛规则是一面镜子，其变化既反映了某项运动技术体系的发展变化，又指引着广大教练员和运动员运动训练的实践活动。因此，了解武术散打运动竞赛规则的发展变化，不仅能使我们把握武术散打运动的发展规律，还能指导我们的训练实践，做到有的放矢。

一、武术散打竞赛规则的演变

（一）武术散打的雏形与主要条例的形成

1928 年，中央国术馆在南京举办“第一届国术国考”，散打比赛采用双败淘汰制，三局两胜。比赛在长方形的场地上进行，对抗不限流派，不以体重分级，临时抽签分组比赛。规则要求不带任何护具，凡用手、肘、脚、膝击中对手任何部位得一点；击中对方眼、喉、裆者为犯规，犯规 3 次，取消比赛资格。严重者，1 次取消比赛资格。

1933 年的“第二届国术国考”，散打规则以点到为止，没有时间限制；凡用手脚击中对方任何部位都得一点。

1929 年在浙江省举办的“国术游艺大会”，参加比试者均着大会统一的短装，扎腰带，分为红、白两色。擂台高 1.3 米，长 20 米，宽 18.6 米。比试双方，在擂台中央画定的粉圈上相对而立，待裁判长鸣第一声笛后，各上前互行一鞠躬礼，再鸣笛开始比赛。另有监察委员会两名执红、白旗，在台上管理引导比赛，必要时制止犯规动作的使用。由于规则漏洞百出，边打边改规则。最后决赛时，评、监两委员会共议：“拳脚一律解放，踢击各部位均可。”

1933 年，在南京举办“全国运动大会”，散打项目比赛按体重分级，并用打棒球的护胸和踢足球的护腿为护具，头和裆部是禁区，击中禁区者判犯规。将对方击倒胜一局，三局两胜制，比赛没有时间限制。

（二）规则在继承的基础上得到统一和发展

1980 年 10 月，原国家体委调集散打试点单位的有关人员开始拟订《武术散打竞赛规则》（征求意见稿）。1982 年形成《武术散打竞赛规则》（初稿）。

1987 年全国武术对抗性项目表演赛中，首次采用了设台比赛的办法。

1988 年 10 月首届国际武术节，首次举行了国际武术擂台邀请赛，《武术散打竞赛规则》首次在国际性的比赛中使用。

1989 年在江西宜春举行了第 1 次武术散打正式比赛——全国武术散打锦标赛，这次比赛正式采用《武术散打竞赛规则》。

1990 年重新修订了散打竞赛规则，颁行了 1990 年版《武术散打竞赛规则》。

1991 年，国际武术联合会在北京举办了第 1 届世界武术锦标赛，散打被列为表演项目，这是《武术散打竞赛规则》首次在世界锦标赛被使用。在此后每两年一届的武术世界锦赛上，散打都被列为正式比赛项目。同时制定了《国际武术散打竞赛规则》。

1993 年的第 7 届全国运动会把武术散打列为全运会正式比赛项目，这次比赛使用了 1990 年版《武术散打竞赛规则》。

1996 年重新修订了散打竞赛规则，出版了 1996 年版《武术散打竞赛规则》。

1998 年版的《武术散打竞赛规则》，突出了与国际接轨的特点。

1999 年，为了使散打进一步规范化和突出民族特色，将散手正式改名为散打，1999 年的全国比赛正式改名为“全国武术锦标赛散打团体赛”。同时，在比赛中除保留拳套、护齿和护裆外，脱掉其他所有护具，使武术散打以一个崭新的形象出现在体育大舞台上。

2000 年开始，散打项目增设了赛前体能测试，同时对武术散打竞赛规则做了补充规定：（1）将每局比赛时间改为净打 2 分钟；（2）规则中得 3 分的条款改为 4 分。在得 4 分的条款中增加第五条“使用腾空腿法击中对方躯干部位，而自己站立者，得 4 分”的内容；（3）在禁用方法中增加了禁止采用死拉硬推的方法将对方推拉下台，只有采用合理有效的拳法、腿法、摔法，干净利落地将对方打下擂台者方为有效；（4）取消禁用方法中“不准用拳法连击对方头部”的限制。上述条款自2000年全国武术散打冠军赛开始执行。

2004年规则中取消了得3分、4分的条款，改为最高得2分的。要求运动员要想取得好成绩，必须具备扎实的散打攻防能力，抗击打基本功、基本素质，娴熟的技战术和心理素质。

2013年规则的变化是：武术散打在与世界各国格斗项目的比赛交流中，不断学习、借鉴、改进自己，最突出的是“取消了的先后倒地的判罚”。这一技术是中外格斗对抗赛中，我国运动员的杀手锏，获胜的法宝。这样使武术散打比赛更激烈，更能激发运动员的拼搏进取精神。将“消极8秒，改为消极5秒”；使比赛节奏更快，运动员竞技能力要求更高。确定了“领先12分优势胜利”的判定。是指在一局比赛中，一方运动员领先另一方运动员12分时，判得分多者为该场比赛胜方。这样既鼓励优秀运动员全力以赴，勇创佳绩，又使得比赛精彩万千，影响甚广。

（三）武术散打竞赛规则修改的主要内容

俗话说“无规矩不成方圆”。任何一个运动项目都有其适合自身发展特点的规则来充分发挥运动员动作技术，同时又限制比赛双方某些技术动作的使用。武术散打规则的几次修改都是时代发展的必然产物，它与比赛的激烈对抗性和观赏性相适应，有利于武术散打运动的普及和提高。多次对武术散打规则的修改，其主要内容是围绕以下几个方面进行的。

1. 比赛时间的变化对运动员的身体素质提出了更高的要求

1990年以前的规则规定，“每场比赛采用三局两胜制，每局净打2分钟”。

1996年和1998年的规则改为“每场比赛采用三局两胜制，每局净打3分钟”。这样的修改对运动员的心肺功能提出了更高的要求，运动员的速度耐力特别是专项耐力必须非常过硬，才能适应激烈比赛的需要。

2000年为了与国际竞赛规则统一，将比赛规则改回为“每场比赛采用三局两胜制，每局净打2分钟”。但为了能使运动员达到比赛的体能要求，增加比赛的激烈程度和可观赏性，增设了赛前体能测试，测试不合格者不能参加比赛。

2. 比赛中的判罚与安全得到重视

除了1990年以前规则中消极8秒的判罚外，1996年之后的规则中增加了强制读秒的判罚，1998年规则中规定："一局比赛中，一方受重击被强制读秒两次，另一方为该局胜方。一场比赛中，被重击强制读秒达3次，判对方为该场胜方。"这种修改有双重意义：一是保护确实受伤或知觉暂时失常的运动员；二是对那些诈伤或假装知觉失常而有意消极休息的运动员给予严厉的判罚。因为每判罚一次强制读秒，对方要得2分。

3. 提高了比赛的激烈对抗程度和观赏性

从比赛时间来看。20世纪80年代散打比赛规则规定每局净打时间2分钟，而对消极判罚只有一个"8秒"消极，且有两次机会判罚，且每次判罚只失1分。这样体能较差的运动员就有机可乘，上场先砍"三板斧"，得分后就可等待、僵持，甚至可在场内逃跑。这样的规则对运动员体能的增强和技术动作的提高都是不利的，而且观赏起来也索然无味。

90年代中期，将比赛时间改为每局净打3分钟，并增加了消极搂抱或知觉失常的强制读秒判罚。每局比赛中出现2次强制读秒就判对方获胜，这样既保护了运动员，又对消极现象加重了判罚，鼓励和强调了进攻的主动性和积极性。

尽管2000年后比赛时间又改为每局净打2分钟，但是增加了赛前体能测试，从而为比赛中运动员的激烈拼搏做了保证。

从技术层面来看。在1990年以前的竞赛规则中，规定一局比赛中一方下台一次，另一方为该局比赛胜方，而且比赛中得3分的动作也只规定为2个。而在1998年的规则中则规定为："一局比赛中一方2次下台，另一方为该局胜方，2次有效3分动作者为该局胜方。在一场比赛中3次有效使用3分动作者（下台除外）为该场胜方。"

1999年对规则的补充规定中，对散打比赛护具做了大幅度地修改，保留除拳套、护裆、护齿外，其他护具全部取消。

2000年的补充规定中，将规则中得3分的条款改为得4分；在得4分的条款中增加第五条"使用腾空腿法击中对方躯干部位，而自己站立者，得4分"的内容；在禁用方法中增加采用死拉硬推的方法将对方推拉下台，只有采用合理有效的拳法、腿法、摔法，干净利落地将对方打下擂台者方为有效；取消禁用方法中"不准用拳法连击对方头部"的限制。

2004 年规则修改主要内容是取消了规则中得 3 分、4 分的条款，改为最高得 2 分的。

2013 年规则修改主要内容是：取消了每局胜负评定的平局（牌），如一局比赛中出现双方运动员得分相等时，边裁判员应判“主动进攻技术强者”获胜；取消了“先后倒地，后倒地者的一分”的规定；将“消极 8 秒，改为消极 5 秒”；增加了“分开”的口令，运动员相互抱缠没有进攻动作或无效进攻超过 2 秒时，台上裁判应喊“分开”的口令；规定了对“消极搂抱”的界定和判罚；增加了“领先 12 分优势胜利”的规定。它是指在一局比赛中，一方运动员领先另一方运动员 12 分时，判得分多者为该场比赛胜方。对于领先 12 分的判定，在实行 5 人制边裁时，应至少获得 4 个边裁判员的判定；实行 3 人制边裁时，需要全部 3 个边裁判员的判定；增加了“背向逃跑”的判罚。它是指一方运动员在比赛中为了躲避对方的进攻而转身背向对方运动员逃跑的行为。一旦出现这种行为，台上裁判员应喊“停”，并给予逃跑一方运动员“技术犯规”的处罚；成年男子散打的体重级别增加了 100 千克级，一共设 12 个级别。

这些修改内容既增强了比赛的激烈对抗性又提高了观赏性，对于强调散打比赛的进攻性，加强大幅度的可观赏性技术动作的训练、使用、发挥方面，起到了积极的推动作用。

由此可见，每次规则的修改都是在鼓励进攻。武术散打本身就是攻防格斗类竞赛项目，是一种在规则限制上的格斗，因此，规则必须鼓励进攻。只有鼓励进攻才能促使防守技术的不断提高，从而再反过来促进进攻技术的进步，这样不断演进变化，武术散打运动的技术体系才能不断得到升华。

二、武术散打竞赛规则修订的基本原则及发展趋势

武术散打竞赛规则的制定，既要符合当前武术散打运动发展的状况，又要具有一定的超前性，能够引导散打运动技术的发展。从历次武术散打运动竞赛规则修改的精神来看，今后散打运动规则的修改应该能够使运动员充分体现“快速主动、技术全面、难度绝招、拼搏冒险”的发展趋势。

（一）快速主动性原则

世界各国搏击运动，都有其各自的特点。例如美国的拳击、泰国的泰拳、韩国的跆拳道、日本的空手道等，让人一眼就能知道其特点和优势。我国的武术散打运动要打入国际体坛，争取在奥林匹克的大家庭中有一席之地，就必须确立自己的风格和特点。在历次国际性的散打比赛中，我国运动员之所以能取得优异的运动成绩，其中一条重要原因就是我国运动员能够发挥个小灵活的优势，采用快速主动的策略，以巧妙的技法取胜。散打运动快、变、灵是我们的优势，也是今后发展的趋势。如何采用科学的训练方法进一步提高快速主动性，是广大教练员和运动员在今后的训练中值得研究和探索的重要课题。

（二）技术全面性原则

随着规则修改中对得4分动作的增加、对头部连击的放开，腿法打击头部限制的变动，以及对死推硬拉等非技术动作限制判罚的严格，散打竞赛对运动员的技术动作要求更全面了。过去那种摔跤、柔道或拳击运动员改练散打运动一两年，仅靠某方面技术好而在比赛中即可取得优异成绩的现象几乎是不可能的了。这就要求运动员必须全面具备拳、腿、摔法各种技术，进攻、防守、反击等战术转换平衡。否则就不可能在日趋激烈的散打比赛中取胜。

（三）立体进攻的变化性原则

由于现代社会的发展和进步，人们神经系统的功能也随之提高，反应速度较之以前加快，散打运动员更是如此。因此，要想成为一名优秀的散打运动员，反应速度必须异常敏捷。具体地说，在比赛中对时间的感觉能力、对空间的判断能力、对各种动作的复杂选择判断能力等都提出了更高的要求。这就要求运动员在比赛中必须采取立体化的进攻技战术与对方搏杀，并且灵活多变地加以运用，做到攻守平衡，才能使自己立于不败之地。同时，运动员应该努力练就自己的绝招技术，在攻守平衡中力争做到“一招鲜，吃遍天”的本领。这样才符合我国武术散打运动员自身的特点和风格。

（四）勇于拼搏原则

比赛双方运动员的技术水平越高，争夺就越激烈，观赏性也就越强。修改后的新规则，由于增加了体能测试和对消极的判罚，加强大幅度可观赏性技术动作的加分等因素，使得比赛节奏加快，进攻次数增多，可观赏性技术动作也经常出现，争夺更加激烈。这就需要运动员首先要具备良好的体能来保证技术动作的正常合理运用，另外对运动员勇于拼搏的精神提出了更高的要求。比赛中，运动员只有以顽强拼搏的体育精神来竞争，才有可能取得比赛的胜利。日趋激烈的散打比赛也正展现了人类拼搏进取的永恒精神。

总之，武术散打运动从无到有、从简到繁、从易到难的发展规律，总是与之独特的、相适应的竞赛规则密不可分的。竞赛规则的发展也是适应—不适应—修改—再适应的演变过程。散打规则的不断修改和完善，促使现代散打运动在错综复杂的过程中逐步向纵深发展，特别是在发展运动员的各种体能、全面提高运动员技战术水平、提高运动员的心理适应能力和运动智能方面，又向更高境界迈进了一步。全面提高运动员的各种竞技能力是现代武术散打运动训练的必然要求和发展的必然趋势。

三、现行多种散打竞赛形式对散打运动的影响

现行的散打竞赛很多，如世界武术锦标赛散打比赛、世界杯散打比赛、亚运会、全运会武术散打比赛、全国武术散打锦标赛，以及散打王争霸赛和各种商业性比赛等，多种多样。这些比赛相互依托、相互促进、共同发展，使得武术散打运动迅速在中国和世界上传播开来，受到广大武术爱好者，特别是青少年的喜爱。

然而，尽管这些比赛的规则多数是以全国散打锦标赛规则为核心或蓝本进行修改串编的，但毕竟不同性质的比赛，规则就会有所差异，有些甚至差异很大。这并不利于教练员和运动员在参加不同比赛时进行有针对性的训练。另外，对观众来说，在理解比赛时也会产生障碍，从而一定程度上影响了项目的普及。反观其他项目如篮球、足球、拳击等在进行不同性质的比赛时，使用的规则却基本一致。如何在散打运动新的发展时期尽量统一各种比赛的规则，是一个值得深思的

问题。因为它是一个项目成熟的标志。

第五节 武术散打训练的基本特点

一、武术散打训练的目的与任务

散打运动训练是竞技比赛活动的重要组成部分，是为了提高运动员的竞技能力和成绩，在教练员的指导下，在专项运动训练实践中，合理的借鉴和运用相关运动训练的理论，科学系统的、专门组织的有计划的实践活动。

散打运动训练的直接目的就是提高运动员的竞技能力，并在运动竞赛中将运动员已获得的竞技能力转化为运动成绩。

基于此目的，散打运动训练的具体任务是：增进运动员健康水平，改善身体形态，不断提高机能水平，发展一般和专项运动素质；使运动员掌握和提高散打专项运动的技战术和基本理论知识，并达到纯熟程度，且能在比赛中运用和发挥；使运动员掌握进行散打专项运动训练的组织和指导工作的基本知识和技能，培养运动员能独立自主训练的能力；对运动员进行思想品德教育，培养他们的尚武精神、优良作风和顽强拼搏的意志品质。

另外，通过散打专项训练实践，总结和概括出带有共性和具有普遍意义的规律；深入探索尚未被人们所认识和认识还不十分清楚的运动规律；进一步健全散打运动训练理论体系；广泛吸取现代科技成果和多学科的理论与方法，并应用在散打运动训练的理论研究与实践应用之中等，是散打运动训练的进一步任务。

二、武术散打训练的基本特点

（一）散打运动训练的整体性

从运动训练的整体结构分析，运动员的训练包括身体、技术、战术、心理、智力等诸方面的内容。每一方面的训练都是相对独立的，任何一个方面训练水平的提高都会促进运动员专项竞技能力的发展，散打运动也不例外。身体训练是提高和保持运动成绩的基础；技术训练使运动员掌握合理的技术，在激烈地比赛中有效地发挥运动素质；战术训练水平的高低直接影响着运动员在场上合理地运用技术和分配体力，战术的优选和运用在很大程度上决定着散打比赛的胜负；良好的心理能力则是运动员在比赛中充分表现自己最高训练水平的重要保证；智能训练水平在很大程度上决定着运动员对训练的接受能力和自我控制以及在比赛中审时度势、熟练运用技术和战术、把握战绩的能力。

我们必须看到，在训练和比赛中，上述各方面的训练水平不是孤立的表现出来的，而是相互作用、相互联系、连接成一个复杂的综合体。任何一个方面训练水平有差距，都会影响整体能力的发挥和提高。因此，当今优秀运动员的训练强调全面均衡的发展整体竞技能力，注意弥补专项竞技能力的薄弱环节。同时，重视发展自己的特长并形成个人绝招。

（二）散打运动训练负荷量与强度的共同效应

运动负荷是以身体练习为基本手段对运动员有机体施加的训练刺激，是使运动员有机体产生训练适应的主要刺激因素。任何施加在运动员机体的运动负荷，都包含负荷量和负荷强度两个方面，从而对机体产生综合训练效应。

散打训练的负荷量包括练习动作的次数和组数、练习所用的时间、跑动的总距离和力量训练的总重量等因素。一般说来，散打运动员对负荷量刺激的反应不很强烈，负荷量对有机体的刺激比较缓和，由此产生的训练适应程度也相对较低，但机体所产生的适应却比较稳定，消退也慢。可见，负荷量对散打技术动作的学习和巩固有着重要的意义。从多年训练过程和年度训练、阶段训练的调节来看，负荷量对维持和稳步提高散打训练水平起着至关重要的作用。

散打训练的负荷强度包括完成练习动作的质量、练习动作的难易程度、身体练习的用力程度（力量练习的负重和技术动作的力度等）、练习的密度（练习与练习之间时间间隔的长短和在一次训练课中练习时间占课的总时间的比例）等因素。有机体对负荷强度的刺激反应较强烈，负荷强度能较快地提高机体各器官的适应能力，产生的训练适应性影响较深刻。但相对负荷量而言，机体所产生的适应不太稳固，消退也较快。在散打训练中，负荷强度往往决定着运动员专项竞技能力水平所能达到的高度。

负荷量和负荷强度是矛盾的统一体，相互联系又相互制约。练习中负荷量与负荷强度并存，有一定的练习量必然有一定的练习强度，反之亦然。负荷量和负荷强度存在着一定的组合关系，做最大强度的身体练习时负荷量要小，做次极限强度练习时负荷量为中等，做中等强度练习时可用次极限负荷量，做小强度练习时可用最大负荷量。负荷量的增加为强度的提高奠定基础，强度的提高又为量的增加创造了条件。两者相辅相成，不断提高，使运动负荷逐渐增加，逐步增加运动员机体对训练的适应程度。

必须指出，现代训练越来越重视负荷强度，它对有机体的适应影响起着比负荷量更为重要的作用。据研究，在运动负荷诸因素中，训练强度为最，训练次数次之，训练时间和训练总量为末，大强度的训练可收到时间短、收效快的效果。然而，训练强度犹如烈马，控制得当，专项竞技能力提高很快；控制不当，则会给运动员造成伤害或过度疲劳。因此，合理选择散打训练的强度，寻求负荷量与强度的各种组合，产生适应训练过程各阶段的综合训练效应，日益受到散打教练员的重视，并已成为散打科学化训练的重要研究课题之一。

（三）负荷和恢复的统一性

运动负荷刺激作用于运动员的有机体，必然会引起有机体一系列的变化，有机体承受的运动负荷只有与运动员的个人运动能力相适应，并得到合理的恢复，才能产生训练适应。正确认识负荷—疲劳—恢复的变化规律，有助于教练员科学地安排训练。

最佳训练效果产生于适宜的负荷刺激，只有负荷刺激达到一定阈值（本人最大负荷能力的30%～70%）才会出现训练适应过程。负荷量和负荷强度与运动员个人能力的最佳负荷值越接近，越容易出现训练适应过程。反之，负荷量和强度组合不当，或超出了运动员的承受能力，则会削弱训练适应效应。运动员的训练适应性下降，会导致运动成绩停滞不前，甚至出现过渡训练现象。为了达到最佳训练效果，应根据运动员的训练水平、训练的不同阶段和训练量与强度之间的合理比例，选择负荷量与强度的最佳组合，促使训练适应过程正常的发展。

当前的训练理论已经强调在负荷的开始就存在恢复的问题，教练员在安排训练负荷时，必须同时兼顾恢复的安排。

（四）训练方法、手段的针对性和多样性

运动训练方法是指为达到提高专项竞技能力和提高专项运动成绩的目的而采用的途径和办法。训练手段则是指为解决运动员在训练和比赛中存在的问题而采取的具有针对性的专门练习的措施。

散打训练方法和训练手段具有鲜明的指向性，对运动员技术和战术的掌握和有机体的训练适应能力都有严格的要求。运动员从基础训练开始，就紧紧围绕着拳法、腿法、摔法、战术意识和战术动作以及相应的运动素质进行训练。例如，为改进和提高拳法和腿法技术的重复击打沙包的练习、为提高运动员的比赛适应能力而采用的极限强度的组合训练和循环训练等，无论是训练内容、训练方法和手段还是练习的组织形式，都体现出散打专项的特点，表现出极强的针对性。

散打训练的内容相对集中，但训练任务是多方面的，要解决的训练问题也是多层次的。散打技术看起来似乎很简单，动作并不复杂，可是在比赛条件下，运用这些技术形式和技术动作的战术时，受场上情形和对手情况的影响，却是变化莫测的。即使是散打的技术模式，也不是一成不变的结构，而是多样变化的。几乎每位散打运动员都把个人的特点带进基本技术中来，形成个人技术风格。另外，随着训练水平的提高，散打比赛中占有绝对优势的情况明显减少，技术与体力相持的现象增多，因而技术全面和运动素质发展均衡的运动员获胜的可能性增大。散打训练的复杂性，散打比赛的多变性和比赛对运动员技术、战术、体能的要求，决定了散打训练方法和手段的多样性。尤其是对初级运动员而言，为了更好地发展他们的身体和全面提高专项竞技能力，训练方法和手段的多样性更为必要。当

然。多样化训练方法和手段必须紧密结合散打专项的需要，以取得最大的训练效益。

（五）体能训练和技术训练的共轭性

体能训练和技术训练的共轭性，其实质在于，要在发展运动素质的同时提高运动员的机能水平和改进技术动作的要素。无可置疑，体能训练和技术训练是彼此相对独立的，两者各有自己的训练任务和目标。但两者不可能截然分开。运动员在完成拳法、腿法和摔法相应动作时，其运动技术的完善程度，与速度、力量等运动素质的发展密切相关。比赛中，运动员在机能状态发生剧烈变化的情况下所采用的各种攻防动作，要求运动员的速度、爆发力、力量耐力和体力得到充分地体现。

一般性身体训练的高水平发展，并不等于在完成专项比赛技术动作中也表现出运动素质发展的高水平。在散打训练实践中，常有一些在典型的力量练习中达到很高指标的运动员，在技术训练和比赛中却不能表现出很高的力量水平；一些在周期性运动中表现较好耐力的运动员，在散打比赛中也没有呈现出很好的体力。这是由于运动素质、技术动作和机体机能之间没有建立起必要的相互联系的缘故所致。

散打训练中，必须把不断增长的运动素质与提高机体机能水平和运动技术紧密地联系起来，使三者之间产生相互作用的共轭效应，形成一个协调一致的系统。

（六）散打训练过程的多变性和可控性

散打训练受多方面的影响，既有身体、技术战术状态方面的训练因素，又有运动员的情绪、社会交往和家庭教育等因素，还有训练条件、场地和气候等环境因素。另外，还有一些非可控的偶发因素，如意外的伤病等。这些因素的变化都会直接或间接影响散打训练的进行，决定着散打训练总是处于不断地动态变化之中。

既然散打训练过程是多变的，对训练过程的变化施以有效的控制，就显得十分重要。其一，人们对散打训练规律的认识有相当的局限性，预先制定的计划与运动员状态不符的情况时有发生，需要通过有意识地控制予以调整和修正。其二，在实施预定计划的训练过程中，难免会出现偏差。必须经过反馈监督，纠正偏差，力求准确地执行训练方案，其三，运动员的竞技能力处在不断地动态变化之中，需要采取有效的措施和不断地再反馈来调控训练过程，使运动员的状况向预定的目标发展。

面对散打训练多变的内外环境，要完成预定的训练目标和实现训练的最佳效果，必须对训练过程实施控制，以保证训练朝着既定的方向运行。因此，必须高度重视训练信息的反馈，通过大量训练信息的科学诊断，了解运动员的训练效应和各种训练因素的变化，找出训练中存在的问题和薄弱环节，及时修正训练方案和计划，使散打训练过程与运动员的个人状态相适应，达到理想的训练效果。

第六节　武术散打礼仪

武术礼仪是习武者应共同遵守的最基本的道德行为规范，是习武之人文明礼貌的一种体现。

一、武术活动场所的布置及礼仪

（一）武术竞赛场所

1. 举行武术竞赛活动时，应有升、降国旗的仪式。在升国旗时应唱（奏）国歌，全体在场人员应面对国旗肃立，行注目礼。

2. 如无升降国旗仪式，应事先将国旗悬挂在赛场的适当位置。在竞赛开始时，举行面对国旗、肃立唱（奏）国歌的仪式。

（二）武术训练场所

1. 在适当位置悬挂国旗。

2. 在适当位置悬挂中国武术协会会徽。

3. 在适当位置张贴中国武术协会颁布的“武德守则”和“习武十戒”。

4. 从武人员进入和离开训练馆时，必须向国旗行鞠躬礼；运动员（学生）还必须向教练员（教师）行抱拳礼。

二、武术礼节

（一）徒手礼

1. 抱拳礼

（1）行礼的方法

并步站立。右手成拳；左手四指并拢伸直成掌，拇指屈拢，左掌心掩贴右拳面（左指根线与右拳棱相齐），左指尖与下颏平齐；右掌眼斜对胸窝，置于胸前屈臂成圆；肘尖略下垂；拳掌与胸相距 20～30 厘米。头正、身直、目视受礼者；面容举止大方。

（2）拳礼的含义

左掌表示德、智、体、美、劳“五育”齐备；屈拇指表示不自大；右掌表示勇武顽强；左掌掩右拳，表示“勇不滋事”“武不犯禁”；左掌、右拳拢屈，两臂环抱成圆，表示以武会友，五洲四海，天下武林是一家；左掌为文，右拳为武，表示文武兼备。

（3）拳礼的应用

在武术竞赛、表演、训练活动中应用。

2. 鞠躬礼

（1）行礼的方法

并步站立，两手垂置于体侧，手心向内贴于腿的外侧；上体向前倾斜 15 度。

（2）礼的应用

① 见到师长或领导时使用此礼。

② 表演、比赛演练结束时使用此礼。

③ 不适于应用抱拳礼的正规场合。

三、教学礼节

武术课堂是一个严肃的教育场所。师生要用武术礼仪的标准来约束自己，言行有礼。

1. 技术教学、训练礼节

上课铃响时，班长或值日生整队集合（同学间距约 10 厘米），清点人数完毕，向老师（教练）报告时，师生均行抱拳礼。老师向学生问“同学们好”的同时，行抱拳礼。学生在回答“老师好”的同时，也行抱拳礼。然后落手立正。礼毕，上课开始。

下课时，老师向学生说：“同学们再见!”学生在答“老师再见”的同时，互行抱拳礼；老师落手站立，然后学生落手立正。礼毕，师生下课。

2. 理论课堂礼节

当老师走向讲台时，班长发口令：“起立，敬礼!”学生起立行鞠躬礼。老师看学生已行礼端正，亦行鞠躬礼答谢。班长发口令：“坐下!”学生就坐，开始授课。

下课时，老师说：“下课!”班长发口令：“起立，敬礼!”学生起立行鞠躬礼。老师看学生都已行礼端正，亦行鞠躬礼回谢。礼毕，下课。

四、竞赛礼仪

（一）武术竞赛开幕式、闭幕式仪式

武术比赛开幕式上，当主持人宣布大会开幕，全体人员起立面向国旗方向肃穆站立。升国旗，唱国歌。闭幕式举行降旗仪式时，全体人员唱国歌。

（二）运动员礼节

散打运动员上场当被介绍时，先面向裁判长原地行鞠躬礼；再转向观众行鞠

躬礼。场上裁判检查护具完毕，双方运动员面对，互行鞠躬礼。比赛结束，双方运动员上场。当听到宣布最后胜负时，应先向裁判长行鞠躬礼，然后转向观众行鞠躬礼，再面向对手行鞠躬礼。

（三）裁判员礼节

裁判员穿着统一的服装，佩带统一的裁判标志。比赛开始，广播员介绍技术监督委员会成员时，起立行抱拳礼；介绍仲裁委员会时，被介绍者原地行抱拳礼；当介绍总裁判长、裁判员时，被介绍者左脚向前一步，右脚跟上并步站立，行抱拳礼。礼毕，右脚后退一步，左脚向后与右脚并步站立。

在比赛开始或结束时，当运动员向裁判长行抱拳礼或鞠躬礼时，裁判长应点头示意，以示还礼。

五、表演或社会活动中的礼节

1. 表演者在表演开始前，都应向主席台的贵宾、领导和现场观众行抱拳礼或鞠躬礼；表演结束后，行鞠躬礼。

2. 武术活动中，被人介绍时，应行抱拳礼或鞠躬礼。

第二章 武术散打技术

第一节 武术散打的实战姿势与实战步法

一、实战姿势

武术谚语讲，“三分拳，七分桩”。入门3年先站桩，“练拳无桩步，房屋无立柱”。传统武术中叫作桩步，我们叫作实战姿势。实战姿势通常也叫作预备式或格斗式，是格斗前所采用的临战运动姿势。它不仅能使身体处于强有力的状态，而且有最佳的快速反应能力，利于快速移动发起进攻和防守，并且暴露面小，能有效地保护自己的要害部位。实战姿势分为左实战式和右实战式以个人偏好而定。

下面以左实战式为例：两脚前后开立，前脚跟与后脚尖距离约同肩宽。左脚全脚掌着地，右脚跟稍抬起，前脚掌着地，两膝稍弯曲，自然里扣，身体重心右移，上体含胸收腹敛臀，左臂内屈约90度，拳眼与鼻尖平行。右臂内屈约45度，右拳置于下颌部右侧，两肘自然下垂并稍向里合，下颌内收，目视对方面部。如图2－1－1。

图 2－1－1

二、实战步法

武术散打讲究："先看一步走，再看一伸手；手到步不到，等于放空炮。"步法是散打格斗中身体向前、后、左、右移动的方法。灵活而敏捷的步法，不仅是调节重心维持身体平衡的关键，也是进攻和防守占据有利位置、发挥最优攻势的基础步法，认真练习和掌握是提高实战能力的重要环节。以下步法均以左实战势为例。

（一）前进步

左脚提起，向前进步，右脚迅速蹬地，跟进同样距离。

（二）后退步

右脚向后退一步，左脚用力蹬地，迅速后退同样距离。

（三）左侧移步

右脚脚内侧蹬地，同时左脚向左侧横移一步，右脚迅速向左侧横移跟进同样距离。

（四）右侧移步

重心前移向左脚，左脚前脚掌脚内侧蹬地，同时右脚向右侧移动一步，左脚迅速向右侧横移跟进同样距离。

（五）盖　步

右脚经左脚前上步，脚尖外摆，两腿成交叉状，随即左脚向前上步，还原成实战式。

（六）插　步

右脚经左脚后向前上步，脚跟离地，两腿略成交叉状，随即左脚向前上步，还原成实战式。

（七）垫　步

右脚蹬地向左脚并拢，同时左脚屈膝提起向前落步，还原成实战式。

（八）换　步

前脚与后脚同时蹬地并前后交换，同时两拳也前后交换成右实战式。

步法的单独练习。学完一种步法以后，必须通过自己的反复练习揣摩，才能找到要领，熟悉技术并由单独练习逐渐过渡到连续练习。各种步法的综合练习，在步法的单独练习熟练后可以把几种步法组合起来进行综合练习。

结合信号练习，教练员应用掌心掌背的朝向或规定的某一信号，要求练习者信号做出相应的步法，这种练习既可以巩固步法技术，又可以提高反应能力。两人配合练习，规定一方运用多用步法，移步闪退等，而另一方做出相应的移动，使双方距离尽量保持不变。

第二节　武术散打拳法技术

拳法技术在散打运动中常用的有直、摆、勾、鞭拳等几种。拳法具有速度快和灵活多变的特点，它能以最短的距离，最快的速度击中对手，且拳法容易与其他散打技术结合进行运用，从而给对手造成很大的威胁。

一、直　拳

（一）前手直拳

左势站立，右脚蹬地，同时向右转腰、送肩，左拳直线向前击出，力达拳面，右拳自然收于右下颌旁，见图2－2－1。注意转腰、送肩快速连贯，出拳要有爆发力。

注　意：蹬转、拧腰、送肩，要一气呵成，快速有力。

运用举例：（1）前手直拳可以直接击打对方面部，见图2－2－2；（2）右手格挡对手左直拳，用前手直拳攻击对手面部，见图2－2－3。

图2－2－1

图2-2-2

图2-2-3

2. 后手直拳

实战势站立，右脚蹬地的同时身体向左转髋、拧腰、送肩，右拳旋转沿直线向前击出，力达拳面，同时左拳自然收回护于左下颌旁，见图2-2-4。

注　意：蹬转、拧腰、送肩，要一气呵成，打击要有穿透力。

图2-2-4

图2-2-5

运用举例：(1) 后手直拳可以击打对方头部，见图2-2-5；(2) 当对用手左正蹬腿踹我腹部时，我左前臂下挂格挡，同时用后手直拳击打对方面部，见图2-2-6；(3) 当对手用右鞭腿攻击我肋部时，我快速用左臂搂抱其腿部，同时运用后手直拳攻击对手面部，见图2－2－7。

图2－2－6

图2－2－7

二、摆　拳

（一）左摆拳

左势站立，右脚蹬地上体右转，同时左臂抬起向内弧形横击，右拳自然收于下颌旁，见图2－2－8～图2－2－10（背面）。

注　意：蹬地、转胯、拧腰与摆击要协调一致，以便将转体的力量作用到拳上。

图2－2－8

图2－2－9

图2－2－10

运用举例：（1）运用前手摆拳可以击打对手头部，见图2－2－11；（2）当对手左鞭腿攻击我肋部时，我右手进行防守的同时，运用前手摆拳攻击对手面部，见图2－2－12。

图2－2－11

图2－2－12

（二）右摆拳

实战势站立，左脚支撑重心，右脚蹬地转体拧腰的同时抬右臂，借助转体弧形横击，左拳自然收回于下颌旁，见图2－2－13～图2－2－15。

注　意：蹬地、转胯、拧腰与摆击要协调一致，以便将蹬地转体的力量运用到拳上。

图2－2－13

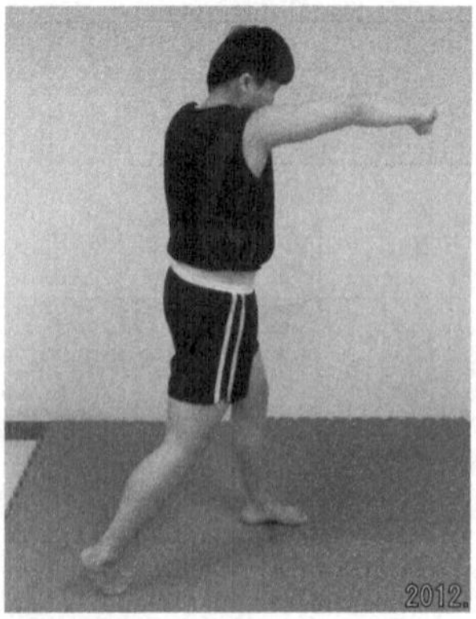

图2－2－14

图2－2－15

运用举例：（1）运用后手摆拳配合前进步可以直接击打对手头部，见图2－2－16；（2）当我运用右鞭腿攻击对手被对手抱住时，可以顺势使用右手摆拳攻击对手头部，见图2－2－17；（3）对方使用右手直拳进行攻击，我运用左手格挡的同时运用后手摆拳击打对手头部，见图2－2－18。

图2－2－16

图2－2－17

图2－2－18

三、勾　拳

（一）左勾拳

实战势站立，重心略下沉后左脚蹬地，身体挺腹送髋，带动左拳先下后上屈臂弧线勾击，力达拳面，右拳自然回收于下颌旁，见图 2 – 2 – 19、图 2 – 2 – 20。

注　意：手臂画弧不宜过大，要运用蹬地挺髋的击打力量。

图 2 – 2 – 19

图 2 – 2 – 20

运用举例：（1）运用勾拳可以击打对手肋部，见图 2 – 2 – 21；（2）当对手下潜准备抱我腿时，可以运用勾拳击打对手下颌部位，见图 2 – 2 – 22。

图 2 – 2 – 21

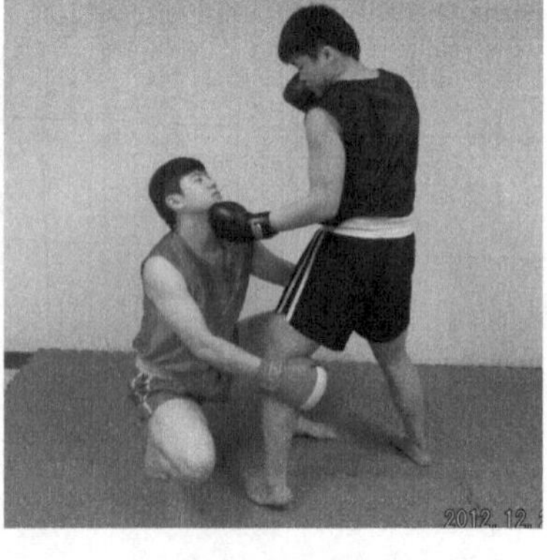

图 2 – 2 – 22

（二）右勾拳

实战势站立，重心略下沉后右脚蹬地，身体挺腹送髋，带动右拳先下后上屈臂勾击，力达拳面，左拳自然回收于下颌旁，见图2－2－23～图2－2－25。

注　意： 手臂画弧不宜过大，击打时要运用蹬地挺髋的作用力。

运用举例： 贴身抱缠近战时运用勾拳打击对手下颌或是腹部、肋部，见图2－2－26。

图2－2－23

图2－2－24

图2－2－25

图2－2－26

四、转身鞭拳

以右转身鞭拳为例。左实战势站立，前脚支撑，身体向右向后转动，右脚经左腿后插步，身体继续向后转，同时以腰带动右臂顺时针横向鞭击，力达拳背，左拳自然收于下颌旁，见图 2－2－27～图 2－2－30（背面）。

注　意：转体、插步要快，重心要平稳，手臂沿平圆抡击。

图 2－2－27

图 2－2－28

图 2－2－29

图 2－2－30

第三节　武术散打腿法技术

在散打运动中由于腿法灵活机动，攻击距离远，力度大，还具有一定的隐蔽性，容易给对手造成重创，因此是比赛中最重要的得分手段之一。

一、正蹬腿

（一）左正蹬腿

实战势站立，右脚上步，髋部正对前方，左腿勾脚尖提膝抬起后，挺髋向前直线蹬出，力达脚掌，见图 2－2－31～图 2－2－33。

注　意：提膝要快，蹬击时要走直线，有穿透力。

图 2－2－31

图 2－2－32

（二）右正蹬腿

实战势站立，身体重心前移至左腿，提右膝挺髋前蹬，力达脚掌，见图2－2－34～图2－2－36。要求同上。

图2－2－33

图2－2－34

图2－2－35

图2－2－36

运用举例：（1）运用正蹬腿可以击打对手胸腹部和头部，见图2－2－37；（2）当对手运用拳法攻击我时，我可用正蹬腿进行阻击，见图2－2－38。

图2-2-37

图2-2-38

二、侧踹腿

侧踹腿既可用于进攻又可以用于防守，是一种非常重要的腿法技术。以左实战势为例，左腿勾脚尖屈膝抬起时髋部侧对前方，脚掌横向正对攻击目标，挺髋向前踹出，力达脚掌，见图2-2-39～图2-2-41。

注　意：提膝要快，踹击时要挺髋，有穿透力。

图2-2-39

图 2－2－40

图 2－2－41

运用举例：（1）运用左侧踹腿可以直接踹击对手的胸腹部，见图 2－2－42；（2）运用左侧踹腿技术可踹击对手的大腿，来阻击对手的进攻，见图 2－2－43。

图 2－2－42

图 2－2－43

三、鞭　腿

（一）左鞭腿

左实战势开始，左侧髋部向前向右挺出，带动屈膝的左大腿摆起，即将到达攻击目标时挺膝摆小腿，加速击打目标，力达脚背，见图 2－2－44～图 2－2－46。

注　意：鞭腿适合攻击对方的侧面。击打时要以髋带大腿，大腿带小腿，犹如鞭子抽击一样，因此成为“鞭腿”。在攻击腿摆动时，支撑腿要以前脚掌为轴，脚跟向内侧向前拧转，以便于送髋。

运用举例：可运用左低鞭腿抢攻偷袭对手的大腿，效果较好，见图2－2－47。

图2－2－44

图2－2－45

图2－2－46

图2－2－47

（二）右鞭腿

左实战势开始，动作和要求同左鞭腿，见图2－2－48～图2－2－50。

注　意：左脚上步移动走弧形，以增大摆腿的力量，更具杀伤力。

运用举例： 可运用右鞭腿攻击对手身体的任何有效部位，击打头部的杀伤力更大，见图2－2－51。

图2－2－48

图2－2－49

图2－2－50

图2－2－51

四、勾踢腿

左实战势开始，左脚向左斜前方迈一小步，以右侧胯部带动右腿勾脚尖向左弧线勾踢对方脚踝部位。见图2－2－52～图2－2－54（背面）。

注　意： 攻击腿要贴地而行，目标是对方的脚踝。

图 2－2－52

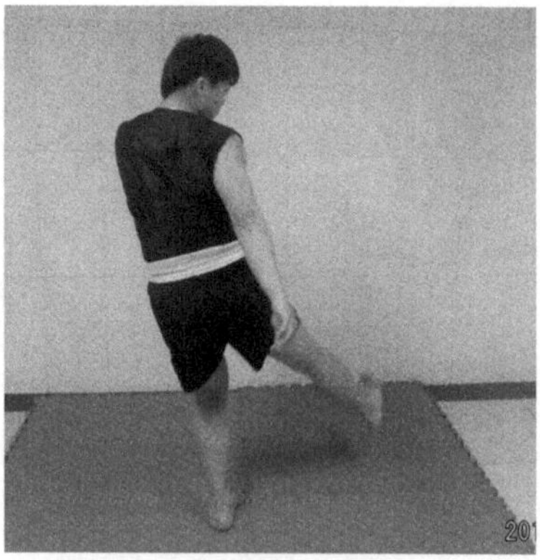

图 2－2－53

图 2－2－54

运用举例：（1）直接勾踢对手前脚脚踝部位致使对手失去平衡，见图 2－2－55；（2）接住对方的侧踹攻击腿时，以钩踢腿勾击对手支撑腿的脚踝部位致使其倒地，见图 2－2－56。

图 2－2－55

图 2－2－56

五、扫　腿

（一）前扫腿

左实战势开始，左腿支撑下蹲，双手扶地，身体向左侧倾倒地同时逆时针旋转，以腰带腿沿平圆逆时针横扫，以脚背正面攻击对方支撑腿的脚踝。见图 2－2－57，图 2－2－58。

图 2－2－57

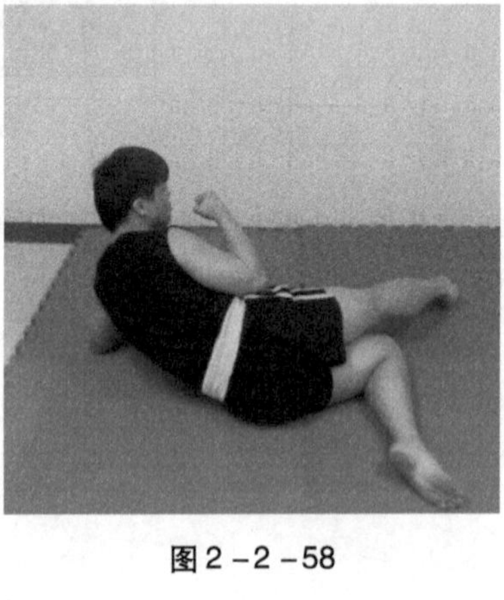

图 2－2－58

注　意：下蹲与旋转要同时进行，以腰胯的运行带动腿部发力，目标为对方支撑腿脚踝。

运用举例：当对方以腿法攻击我头部或躯干时，我可以立即下蹲以前扫腿反击，见图 2－2－59。

图 2－2－59

（二）后扫腿

左实战势开始，左腿支撑屈膝下蹲，两手扶地，同时身体顺时针旋转向左带动右腿沿平圆贴地横扫，攻击对方支撑腿脚踝部位，见图 2－2－60、图 2－2－61。要求同前扫腿。

图 2－2－60

图 2－2－61

运用举例：当对方以前鞭腿攻击我前大腿时，我迅速下潜用后扫腿反击，攻其支撑腿踝部，见图 2－2－62。

图 2－2－62

六、转身侧踹腿

以左实战姿势为例，右腿支撑，以左髋关节为轴，带动左腿、脚顺时针右后转动近 180 度，全脚掌着地，重心迅速移向左腿，左脚后跟对向对方身体正面，躯干右转侧倾右肩向上左肩向下，头向后方，同时转身右腿提膝，髋、膝、踝顺序发力，向对方踹击，脚尖对向侧方，见图 2－2－63～图 2－2－65。

注　意：转体时要以髋部的转动带动上体的转动，再带动腿部旋转进行踹击，同时要保持身体的平衡。

图 2－2－63

图 2 -2 -64

图 2 -2 -65

运用举例：运用转身踹腿技术可以攻击对方的胸、腹部，也可攻击对方头部。见图 2 -2 -66、图 2 -2 -67。

图 2 -2 -66

图 2 -2 -67

第三节　武术散打摔法技术

摔法是武术散打比赛中最重要的得分制胜技术方法之一，拳法、腿法、摔法三者在武术散打技法中，是对立统一的关系，既相互联系，又相互制约。恰当准确地使用摔法不仅能很好地克制对方的拳法和腿法，还往往能在比赛中占有主动。本书介绍摔法技术是散打比赛中最基本也是最常用的摔法技术，只要掌握娴熟并加以灵活运用，会取得良好效果。

一、摔法基本功

摔法是以摔倒对方，自己不被摔倒为特征的技术。学习摔法时，首先要学习倒地法，即自己倒地时免受伤害的自我保护方法。只有掌握了倒地法，才可避免摔痛和受伤，并能锻炼身体经受震动的能力和发展灵敏、协调等身体素质。倒地法具体包括：前倒、后倒、侧倒、翻滚等。

（一）前　倒

动作要领：身体由直立姿势前倒，两臂微屈，两手手心向前。两手撑地后，迅速以屈臂的动作来缓冲落地的冲击力，见图2－3－1～图2－3－2－3。

要　点：在整个动作的过程中要抬头，屏气，全身紧张用力。

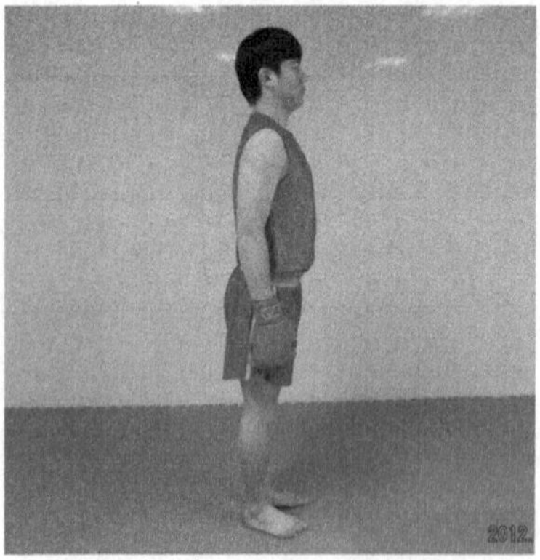

图2－3－1

图2－3－2

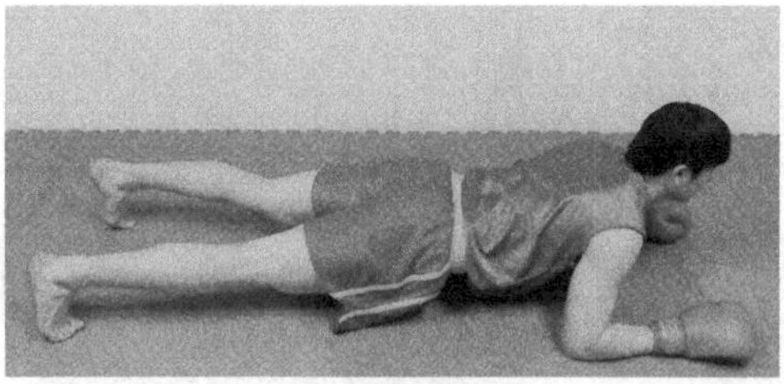

图2－3－3

（二）后　倒

动作要领：在身体直立姿势的基础上，屈膝下蹲，两臂前摆，上体猛向后仰，挺腹勾头沉气，以臂、肩及背上部着地，见图2－3－4～图2－3－6。

要　点：后倒时，挺腹、勾头、沉气，以臂、肩及背上部同时着地。

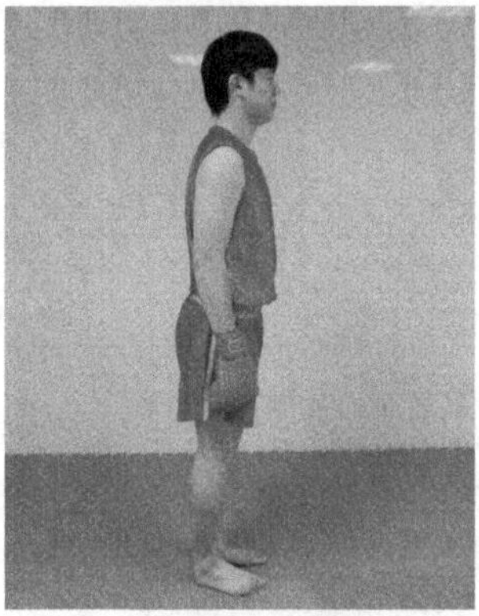

图2－3－4

图2－3－5

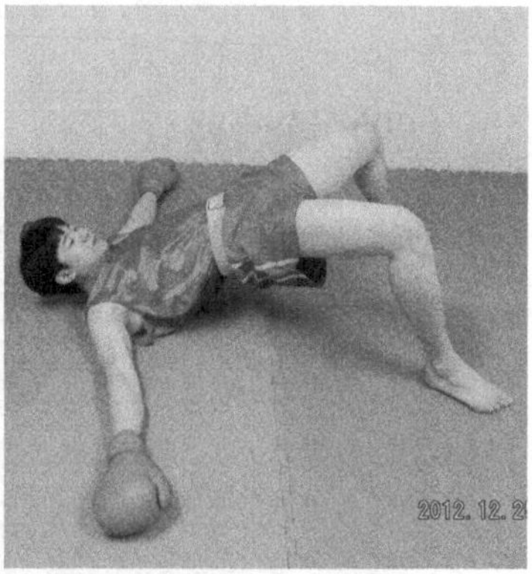

图2－3－6

（三）侧　倒

动作要领：两脚开立，屈膝下蹲，向右后转体，右脚向左摆起，以右手臂、左前臂、右腿外侧着地侧倒，见图2－3－7、图2－3－8。

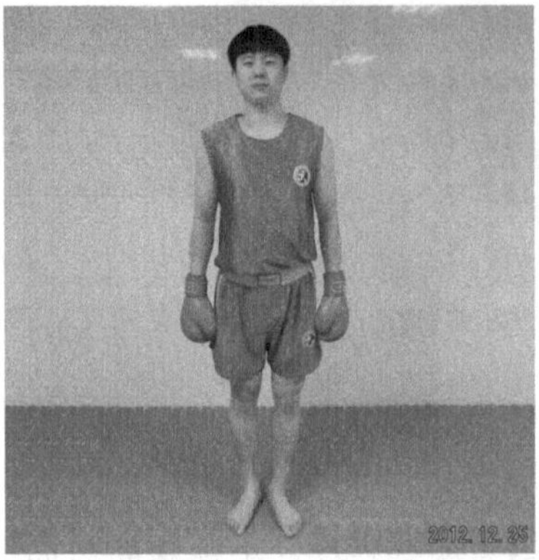

图2－3－7

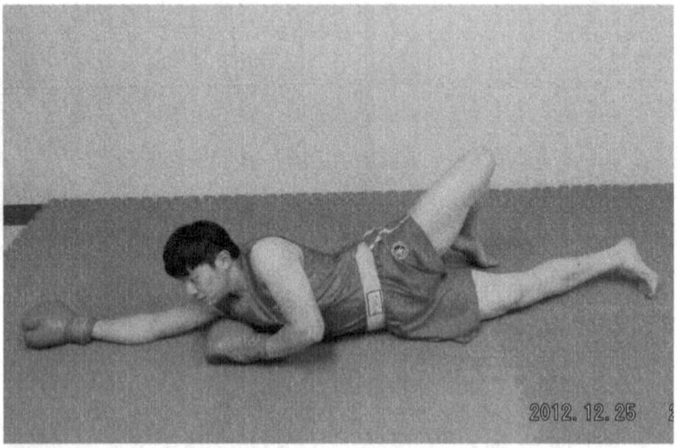

图2－3－8

要　点：右手臂、左前臂与右腿外摆，以腰为轴，全身协调一致，减轻倒地力量。

（四）前滚翻

动作要领：身体屈膝下蹲，两手前摆撑地弯腰收头团身，以背、腰、臀、脚依次着地向前滚翻，迅速起立，见图2－3－9～图2－3－12。

要　点：背、腰、臀、脚依次着地向前滚翻，团身要紧，迅速起立。

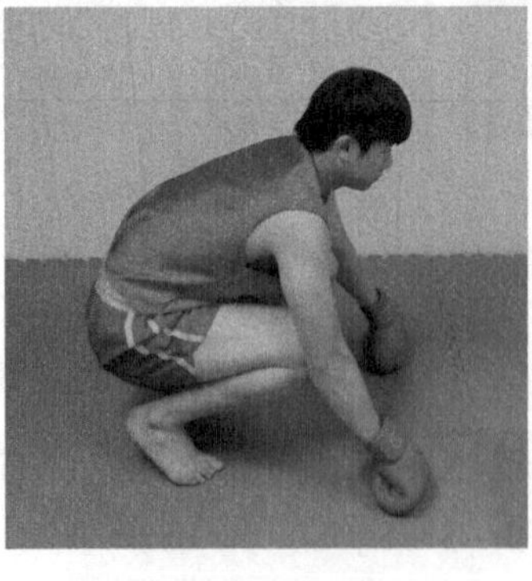

图2－3－9

图2－3－10

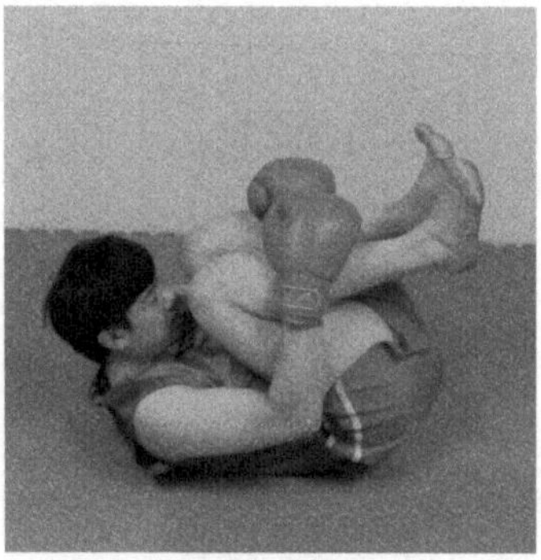

图2－3－11

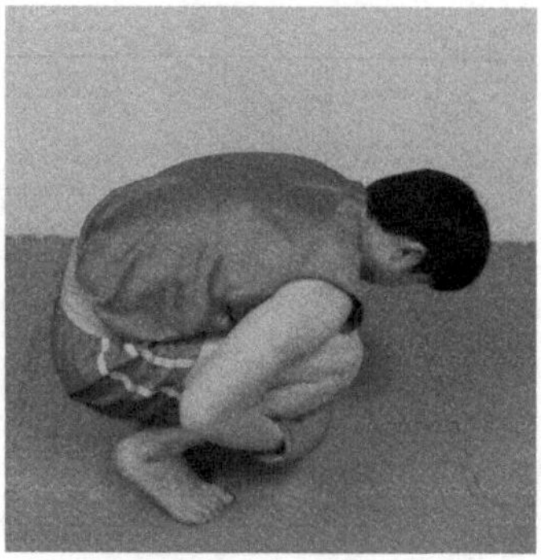

图2－3－12

（五）后滚翻

动作要领：身体屈膝下蹲，弯腰收头团身，借身体后仰和两手撑力，按臀、背、头、脚的顺序依次着地。向后滚翻，迅速起立，见图2－3－13～图2－3－16。

要　点：脚后蹬地，按臀、背、头、脚的顺序依次着地滚翻。

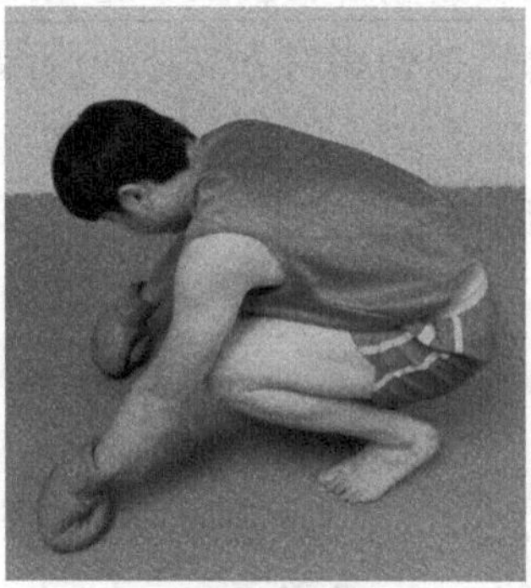

图2－3－13

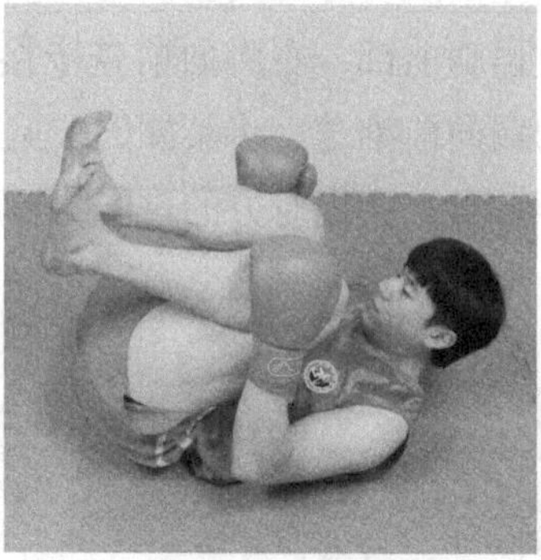

图2－3－14

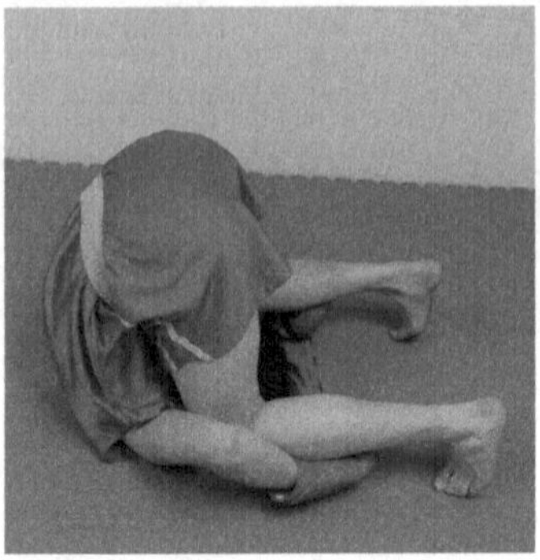

图 2－3－15

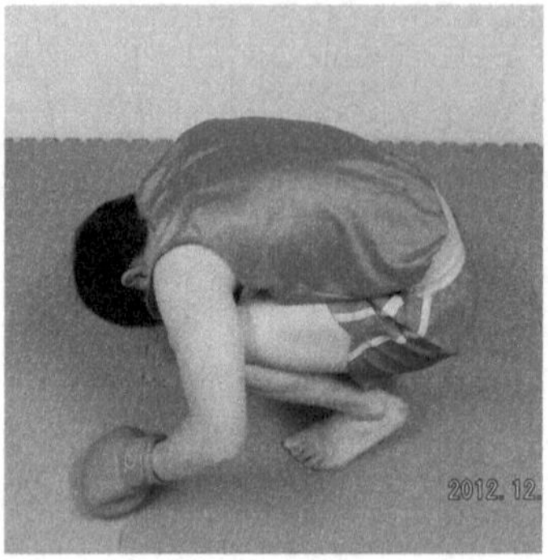

图 2－3－16

二、常用的摔法技术

（一）接鞭腿勾踢摔

以左实战姿势为例。当对方使用左鞭腿攻击我右肋部，我双手迅速接抱住对方的攻击腿前部，右脚向前盖步接近对方，左脚迅速勾踢对方支撑腿脚踝，双手配合勾踢向前推送，将其摔倒，见图 2－3－17～图 2－3－19。

要　点：接抱对方的攻击腿要准确牢固，勾踢推送快速连贯，一气呵成。

图 2－3－17

图 2－3－18

图 2－3－19

（二）接鞭腿勾踢压脖摔

以左实战姿势为例。对方使用右鞭腿攻击我左肋部，我方用左手迅速抱住对方的攻击腿，右手应迅速去下压对方的后颈部，同时以右脚勾踢对方支撑腿的脚踝，将其摔倒，见图 2－3－20～图 2－3－22。

要　点：右手下压与勾踢要协调一致。

图 2－3－20

图 2－3－21

图 2－3－22

（三）接鞭腿手别摔

以右实战姿势为例。当对方使用左鞭腿攻击我右肋部，我双手迅速接抱住对方的攻击腿前部，右手继续搂抱住对方的攻击腿，左脚迅速上步，同时左手别住对方的支撑腿腘窝处，向右转头转体将其别倒，见图 2－3－23～图 2－3－25。

要　点：手别的部位要准，转体时，腰、腿、手同时发力。

图 2－3－23

图 2 -3 -24

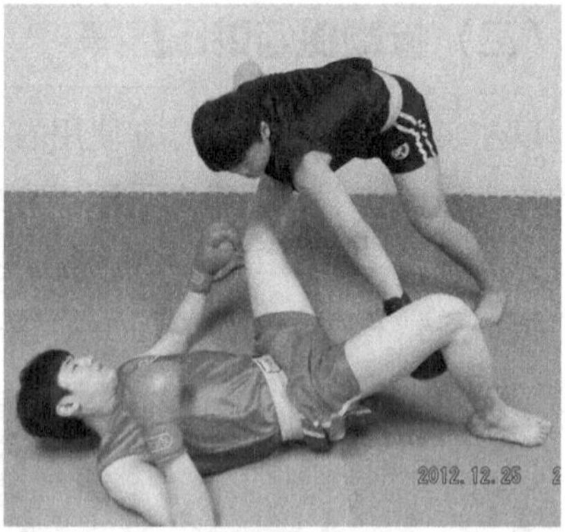

图 2 -3 -25

（四）接正蹬腿上托摔

以左实战姿势为例。当对方用前正蹬腿攻击我胸腹部，我用两手将其攻击腿接抱住后，迅速将其腿向上猛力抬起，同时出左腿勾踢对方支撑腿脚踝，使其摔倒，见图 2 －3 －26 ~ 图 2 －3 －28。

要　点：接腿要快速准确，上抬要猛，勾踢准。

图 2 -3 -26

图 2－3－27

图 2－3－28

（五）接侧踹腿涮摔

以左实战姿势为例。当对方用前侧踹腿攻击我胸腹部，我用双手接抱住对方的攻击腿脚踝处，左脚后撤一步，两手向右、向下、向左、向上弧形摆荡，将对方涮倒在地，见图 2－3－29 ~ 图 2－3－32。

要　点： 抓握要准确、牢固，撤步与弧形摆荡动作要连贯顺畅。

图 2－3－29

图 2－3－30

图 2－3－31

图 2－3－32

（六）接侧踹腿下潜摔

以左实战姿势为例。当对方以右脚支撑用左侧踹腿攻击我头面部，我快速下潜上步，双手抱住对方腿部用肩顶其裆部，将对方摔倒在地，见图 2－3－33～图 2－3－35。

要　点： 下潜快，时机准，抱顶协调一致。

图 2－3－33

图 2－3－34

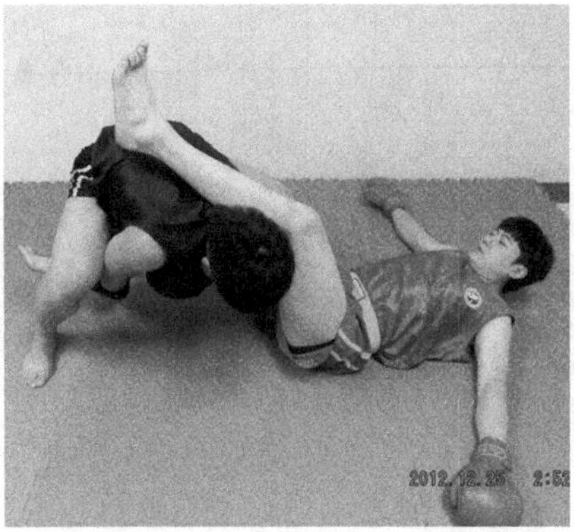

图2－3－35

（七）接转身侧踹腿摔

以左实战姿势为例。当对方右转身，以左脚支撑用右侧踹腿攻击我胸腹部，我用双手接抱住对方的攻击腿脚踝处，右脚向前盖步，左脚快速上步勾踢对方支撑腿脚踝，将对方摔倒在地，见图2－3－36～图2－3－38。

要　点：抓握要准确、牢固，盖步与勾踢动作要连贯顺畅。

图2－3－36

图2-3-37

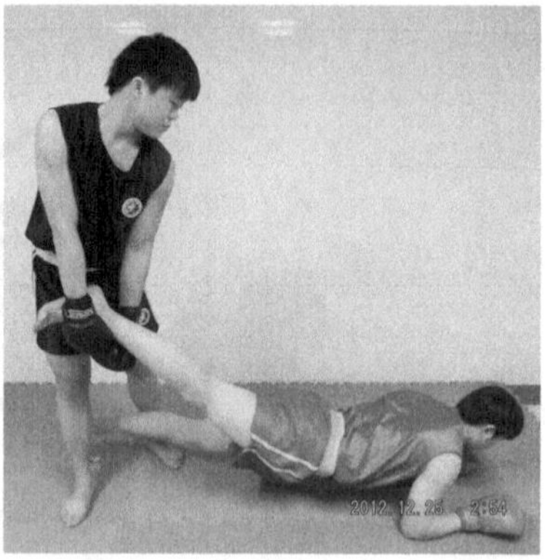

图2-3-38

（八）夹颈过背摔

以双方缠抱一起为例。我用左臂将其颈部夹住，右臂夹抱住对方左臂并立即向右转体，左脚上步到对方两腿之间并迅速后插右脚与左脚平行，两腿屈膝，用左侧胯部抵顶住对手下腹部；动作不停，两腿蹬伸，两臂随之发力，向下低头弓腰将对手背起摔倒在地，见图2-3-39~图2-3-41。

要　点：上步插步要快，胯部顶抵的位置要准确。

图2-3-39

图2－3－40

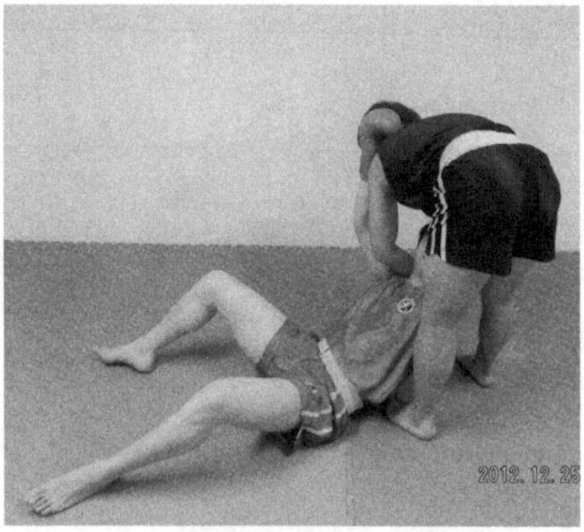

图2－3－41

（九）近身手别摔

以双方缠抱一起为例。我用左臂快速插向对方膝盖外侧，手臂内旋，手心向外按扶在对方膝外部，右臂夹抱住对方左臂，左脚上步到对方两脚之间，以腰为轴，带动两腿蹬转和两臂推拉同时发力，同时向右转体摆头，将对方摔倒在地，见图2－3－42～图2－3－44。

要　点：以腰为轴，带动两腿蹬转和两臂推拉同时发力。

图2－3－42

图2-3-43

图2-3-44

（十）抱腿前顶摔

以左实战姿势为例。当对方左直拳攻击我头面部，我迅速下潜躲闪上步，并用两手抱住对方双腿腘窝处，两手屈肘猛力回拉，同时左肩向前顶，将其摔倒，见图2-3-45~图2-3-47。

要　点：躲闪快，抱腿位置要准确，手拉、肩顶要协调一致、迅猛有力。

图2-3-45

图2-3-46

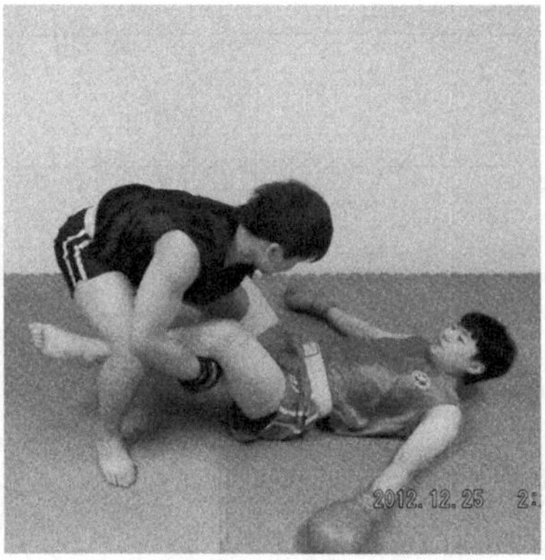

图 2 -3 -47

（十一）抱腿过顶摔

以左实战姿势为例。当对方左直拳攻击我头面部，我迅速下潜躲闪上步，两手将其双腿根部抱住，随即蹬腿、挺腰、抬头将对手抱起向后摔倒在地，见图 2 -3 -48 ~ 图 2 -3 -51。

要　点：下潜上步要及时，抱腿要紧；向上发力时腰要直，靠蹬腿的力量将对方扛起。

图 2 -3 -48

图 2 -3 -49

图 2－3－50

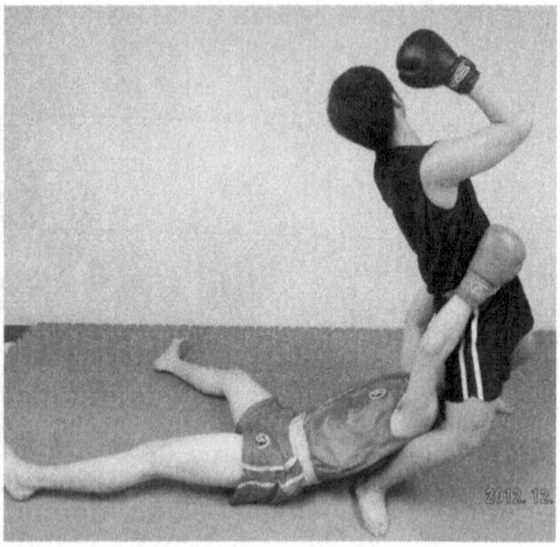

图 2－3－51

第三章　武术散打战术及其训练

散打战术，是根据比赛双方的各种具体情况，为战胜对手而采取的计策和方法。自古以来，兵家均以谋为本。明代刘伯温《百战奇略》中说：“用兵之道，以计为首”“若不计而进，不谋而战，必为敌败。”《晋书·杜预传》中说：“以计一当万。”我国兵法中不朽的战术思想值得借鉴。

散打战术亦是以谋略为主。随着散打运动的发展，比赛中运动员技术水平和竞技能力日趋接近，单凭身体、技术战胜对手的现象逐渐减少，良好的运动素质和技术水平，只有通过一定的战术形式表现出来，才能在比赛中有更多地取胜机会。因此，散打战术构成散打训练的重要因素之一。它的作用就是在于把运动员已经获得的身体、技术、心理等训练成果，根据比赛双方的具体情况综合应用，其核心就是“制人而不制于人”，造成有利的态势，掌握主动权。为了争取主动，一方面对自己要扬长避短；另一方面，对对手要抑长制短。在比赛双方旗鼓相当、势均力敌的情况下，正确地运用战术，可以减少体力的消耗和无效行动，对夺取比赛的胜利具有重要的作用。

散打战术的形成与运用是建立在一定的身体、技术、心理、智能基础之上的、同时，散打战术的培养反过来对运动员的身体、技术、心理、智能的训练水平有较好的促进作用。例如，练习主动进攻战术，可以提高运动员的反应速度、动作速度、位移速度；可以提高运动员对时机、距离等判断能力；还可以提高运动员的勇敢、坚决、果断的品质。散打比赛，十分讲究“斗智、斗技、斗勇”。而战术应用的过程就是一个“斗智”的过程，它有利于促进运动员智能的发展。

散打战术训练，首先应该树立正确的战术指导思想，注重实用性和灵活性。要遵循散打技术的规律和竞赛规则，进行战术训练，最终实现战术的目的。并在训练实践中丰富散打的技术内涵，使之呈现灵活、巧妙、多变的散打技术风格。

实现战术目的，必须掌握战术原则、战术形式和发挥战术作用的条件。这是运用战术的基础，其掌握的广度、深度，直接影响战术的质量和效果。故此，战术训练要培养良好的战术意识。这就是在复杂、多变、困难的环境下，积极地观察场上情况，随机应变，快速准确地决定自己的战术行动方案。战术意识反映在行动的预见性、判断的准确性、攻防的主动性、技术的目的性、动作的隐蔽性、配合的一致性、战术的灵活性等诸方面。可以说，运动员在比赛中每一个战术的正确运用，无不受战术意识所支配，其水平是衡量成熟与否的重要标志。

第一节　武术散打战术原则

战术原则，是制定战术计划、实施战术方案必须遵循的准则。

一、按散打的动作功能设计战术

战术，是通过运用一定的技术动作来实现的，不同技术动作的组成方案，表达了不同的战术思想。因此，按散打的动作功能设计战术是合理地、有效地发挥技术的战术原则。它能使我们从散打技术的整体性、有序性、相关性、动态性的系统观点中，正确地制定战术，而不是孤立地、片面地考虑某一个战术环节和某一个战术动作的技术因素，产生某一的战术方案。

散打的动作主要由手法、腿法、摔法和步法组成，其中大部分动作既能进攻，也能防守，或攻中有防，防中寓攻。充分发挥其功能，就要认识动作之间，上与下、长与短、大与小、进与退、近与远、攻与防，互相矛盾、互相制约、互相转化的规律，按照不同动作的不同作用，制定不同的战术方案。

二、按攻防兼顾的原理设计战术

比赛中，有些运动员一味讲究进攻，不顾防守；有的则单纯防守，不讲进攻，结果使攻防失调，顾此失彼。因此要遵循“攻防兼顾”的原则，在瞬息万变的激烈对抗中，临战不乱，临危不惧，保持攻防的合理节奏。

攻防兼顾不是绝对的或一成不变的。比赛中要根据具体情况灵活应用。一般来讲，面对强手应加强防守，防中有攻，以防守反击为主；面对弱手应积极进攻，攻中有防，以主动进攻为主；水平相当时，要攻防兼顾，做到有序进攻，稳妥防守，抓住战机，猛烈进攻。

三、按控制与反控制的原理设计战术

在散打比赛中，常听到运动员说：“我浑身是劲，动作好，没有用上就输了，真憋气。”产生这种现象是被对方控制所产生的结果。散打比赛的过程，实质上是一个控制与反控制的过程，谁控制了谁，谁就占有主动权。例如，甲、乙双方，甲擅长踹腿，乙如果不能控制其特长，甲的踹腿就会越踹越有劲，越踹命中率越高。如果换了丙与其相对，丙了解甲的特长，只要甲使用踹腿，丙便防守破之，成功几次后，甲在心理上就会慌乱，不但踹腿这一技术专长发挥不出来，其他技术也难以正常地发挥和运用。在制定战术时，就是要根据控制与反控制的原理，全面了解对手的情况，避实就虚，先夺其长，掌握主动权，使其不能发挥技术特长。

四、按灵活多变的原理设计战术

散打的任何战术不是万能的。比赛中采用固定不变的战术，容易被对手摸到规律，使自己陷入捉襟见肘的困境。设计战术时，应立谋虑变，多考虑几种战术形式及其互相之间的衔接和配合，这样，可以最大限度地体现不同的进攻方向和进攻点。不同进攻方向和进攻点是指正面、侧面、背面等不同的角度，对对手的上、中、下三盘交错进攻。

由于散打比赛中进攻。防守和战术的运用具有博弈特点，因此，灵活多变要有针对性和有效性。否则，光图形式多样，华而不实，没有针对性、实效性，形式再多，也不能取得最终胜利。

五、按对手实际情况设计战术

《孙子·谋攻》篇中的“知己知彼、百战不殆”，是我国古代军事家确定作战方案的先决条件。散打比赛和作战打仗一样，要战胜对手，首先要了解对手，否则，指定的战术就没有针对性，就会陷入盲目的冒险之中。设计战术之前应了解对手的下述情况。

（一）技术状况

对手是擅于用拳，是擅于用腿，还是擅于用摔？他的攻击实力是怎么样？主要得分手段靠什么？其技术弱点是什么？是防拳能力差还是防腿能力差？还是防摔能力差？等等。

（二）攻防类型

一般来讲运动员的攻防类型有三种：一种是以主动进攻为主的进攻型；一中是以防守反击为主的防守型；另一种是能攻能守的综合性。在制定战术前，要了解对手属于哪一种攻防类型。

（三）动态类型

运动员有不同的动态类型。有的属于力量型，进攻时主要依靠强大的力量威慑对方，削弱对手战斗力，以力取胜；有的属于技术型，主要依靠良好的技术发挥，以得分取胜。对付前者需要制定以快制力、以巧制力的战术；对付后者则需要封堵路线，改变距离等，制定连续进攻的战术。

（四）身体素质

运动员之间的身体素质有着明显的差异，有的力量大，有的体力好，有的反应快，有的速度快，有的协调性好。对于不同身体素质的对手要采取不同的战术。例如，遇到耐力差的，就要采取消耗其体力的战术，逼着打或是把对手斗急拖着打，不给喘息的机会，使其体力迅速下降而取胜。

（五）心理素质

运动员的心理素质是一个十分重要的因素。通常所讲的“斗智”“斗勇”“两强相遇勇者胜”等等，都属于心理因素范畴。有的运动员虽然技术好，但心理承受能力差，遇到激烈地拼搏，便产生惧怕、恐慌等心理障碍，不能正常地发挥技术而导致失败。

第二节　武术散打战术形式

散打的战术形式，是指为了完成战术意图而由各种动作组成的具体方法。散打以它丰富的技术内容和相生相克、相互制约、相互转换的技术规律，为散打多彩多姿的战术形式提供了先决条件。散打的战术形式如下。

一、直攻战术

直攻战术，是指在没有虚晃及假动作的掩护下，使用方法进攻对方。运用直攻战术须具备以下条件。

（一）当对手的反应速度、动作速度。位移速度没有自己快时。

（二）当对手的攻防动作不够熟练时。

（三）当对手的体力不足时。

（四）当对手的防守姿态出现空隙时。

（五）当与对手的距离能有效地使用进攻动作时。

二、强攻战术

强攻战术。是指硬性突破对方的防守后发出的攻击。运用强攻战术须具备以下条件。

（一）力量、速度、耐力素质比较好，但技术不如对方时。

（二）身体素质好，技术比较全面，但比赛经验不如对手时。

（三）对方的近战能力比较差时。

（四）对方的耐力比较差时。

（五）对方的心理素质比较差时。

采用强攻战术，以扰乱和破坏对手的心理平衡、战术准备和距离感，乱中取胜。猛冲猛打并不是盲目蛮干，而是通过强攻这一战术手段，扬己所长，实现打击对手的目的。

三、佯攻战术

佯攻战术，是有目的的造成对手的错觉，把对手引入歧途，实现真实进攻。在散打比赛中，佯攻是最为常见的战术形式之一。

随着技术水平的普遍提高，特别是当对手动作反应快，防范能力强时，直接进攻容易被防守、截击或反击。采用左右、前后、上下虚晃动作；采用指上打下、指下打上、指左打右、指右打左等假动作，可以转移、分散对手的注意力，促使对方对自己的虚晃动作产生某种反应，而改变正确的防守姿态，然后加以利用。使自己的进攻机会出现预见性，可以提高进攻效果。

四、迂回战术

迂回战术，是指利用步法的移动从侧面进攻。“有力当中上，无力走两旁”。当对手的动作力量大，正面攻击火力强，或者当对方集中注意力进行正面防守时。

采用迂回战术，向左右两侧移动步子，既可以避其锋芒，又可以制造战机，“以迂为直，以患为利。”我们知道，直线比弧线短，抵达动作快。但散打的弧线动作可以破直线，迂回前进，调动对方随之转动，破坏对方的动作习惯而产生空隙。因此，在步法移动的过程中，要注意移动的方向、角度、距离，要注意进攻时机，更要注意步法的灵活性和身体位移的突变性。

五、制长战术

制长战术，是采用相应的方法，制服对方的技术专长，使其不能正常发挥。相对来说，每一个运动员都有自己的技术专长，这种技术专长是本人得分取胜所依靠的主要手段。如果能针对对方的擅长制定战术，使其擅长不能正常发挥，从而被迫采用其他的动作。这无疑能起到制彼所长的作用。

制长战术大致有以下几种。

（一）克制擅于用手法的对手。

（二）克制擅于用腿法的对手。在多种腿法中，又要区分擅长哪种腿法。

（三）克制擅于用摔法的对手。

（四）克制擅于用重拳、重腿的对手。

（五）克制擅于主动进攻的对手。

（六）克制擅于防守反击的对手。

（七）克制擅于能攻能守的对手。

六、制短战术

制短战术，即集中力量专门进攻对方的薄弱环节，制其所短。每一个运动员都有自己的弱点和短处，有的防拳能力差，有的防腿能力差，有的防摔能力差，有的防上能力差，有的防下能力差，有的某种身体素质差，有的基本动作差，有的有习惯性的错误动作，等等。

采用这一方法，关键在于是否了解和掌握对方的短处和弱点。这可以通过赛前对对手已往比赛情况的回忆，或者借助于对方同第三者比赛时进行观察，或者通过观察及其录像或者通过其他人进行调查，综合各种情况进行分析。除了赛前“侦察”以外，更重要的是在比赛中进行观察，通过几个回合的试探性进攻，对对手的弱点迅速做出判断，及时调整自己的战术手段。攻击对方的弱点，还要不断地变换方法，以免对方察觉自己的战术意图。

七、多点战术

多点战术，是指进攻点立体交叉，全方位攻击对方。当一个运动员的技术水平达到一定程度，适应能力加强，对其采取单一方法的进攻容易被他防范或反击，使进攻难以奏效时，只能采用上、中、下，正面、侧面，手法、腿法和摔法，使进攻点不断变化，不规律地进攻，最大限度地分散对方的防守注意力，才能使对方防不胜防。这样就会牢牢地掌握主动权。

实施多点战术要求运动员技术全面、头脑清楚，并有较好的灵活性和动作转换协调能力。实施多点战术，在做身体重心高、动作幅度大、运行路线长的动作时，要有被对方抱摔和闪躲反击的防备及采取的措施。

八、重创战术

重创战术，是用力量打击对方，使其失去战斗力。实施重创战术需要一定的身体、技术条件。当自己的攻击力量和技术比对方好，但耐力差，或者攻击力量好而技术不如对方，或者在比分落后的情况下，或者出于其他因素不能打持久战时，在规则允许的范围内，寻找、制造机会，用重拳或重腿打击对方，使对方的身体、心理受到震动、威慑，失去继续比赛的信心和能力。

实施重创战术：一是自己的手法、腿法要有较大的功力；二是要准确、果断、迅速、有力地打击对方抗击能力差的部位，但不能违犯竞赛规则、有意伤人。

九、突袭战术

突袭战术，是针对对手自然产生的习惯动作，采用相生相克的方法进攻对手。

散打比赛时，只要留心注意观察，就会发现运动员无意识的存在一些习惯动作。例如，有的运动员习惯提膝抬腿，有的习惯身体重心在前腿上。又如，在一个回合的进攻中，裁判员并没有发出“停”的口令。而双方运动员都停止了进攻，自然分开，然后准备下一个回合的较量，这就是一种典型的动态习惯。如果利用这个习惯，当对方停止动作时，突然发出进攻，出其不意、攻其无备，打它个措手不及，可收到突然袭击的效果。

采用突袭战术，需要不断地观察捕抓对手的习惯动作，然后制定具体的突袭战术行动方案。平时要加强训练，使运动员掌握突袭战术所必备的技术和身体素质。

十、反击战术

反击战术，是待对方发出进攻动作后，在防守的过程中反击对方。武术，历来讲究“以静制动”“后发先至”。主动进攻需改变原有姿态，身体不同部位必定会产生防守空袭和薄弱环节，如能在防守的同时或之后进行反击，容易成攻。另外，防守者“以静待动”，有思想准备，这也是比较容易运用反击的因素之一。

当遇到性情急躁、缺乏比赛经验、喜欢猛打猛冲的对手时，可以以反击战术为主，主动进攻为辅。以主动进攻掩盖自己反击战术的意图；同时刺激对方，使其更加急躁，为反击战术创造条件。反击战术的手段主要有堵击、触击、抓击、顺击、闪击、退击等。

十一、下台战术

下台战术，是利用竞赛规则和擂台等客观条件，采用方法迫使对方掉下擂台的战术手段。下台战术按其形式可分为逼打下台和牵引下台两种。

（一）逼打下台

逼打对方下台要善于掌握时机，不能随意暴露自己的战术意图。否则，很难将对方打下擂台。另外，不要操之过急，如果时间不成熟，一味地连推带打，不但不能将对方打下擂台，反而容易被对方“顺手牵羊”，带下擂台。

（二）牵引下台

牵引下台，必须借用对方的冲力，引进落空，要求运动员有较好的视觉判断能力和距离判断能力。一般来讲，可用擂台上的警戒线为标志，小级别、个子矮的运动员以退到警戒线上使用方法为宜；而大级别、个子高的以退到警戒线内侧为宜。

十二、边角战术

边角战术，是利用对方退到擂台边缘或角上，怕掉下擂台的心理进行进攻。比赛中，有目的地将对方逼到擂台的边线或角上，造成对方的心理恐惧、惊慌而导致动作紊乱。抓住这个机会，在防止被对方牵引下台的前提下，加强正面进攻，争取多进攻多得分。

十三、体力战术

体力战术，是通过合理地分配体力以此取得比赛胜利的战术方法。散打比赛，运动员体力消耗较大。采用体力战术，就是在一场三局的比赛中，合理分配体力，既不“虎头蛇尾”，也不能一味保守，使比赛结束后还有使不完的劲。每一局用多少的体力要根据对手的情况来定。如果对手技术较弱，可以保持体力以技术取胜；如果对方技术好，可以采取消耗对方体力的打法取胜；如果双方实力相当，还应有打持久战的准备。如果知道对手的耐力较差，应打体力消耗战，连续进攻，不给对手喘息的机会，迫使其体力迅速下降，以此取胜。

采用体力战术，除了考虑主观因素外，还要考虑客观因素。比赛是双方的事情，彼不攻，此要攻，彼此都要保存自己消耗对手的体力。所以，体力战术也要有应变准备。

十四、心理战术

心理战术，是通过一些特定的方式和措施，给对方造成心理上的影响，而争取比赛胜利的方法。散打比赛的心理活动贯穿整个比赛的始终，心理战术多种多样，赛前隐瞒实力，麻痹对手；露出破绽，造成对手的错觉；激怒对方或松懈对方斗志，等等。赛中重创战术、强攻战术、佯攻战术、制长战术、制短战术、边角战术等等，都具有心理战术的因素。其目的就是迫使对方紧张、急躁、恐惧、气馁，从而失去比赛的信心，导致比赛失败。

第三节　武术散打战术训练

一、战术训练的基本要求

（一）努力培养战术意识

培养战术意识是战术训练的中心环节。比赛中的战术运用要靠赛前了解情况。制定战术方案，靠教练员的临场决策指挥，更重要的是在瞬息万变的情况下，靠运动员的独立作战能力、战术思维能力和战术应变能力等。因此，在训练过程中，通过各种途径使运动员学会比较、分析、综合、判断，促使战术意识水平的提高。

（二）基本战术同多种战术相结合

在战术的训练中，首先要使运动员精练几套基本战术。这样，运动员才能在临场比赛中，根据已掌握的技、战术，随着战局的发展灵活应用。除了掌握基本战术以外，还应根据自己的特点建立起对待不同对手的几种成套的战术方法，以适应各种不同的对手。在战术训练中，既不能华而不实，只求多而不求精，也不能把战术训练过于简单化。

（三）要重视战术训练的质量

在战术训练中，不仅要求运动员全面地掌握战术形式的具体使用方法，同时要求具有较高的质量。要严格按照实战的要求去训练。战术动作的力量、速度、时机、判断、反应、节奏、方向、距离、角度等，都应保质保量地去完成。

（四）战术训练要同其他训练相结合

战术训练质量的好坏，与身体练习、技术训练、心智训练有着密切的关系。运动训练内容的各部分之间是互相影响、互相练习、互相制约、互相促进，共同反映在运动员的身上。因此，战术训练要同身体、技术、心智等训练相结合。

二、战术训练的方法

（一）假设性训练

要求运动员精神高度集中，有一种身临其境，面对对手的实战态势，设想对手所采用的各种打法，自己运用相克的打法破之。如设想对手采用“主攻抢打”，我即可用相应的“反击战术”而破之。这种练习可以一种战术反复练习，也可多种战术变化练习；可以单法练习，也可以配套练习，如先“诱攻伏击”，接着“连招快打”。或者先用“消阻进击”，然后“强攻硬取”。总之，可以设想各种情况进行空想打击。也可面对沙包、树干、假人等目标，采用“佯攻巧打”，或“闪躲进攻”来击中目标，这种想练结合的方法主要目的是培养战术意识，掌握各种战术的具体用法。

（二）战例分析训练

具体做法是：从比赛录像中选择一些反映战术特点和应用战术较典型的片段，组织运动员观看，或以一个完整的战术反复观看。典型片段可选择那些战术运用好的，也可选择战术运用不好的。通过教练员提问，如好在什么地方，错误在哪儿，应选用什么样的战术，等等。经过大家的讨论找出正确答案。为使分析全面，看完片段后还应把全场比赛连起来看，从局部与全局的观念出发，防止孤立地、静止地看问题。

（三）战术分解训练

一个战术形式往往需要由几个技术动作组成。为了使每一个技术动作掌握得牢靠、扎实，可将其分解开，一个动作一个动作的训练，然后再进行完整的战术形式训练。例如，练习指上（冲拳）、打下（踹腿）的佯攻战术。训练时，第一步先练冲拳，目的是示形造势，有意引起对方的注意和反应。这就要改变正常的冲拳速度，使冲拳动作速度放慢，还可以结合上步等练习上步冲拳；第二步练习踹腿，要求踹腿突发、快速有力；第三步，把上步冲拳与踹腿连起来完整练习，掌握正确的动作节奏。

（四）递招喂手训练

由教练或同伴给练习者喂招，重复练习某一战术打法。例如，练习迂回战术，确定以只限动作进攻喂招。练习向左、右侧躲闪反击；或以“主攻抢打”喂招，练习“反击战术”。教练员还可在练习中寻找练习者的空隙和破绽，乘虚喂招，以纠正其错误。

递招喂手应逐步加大难度。开始，练习者往往胆怯怕打而消极逃脱，可指定其站在限制物如墙壁或长凳前面，逼其接招用法，慢慢适应，壮大胆量。喂招可由慢到快，虚实结合；由喂固定、单一的打法到一种打法和多种打法的灵活应用等，以提高各种战术的熟练程度和运用能力。

（五）模拟训练

由教练员或同伴根据不同对手的情况进行模仿，而采取的一种针对性专门练习，提高战术适应能力和运用能力。例如，模拟主动进攻型的对手、模拟防守反击型的对手、模拟重拳重腿的对手、模拟擅长拳法的对手、模拟擅长腿法的对手、模拟擅长摔法的对手。要求模拟者动作要真实，以提高练习者的适应能力和战术运用的能力。

（六）交手比试

它虽有比赛的因素，但其着眼点不在胜负，主要是训练和培养练习者的战术意识和战术运用的能力。训练时可根据其任务和内容做一些规定和提出要求。如初期实战比试时，为了使双方能灵活地运用技、战术，防止受伤，可以规定点到为止，或者只限于一次性进攻与防守（反击），不许连续进攻或反击；或在教练的监督指导下，交手比试，教练员视情况随时暂停，分析和纠正练习者战术运用正确与否；这样由易到难，待战术训练到一定程度后可安排不同打法特点的练习者，轮流互换交手比试；或者安排一个练习者坐庄，轮战几个不同打法特点的对手，以训练和提高战术的应变能力。

（七）实战比赛

按照竞赛规则的要求和规定，在比赛的条件下，训练和培养运动员运用战术的能力，丰富临场比赛经验。也可根据从难、从严、从实战需要出发，安排有特定条件的比赛。如不同体重级别、不同技术水平等的对手间进行比赛，重点训练弱者。或者在一场3局的比赛中，一人每局轮战一个对手，以训练和提高战术的合理运用及应变能力。另外，通过对兄弟队合练或邀请比赛的机会，进行战术训练，效果更好。

“既得艺，必试敌。”实战比赛是训练和检验战术运用的最有效手段。同时应及时进行总结，养成研讨战术的良好习惯，牢固地树立战术观念。

第四章　武术散打教学与训练

第一节　武术散打教学步骤

一、武术散打教学步骤

在教学过程中，无论是单个的基本动作、完整的技术动作，还是几个技术动作组合的组合动作，都要分“学会”“喂引”“实战”3个步骤来完成。“学会”和“喂引”是教学的过程，能在实战中运用是教学的最终目的。

（一）“学会”动作

通过教师的示范和讲解，使学生和运动员了解和掌握动作的规格要求（包括手形、步形、身体姿势等）、运行路线（手法、腿法、身法等）和攻防用法。通过反复练习和不断地纠正错误动作，使他们正确、熟练地掌握动作达到规范化。

（二）“喂引”动作

“喂”就是给学生和运动员作假设性对手，根据他们学习动作的需要来给做喂递动作。如学防左挂挡的动作，在他们基本学会这个动作进一步练习使用时机时，教师和助手要由慢速逐步过渡到快速去给喂递右贯拳，使其反复不断地做防左练习，直至在正常实战速度情况下能准确有效地完成这个动作为止。“引”，是在攻防组合动作中，为了使学生掌握对手出击的时机，就要用各种腿法佯攻；引发其掌握实际做出反应动作。“喂引”，是教学训练中的重要步骤。学生和运动员能否把学会的招式在实战中应用，主要在于教师的“喂引”教学方法是否科学、合理而有实效。

（三）实战运用

这是学习训练技术动作的最终目的。通过“喂引”，先使学生能够把所学的动作运用于条件性的实战。例如，指定甲方进攻，乙方只能防守反击。这是实战运用的初步阶段。真正的实战，情况千变万化，战机稍纵即逝，进、退、攻、防、距离、时空，对手的高矮、强弱，等等，都对动作的运用起着一定的影响。如想在这种复杂情况下，灵活自如地应用所掌握的技术动作，只有通过在有指导下的反复实战去锤炼、去分析、去总结，不断地提高运用技术动作的能力。

第二节　武术散打教学方法

一、武术散打的教学方法

（一）讲解教学法

讲解和示范是使学生形成正确动作概念的基本方法。讲解应当简明扼要，形象生动，重点突出。在进行技术教学时，讲解的过程和内容有以下几点。

1. 讲解动作的名称

讲解按动作结构起的名称，如“上步架打”或传统形象化名称“迎门炮

（锤）”的内容含义。

2. 讲解动作的规格要求和运动路线

如对该动作的手形、步形、身体姿势，以及手法、腿法、步法的起点和止点及运行路线的要求等。

3. 讲解动作的攻防用法

分析动作的攻防距离、力点以及实战运用的时机。

4. 讲解动作的易犯错误

练习前使学生了解容易犯的错误动作，提高学生对正确动作与错误动作的识别能力。

5. 讲解动作的关键环节

这些关键部分，要着重讲解分析，以利于学生尽快地掌握动作。

6. 讲解动作的练习方法

包括练习的步骤、对手搭配、队列的组织形式，以及练习的组数、强度等。

讲解方法如下。

（1）简明扼要，边讲解边示范。

（2）形象化讲解。利用形象化语言，如冲拳“快如流星”等，使学生理解冲拳的速度和劲力。

（3）口诀化讲解。有时把一个技术动作的要领编程简单的口诀讲解，使学生容易理解，便于记忆。

（4）单字化讲解，为使讲解的语言简练易记，可以把词句单字化，如讲垫步踹腿时，可以把后退蹬地，前腿屈膝及随后的展髋、深膝和踹腿过程归纳为“蹬、屈、踹”3 个字。

（5）启发式讲解。可以围绕动作的技术要点先提问或先做示范。叫学生自己分析动作要领，启发学生主观思维，最后做归纳性讲解，使学生对动作的理解更为深刻。

（二）示范教学法

示范是使学生通过直观观察认识动作的概貌、要点的基本手段。示范的内容如下。

1. 正确动作的示范

为了使学生对动作建立正确的概念，在学动作之前，配合讲解，必须做正确动作（包括手形、步形、身姿的规格，手法、腿法的运行路线，以及攻防用法等），示范1～2次。

2. 完整与分解示范

对于简单的动作，一般做完整动作示范；对于结构复杂或由2～3个动作组成的组合动作，除完整示范外，还要做分解动作示范，便于学生对每个动作过程及技术细节观察理解。

3. 慢动作示范

有的动作正常完成的速度很快，为了便于学生观察学习，需要放慢速度示范，或把动作的关键环节慢速示范。

4. 易犯错误动作的示范

使学生通过对比，对正确动作建立深刻的概念，在练习中避免错误。

5. 合理的示范位置

位置的选择，是以全体学生清楚地看到老师的示范为原则。以学生站成四列横队为例，教师可以站在横队的等边三角形的顶点示范。为了使后两排学生和运动员看清动作，可以叫前两排的坐下或蹲下，也可以叫前两排的学生向后转并后退几步，中间留出一定的空地，教师站在中间空地上示范。

如果学生和运动员站成两列横队练习，还可以让他们站成半圆弧形，教师在中间示范。

6. 示范面的运用

示范面有镜面示范、背面示范、侧面示范以及不同角度的斜面示范，为了让大家看清动作的规格要点，根据不同动作的需要，采用不同的是反面。同一个动作也可采用几个示范面。如从左实战姿势开始做的上步左架右冲拳，为了让大家看清左臂上架的运行路线及高度，右拳冲拳的高度，可做镜面示范；为了让他们看清左实战姿势的规格要求和上步与冲右拳的协调配合，可做侧面示范。总之，为了让学生和运动员看清动作的规格要领，应灵活选择和运用示范面。

讲解与示范不是分割的，通常是两者密切结合起来灵活运用。有的先讲解后示范，或先示范后讲解，或边讲解边示范。一般来说，对初学者采用精讲多示范的方法是主要的，对水平较高的则讲解分析是主要的。

（三）完整教学法

散打的攻防技术是由单个的功法动作和组合动作构成的，为了使学生和运动员了解动作的全貌形成动作的完整的概念，一气呵成地掌握动作的整体，对于单个的动作和结构简单的组合动作可采用完整教学法。但遇到复杂的组合动作或难度较大的动作时，则采用分解教学法为宜。

（四）分解教学法

凡在下列情况下，可运用分解教学法。

1. 结构较复杂的攻防动作组合

用完整教学法，学生和运动员掌握起来比较困难，这时就需要把组合动作分解成几个单个动作逐个教会，然后再逐渐组合起来，这样学习起来比较容易。

2. 难度较大的动作

学生和运动员不可能一下掌握动作，这时就需要把动作分解为上肢动作和下肢动作，或者左侧动作和右侧动作。先学上肢后学下肢，或先学左侧后学右侧，在局部动作掌握以后，再学完整动作，以便让他们逐渐掌握难度较大的动作。比如抱腿别摔可先教双手抱腿，这个动作掌握以后，再教腿别，而后进行别摔的完整教学。

分解教学法不宜将动作分解得过碎；而且在学生和运动员通过分解教学初步掌握动作以后，就应尽快地向完整动作过渡。分解教学法和完整教学法应有机地结合起来运用，一般采用完整—分解—完整的教学过程。开始的完整教学可初步给学生和运动员一个完整动作的印象，通过分解教学可使他们看清和学会动作的细节，然后再通过完整教学使他们掌握这个难度较大的动作。

（五）组织练习

通过讲解和示范，及完整和分解教学使学生和运动员初步学会动作之后，就要组织他们反复地练习，以使他们正确地巩固和掌握动作。在练习过程中要不断地巩固正确动作，纠正错误动作，逐步形成正确的动作定型。组织学生和运动员练习的方法，通常有下列三种。

1. 集体练习法

就是在教师领做和口令指挥信号指示下集体练习。领作也是示范的一种形式，要注意示范面、示范位置的合理选择。口令指挥时，口令要短促、洪亮，还可穿插简单扼要的讲解提示。

2. 分组练习法

在学生和运动员初步掌握动作之后，可以进行分组练习。分组练习可以使他们在组内研究分析，互相互学，把动作分析得更细致些。还可以组织各组之间互相学习观摩，取长补短，充分发挥他们的主观能动性。但教师要注意，各组的小组长要指定那些工作认真负责和技术掌握较好的学生和运动员担任（也可以叫班内骨干兼任）。各组的成员，要把掌握动作较好的与差些的混合编组，以便在组内互相帮助。

3. 个别练习法

在集体练习和分组练习时，教师要注意观察，还会有个别学生和运动员仍不能正确学会动作，这时教师要对他们进行个别辅导，以免掉队。

（六）纠正错误

在组织学生练习过程中会出现各种错误动作，老师应善于及时发现和纠正它，否则，错误动作重复多了形成错误的动力定型，纠正起来就困难了。一般易犯的错误及纠正方法。

1. 有的学生接受能力差，动作协调性也差，不能及时跟上教材的进度而出现错误时，老师要通过个别辅导，耐心地采用分解动作，慢速示范，反复领做等方法帮助学校纠正，或在分组练习时，提示组长或掌握动作较好的学生和运动员给予个别辅导。

2. 有的学生和运动员肌肉本体感觉差，不能很好地控制动作而出现错误时，老师则要多强调动作规格和技术细节，用站桩法练习和分解练习等方法帮助纠正。

3. 有的学生和运动员由于某些身体素质差，所做动作达不到技术要求时，教师则应结合教材内容，安排一些专项素质练习。比如，因速度力量差冲拳达不到要求时，则在安排教材时适当安排些速度力量练习；又如，因柔韧性差一些腿法高度达不到要求时，则在安排教材时适当安排些腿部柔韧性练习。这样，使他们逐步提高身体素质，达到技术要求。

4. 有的学生在做一些难度大的摔法和扑跌滚翻动作时担心摔坏，过分紧张而做不好动作时，教师则应采取适当的保护措施。或者降低动作难度，分为几个步骤逐个练习，以消除学生的惧怕心理，逐步掌握动作。

在组织学生和运动员集体练习时，教师要通过观察，善于抓住共性的错误，通过正确动作示范和错误动作的表述，启发学生和运动员认识、分析什么是正确动作，什么是错误动作，然后集体纠正。在他们分组练习时，教师要及时指出哪些动作正确、哪些不正确，以便组内互相纠正错误。还可以组织小组之间互相观摩，识别正确的与错误的动作，提高他们的分辨能力，充分调动其主观能动性。

第三节　武术散打训练法

一、武术散打训练方法

教练员为完成训练任务，达到提高专项运动成绩而采用的途径和方法。

（一）分解法

散打训练，始终都离不开教师的讲解。它包括：布置训练任务，提出具体要求，讲解分析各种练习内容的技术要点，组织练习，纠正错误，进行武德及政治思想教育，以及总结等。

训练课以组织学生和运动员练习为主。教师的讲解，力求简单、准确，要点突出，形象生动。善于利用练习间歇进行讲解，既不影响练习的密度，又使学生和运动员把练习和思维活动紧密结合，使整个练习在教师指导下进行，充分发挥救师的主导作用。

为启发学生和运动员的积极思维，有时教师在讲解中可结合提问，让他们思考回答；有时叫训练有素的学生和运动员讲自己的技术要点体会；有时叫几个学生和运动员共同分析某个动作，最后教师进行总结讲评。这种生动活泼的讲解方式一般收效都较好。

（二）示范法

散打训练课示范应注意如下。

1. 示范应姿势规范，动作协调，发力充沛。比如侧踹腿，教师的示范动作要站得稳，踹得高（高至面部），发力清脆出声。这种高质量示范，不但能使学生和运动员建立正确的动作概念，还能提高他们的学习兴趣和训练热情。

2. 在整个训练过程中，教师应反复做示范，慢速、中速、快速示范；突出某一技术环节示范，以及错误动作纠化示范，等等。

3. 也可请学生和运动员做示范，进行动作对比，特别是那些水平较高的学生和运动员动作速度、劲力较好，一些难度较大的动作和跌扑滚翻动作，教师因准备活动不充分或年长身体不好等，不能完成的示范，更应充分发挥他们的示范作用。

（三）完整与分解法

在散打训练课中，学习动作、进行练习、改进技术，主要运用完整与分解法。对于简单的技术动作，如某拳法、腿法、步法，或不能分解的较复杂动作，要用完整法组织练习。对于较复杂的组合动作或腾空跳跃、跌扑滚翻动作，完整练习比较困难，这时就必须用分解法。比如从左实战势开始的左冲拳——垫步蹬腿——落步接左右冲拳，这一进攻组合动作，可以把它分解为左冲拳、垫步蹬腿、落步冲拳 3 个分解动作。通过反复练习，比较正确地掌握这 3 个分解动作后，再进行完整练习。

在分解练习时，可以较细地纠正动作的规格、运行路线、力点，再通过完整练习，改进动作的衔接。这样不但能保证组合动作的质量，还可增强学生和运动员掌握组合动作和高难动作的信心。

应注意的是，分解练习动作的目的是更快更好地掌握完整动作。因此，当分解动作基本掌握时，应尽快地过渡到完整动作练习，以免分解练习时间过长，形成分解动作的动力定型，反而破坏整个动作的连贯与节奏。所以，完整练习与分解练习应紧密结合，有分有合，但分是为了合，这一点必须明确。

（四）重复训练法

重复训练法，是指在不改变动作结构和运动员负荷数据的情况下，按照既定的要求，反复地进行练习，每次练习的间歇时间能使机体基本恢复的一种练习方法。在散打训练中，重复训练法是最基本的、常用的训练方法，贯穿在每一个身体训练，技术和战术训练始末。它既可巩固提高技术、战术，又可用它来提高速度，发展力量，增强耐力。

初学散打的单个、组合技术动作时，对每次重复练习都应按照严格的技术规范来要求质量，对重复练习的数量和强度不宜要求过高，比如冲、贯、抄 3 种拳法组合练习，初学时重复练习，先要强调冲、贯、抄每个单一拳法的质量，再注意 3 个动作的协调配合，甚至为了改进技术细节，还可适当放慢速度，重复练习。当动作地本掌握后，对重复练习，不但要求动作质量，对练习的数量和强度也应提高要求。如为了提高组合练习的速度，可要求在规定的时间内必须完成练习多少次；为巩固技术定型，可要求在课上必须完成一定的组数和总数量，为了发展力量耐力，可要求拿轻哑铃或戴手套做多次数和组数的练习，直至力竭为止。

重复训练法中练习的强度，要以学生和运动员所能承担的最大强度为限。练习的间歇时间要充分，使机体达到基本恢复。一般来说，间歇时间为练习时间 2 ~ 3 倍。如以心率衡量，一般应在 110 次/分以下。另外，重复训练法是反复练习同一动作或同一组合动作，容易造成单调乏味情绪，因此在两组练习之间，可以组织些比赛、游戏或其他活动进行调剂。

（五）间歇训练法

间歇训练法，是指在一次或一组练习之后，按照严格规定的间歇进行休息，在机体未完全恢复的情况下就进行下一组练习的方法。由于它要求机体在规定的未完全恢复的情况下进行练习，是在进行无氧代谢训练，这对提高有机体的机能，特别是心血管系统的机能，对发展速度和速度耐力有较大的作用。

在散打训练中，为了提高学生和运动员的专项耐力，经常采用间歇训练法。比如，在比赛中，每个回合的间歇大约平均为 5 ~ 8 秒，在平常训练时，可要求回合间歇为 3 ~ 6 秒，甚至更短些，或者一人坐桩，3 ~ 5 人用规定的较短间歇与之实战，以提高其速度耐力、力量耐力。又如，在正式散打比赛中，每场打 3 局，局间歇休息 1 分钟；在平时训练中，可规定打 6 局，局间歇休息半分钟。在赛前训练阶段，为提高专项耐力，这种训练方式是经常采用的。

间歇训练法的间歇时间，要根据练习的动作数量和负荷强度来合理制定。一般来说，练习的动作数量多、负荷强度大，间歇时间应长些，以心率来衡量，要在心率降到 120 ~ 140 次/分时，进行下一次练习。

间歇训练的负荷较大，对学生和运动员有机体的机能水平要求较高，因此使用这种方法，要求他们有较高的训练基础，并配合医务监督。

（六）变换训练法

变换训练法，是指在练习过程中，有目的地变换练习的运动负荷（时间、负重重量、速度等）、动作的组合，以及变化练习的环境、条件等。它对有机体产生多种作用，达到不同训练目的。还可提高训练兴趣，避免单调乏味。

在散打训练中，变换训练法也是常用的训练方法之一。如在拳法训练中，把冲拳和蹬腿交替变换训练，使参加工作的不同肌肉群有劳有逸，可以延长练习时间，避免只限于同一组肌肉群活动而造成疲劳。如只进行冲拳练习，可以持重哑铃左冲拳练习，重点发展速度力量；做徒手冲击练习，重点提高冲拳速度；把拳法组合和腿法组合交替变换练习，可使上下肢负担得到调节，在跌扑滚翻训练中，一个高难的跌摔动作，往往先低摔后高摔；先在海绵包上（或垫上）摔，后在地毯上摔。这样变换条件，渐渐提高难度的训练，使学生和运动员克服害怕心理，做纵跳、蛙跳、跨跳时，可走出训练馆，到田径场或环境优美的外场去练习。外场空气新鲜，又换了新的环境，对练习神经产生良性刺激，可以振奋精神。

在技战术训练中，运用变换练习达到训练目的后，应及时恢复正常练习，以避免由于变换训练形成的动力定型和正常的技术规范脱节。

（七）循环训练法

循环训练法，是根据训练的具体任务，建立若干个练习站（或称点）。按照规定的顺序、路线，依次完成每站所规定的要求，周而复始地进行训练。每站的练习内容、练习符合和循环的次数，可根据训练目的和学生同运动员的水平合理规定。

循环训练法，可用于技术、战术的巩固和提高，但更多的是用于身体训练。它是一种综合形式的练习手法，比较生动活泼，故能提高学生和运动员练习的情趣和积极性。另外，由于这种训练是全体学生和运动员按要求一站接一站地连续练习，没有不合理的停滞，故可加大训练密度。

在散打训练中，为巩固提高拳法组合、腿法组合、摔法组合，可以分设代号为 A、B、C3 个站，每站练一个组合，按顺序反复练习。

为了训练专项力量，可设甲为打沙包站；乙为踢沙包站；丙为摔布人站；丁为推撞木桩站。按顺序反复练习。

在进行以力量练习为主的身体训练时，可设（1）为快速挺举杠铃站；（2）为腹肌练习站；（3）为负重深蹲站；（4）为背肌练习站；（5）为纵跳练习站。按顺序反复练习。

循环练习法用于身体训练时，通常有：（1）持续训练，每站之间不间歇，连续循环数遍，主要发展耐力；（2）重复训练，每站练习的负荷较大，站与站的间歇和每遍循环间的休息比较充分，主要发展力量和速度；（3）间歇法，每站间的间歇时间短，使机体在没有得到充分恢复下就进行下一站练习，主要用来发展速度耐力、力量耐力和速度力量。

循环训练法是连续进行的。因此，内容应是学生和运动员基本掌握的，而且应考虑使身体不同部位的活动交替进行，发展不同的身体素质。为验证循环训练的效果，不宜经常变动，在训练的开始和结束部分，要分别进行各种指标和数据的测试。

（八）游戏和比赛训练法

它是运用游戏和比赛的方式进行训练的一种方法。游戏和比赛密切相关，许多比赛是由游戏发展而来的。

它的显著特点就是具有竞争性，可提高学生和运动员的积极性和进取精神。游戏和比赛有相应的规则要求，只有遵守规则，相互配合，才能使游戏和比赛顺利进行。因此，这对培养学生和运动员遵守纪律、团结协作和集体主义精神有着积极的作用。它可用于散打的技术、战术的训练，可用于身体训练，也可用于训练课的准备和结束。在运用游戏比赛时，教师要根据训练任务，提出不同重点和侧重的要求。在身体训练中，比如比打沙包的数量、比举起的重量、比跑步的速度，等等。通过比赛都能较大地调动学生和运动员的体力潜力，取得较好的训练效果。如为训练闪躲反应能力，可设计为：全队围成一两臂间隔的圆圈，依次进圈内 1 人为靶人，围圈的学生和运动员用球传递投击靶人，靶人可随意跑动闪躲，在规定时间内，统计击中次数。

在课的开始部分，通过游戏可很快使学生和运动员精神集中，并使机体在愉快的情绪中开始活动。在课的结束部分，通过一两个有趣的游戏，可使他们达到全身放松的效果。这都是在训练课中经常运用的有效手段，特别对青少年，效果更佳。由于游戏比赛趣味浓厚，竞争激烈，他们为取胜往往情绪激奋，体能消耗较大，因此，应做好赛前的准备活动。教师要根据训练的任务掌握好负荷量和结束的时机，以免因游戏比赛的负荷过大，影响计划和训练任务的完成。

第五章　武术散打训练计划的制订

在体育运动的理论研究与训练实践中都已表明，不经过多年系统的训练，没有科学的训练计划为指导，就不可能培养出高水平的优秀运动员。散打运动训练计划的制定与实施，是对整个散打训练过程的总体设计和规划，对指导散打运动训练有着特别重要的意义。

第一节　武术散打训练计划概述

人们在做任何有准备的工作之前，都应该对该项工作进行一番思考和具体的安排。散打运动训练也是如此。制订散打训练计划是对今后散打训练过程事先做出的理论设计，是在对各种状态诊断的基础上，为实现散打目标状态而选择的状态转移通路，是对散打训练过程实施有效控制的重要前提。训练计划贯穿于教练员与运动员的全部训练实践活动之中，是全部训练过程的中心环节，是散打训练过程的重要决策。

一、制订科学的散打训练计划的意义与作用

项群训练理论的提出与建立，进一步分析了不同运动项目的运动特点和技能

形成规律。散打运动属于技能主导类格斗对抗性项群，根据其自身的特点和运动规律，制定出相适应的训练计划是非常必要的。

（一）散打运动项目的特点，需要对训练过程预先做出合理的安排

1. 一对一的竞技运动

散打项目是一人对一人的较量，是以技术和体力制服对手为目的，与对手相比较而存在。在胜与负的记录中，只有胜者、败者，而没有数字的记录。因此，它与有记录的项目相比较，是没有止境、没有极限的。所以，发展运动员的竞技能力是一项长期的训练任务。

2. 按体重分级别比赛

对一个散打运动队来讲，如何配备好运动员去参加各个级别的比赛，合理地控制运动员的体重使之能够按级别参加比赛，是教练员必须考虑制定的战术问题。战术计划制定的好与坏直接影响奖牌的数量。

3. 具有进攻、防守和反攻的技术结构

散打运动员所要求掌握的技术相当广泛。第一，要掌握多种进攻、防守、反击的技法；第二，在每一类技法中要力求掌握多种方法；第三，还要有敏锐的反应和应变能力等等。这样一个多方面、多层次的技术结构，不经过长时期、科学地训练是不可能掌握的。从最初的抗击打能力，掌握相当数量的技法，到技法组合，技、战术相互配合以及组织与运用等，都要求有一套完整地、全面地、科学地训练计划作为指导。

4. 全面的身体素质水平

散打项目是以制胜对手为目的，除了要求运动员掌握相当数量的技术外，还需要运动员有相当好的身体素质作保证。散打运动员无论是体能、运动智能，还是心理素质的形成，都需要经过长时间的运动训练才能够得到明显改善和提高，而且逐渐地使之发展成为较高水平的专项素质。这样一个发展变化过程，需要一个全面的计划来实现。

（二）训练计划有效地控制散打训练目标的实现

1. 统一教练员和运动员的认识和行动

训练计划是运动员向目标实现的通路，也是让所有参与者了解怎样训练才有可能达到训练的目的。围绕着训练计划的制订、贯彻与实施，能够进一步明确、统一参与者的认识与行动。

2. 有效地控制散打运动训练的过程，使训练目标进一步具体化

通过对散打训练计划的制订，使运动目标、任务、内容和要求进一步明确，同时把若干个独立的任务彼此联系起来。通过对散打训练计划的实施，可以对散打训练过程中“诊断”“指标”等环节的状况做出适宜的评定。这是对散打训练过程实施有效控制的必要基础，也是保证训练过程顺利完成的重要条件。

二、制订散打训练计划的主要依据

散打训练计划的制订，是散打训练过程的重要决策。在制订训练计划的时候，首先要考虑到运动员取得优异成绩的需要。要考虑到训练的基本规律、具体的训练方案，也要考虑到其他条件能提供的可能性。

制定散打训练计划的主要依据包括以下几个方面。

（一）依据运动员起始的、现实的状态和训练目标

起始状态是运动员运动训练的出发点，通过训练计划的制订，选择最适宜的途径，实现运动员现实状态的转移，达到训练的最终目的。

（二）依据散打训练的客观规律、训练原理和训练方法

运动训练计划的制订，只有符合运动训练的客观规律，遵循运动训练的原理，运用正确的训练方法与手段，才能够使训练取得成功。

（三）依据组织实施散打训练的客观条件

训练计划的制订，必须充分考虑客观条件的因素。场地的好坏、器械的质量、

运动员营养条件等。这些都是组织实施训练活动重要的物质基础。

（四）依据散打比赛的时间安排及训练时限

参加竞赛是运动训练的终极目标，散打比赛时间的安排直接制约着散打运动训练的安排。因此，散打运动训练的安排必须以散打竞赛的时间为依据，围绕竞赛来确定训练的阶段划分。另外，可以用于训练的时限也制约着训练计划的安排。

三、散打运动训练计划的分类

按散打训练计划的时间跨度，可分为多年训练计划、年度训练计划、大周期训练计划、周训练计划及课训练计划。

（一）多年训练计划

可以分为全程性多年训练计划和区间性多年训练计划。全程性多年训练计划一般是10~20年的时间，它是对长期、系统训练的远景计划，主要任务是系统培养高水平运动员。区间性多年训练计划一般为2~6年，是对某一特定年限的训练过程所做出的训练规划，基本任务是完成阶段性训练或准备参加一轮重大比赛。

（二）年度训练计划

根据运动员竞技状态高峰出现的次数，及重大比赛的安排次数，可以分为单、双和多周期3种。单周期一般是6~12个月，准备参加1次或1组重要比赛；双周期是每4~8个月为1个周期，准备参加2次或2组比赛；多周期是每2~5个月为一个周期，参加3次或3组以上的重要比赛。

（三）大周期训练计划

是对某一特定训练阶段所做出的规划，可分为准备期、比赛期和恢复期。准备期5~20周，主要任务是提高运动员竞技能力；比赛期3~20周，主要任务是参加比赛创造出优异的成绩；恢复期1~4周，主要任务是促进心理和生理的恢复。

（四）周训练计划

可分为训练周、比赛周和恢复周。训练周是根据训练的安排全面提高运动员的竞技能力；比赛周主要是如何参加比赛以创造理想的运动成绩；恢复周主要是进行心理和生理的恢复。

（五）课训练计划

是对每一次课所做出的计划，它包括综合训练课和单一训练课。主要任务是完成综合的、多项的训练任务或者是集中完成一项训练任务。

四、散打运动训练计划的基本内容

通常，一个完整的训练计划包括以下 10 个方面的内容。

（一）运动员起始状态的诊断。

（二）确定训练指标。

（三）划分训练阶段，提出各个训练阶段的主要任务。

（四）确定实现目标的基本对策。

（五）安排比赛序列。

（六）规划训练负荷的动态变化趋势。

（七）选择训练方法和手段。

（八）确定各手段、练习的负荷要求。

（九）制订恢复措施。

（十）规划检查评定训练效果的内容、时间及标准。

其中，第（一）（二）是整个计划的准备性部分，它为训练计划的制订提供了必须的信息和依据。第（三）（四）（五）（六）是指导性部分，它是对整个训练计划的决策，需要教练员认真进行规划。如果考虑不周密，将会对训练效果产生重要的影响。对于时间跨度越大的训练过程，指导性的意义就越显得重要。第（七）（八）（九）是实施性部分，对具体的训练活动进行组织。此部分的制订应特别考虑到运动员的个人特点和特征，注意运动负荷的安排与运动后的恢复。第

（十）是控制部分，它是现代运动训练中不可缺少的一个环节。大量的训练信息只有通过有计划的检查评定，及时实施有效控制，才可使训练过程不断得以改进提高。

第二节　武术散打多年训练计划

对于散打运动员两年以上训练过程的安排，属于多年训练计划。其时间跨度根据散打运动规律，有时可长达10年左右。多年训练计划的制订是对今后较长时间的训练活动所做出的设想与预测，对年度训练计划和大周期训练计划的制订具有指导性意义。在制订多年训练计划中，要求教练员一定要用发展的、战略性的、全面的眼光来规划全局，使训练计划力求合理、完整。

一、制订散打多年训练计划的必要性

为了保证多年的训练取得理想的效果，要求教练员对整个散打训练过程做出一个合理的规划。

（一）它是散打运动员先天与后天竞技能力相融合的需要

散打运动员运动竞技能力的各个部分（体能、技能、战术能力、心理、智能）等，在不同的训练阶段、训练过程中其发展状况是不同的，它们都需要经过长时间的训练才能够得到明显的改善与提高。

运动员先天遗传性运动能力是重要的基础，它随着人的发育阶段的递进而表现出不同的能力水平，可以为竞技能力的进一步提高提供有利的条件。而后天获得性竞技能力则随着训练过程的延伸而发生着变化。多年、科学的训练计划的制定与实施，是连接运动员先天运动能力与后天竞技技能形成的纽带，是培养具有散打运动竞技潜能的少年儿童，成为优秀散打运动员的依据。科学的训练计划能使二者达到最佳的组合状态，表现出最佳的竞技水平。

（二）遵循散打运动技能形成的规律，以多年科学的训练计划作为指导，实现能力状态的转移

提高散打运动员的运动能力与竞技技能，是一项长期而艰巨的任务。运动员体能的改变，要以身体生理机能的提高为基础，而且必须要保持它的连续性和长期性。同样，运动员技术技能的提高，也需要在多年的训练、竞赛中扎实苦练才能够得以体现。对于这样一个训练过程，需要教练员从训练的内容、方法、手段等各个方面认真地做出规划。另外，对于散打运动员所必备的良好的心理品质，心理自控能力，自我激励能力和集中注意力等能力的培养，以及这些能力的获得，同样需要在科学的训练计划中加以训练。

（三）散打竞技技能状态阶段性的要求

散打运动员机体能力变化的周期性特点，以及构成运动员竞技能力的身体素质、心理素质、技术、战术等因素的内部结构的层次性，决定了运动员竞技能力状态转移的完整过程是由若干个彼此相联系的不同阶段组成的。各个阶段有着自己特有的训练任务和内容，有着不同的运动负荷要求。怎样安排技术训练的合理程序，有步骤地掌握不同的技术环节，并逐步完善动作技术细节？都需要训练计划的周密安排。

二、散打多年训练计划的全程性和区间性

（一）全程性多年训练计划

对于一个运动员，从开始接受散打基础训练，到进入运动高峰期，直至停止训练活动，这样一个完整训练过程的规划与实施，就是全程性多年训练计划。这个计划是对多年训练全过程的一个框架的规划，主要目的是为多年计划确定一个指导思想，明确训练所要达到的目的。

散打运动技术的形成是一个渐进的、难以严格划分阶段的连续过程。但是我们可以将其划分为基础训练期、技战术训练期和竞技高峰期。一般基础训练需要2

年左右的时间，技战术训练需要3年左右的时间，在技术高峰期时，参加各种类型的大赛。在散打训练的不同时期，有着不同的训练任务、训练内容和运动负荷。它们之间既有着各自不同的侧重点，又有着相互的联系。基础训练期和技战术训练期的内容安排与要求，都是为竞技高峰期也就是最佳竞技技术状态的出现和保持打基础。运动负荷数量是随着时期的不同呈现有规律的变化，而这种变化是服从运动员身体发育及训练规律的。

散打运动训练一般是从14岁、15岁开始业余训练，18岁、19岁进入专业队并初步具备一定的竞赛能力，22岁左右出现竞技高峰期，全过程8～10年左右的时间。

（二）区间性多年训练计划

区间性多年训练计划是对多年训练全过程中的每一个特定时间区域和不同阶段所制定的区间性训练计划。其主要目的是对各个阶段在2年以上的特定时间，对训练任务、训练内容、训练方法和运动负荷等，做出具体的计划安排。如两届全运会之间的4年训练计划；4年大学学习期间的训练计划等。

区间性多年训练计划可划分为：基础训练阶段，专项提高阶段，最佳竞技阶段和竞技保持阶段4个部分。

1. 基础训练阶段

主要是全面提高身体素质，发展一般的运动能力，包括基本技术和一般心理品质。

（1）武术基本功的训练：腿功、腰功、肩臂功和桩功等。

（2）基本运动素质训练：速度、力量、耐力、灵敏、柔韧和协调性等。

（3）基本技术动作训练：拳法、腿法、摔法和步法等。

（4）一般心理品质培养：坚韧不拔的意志和良好的耐性。

运动负荷特点：负荷内容主要是基本运动素质和基本技能，负荷量属于中、小训练负荷。因此，负荷强度不易过大，要注意循序渐进，以免影响基本动作的掌握和协调能力的发展。

2. 专项提高阶段

主要是全面提高运动员的竞技能力和散打的实战能力。

（1）专项的技、战术能力提高：掌握、提高进攻、防守及攻防战术能力。

（2）发展专项运动素质：散打所需要的速度、力量、耐力和抗击打能力等。

（3）学习掌握有关散打的技战术理论知识。

（4）进一步培养运动员的专项心理素质。

运动负荷特点：在本阶段负荷量和负荷强度要逐渐增加，特别是在本阶段后期，需要明显加大运动负荷量，以至到极限或接近极限。但要注意在高水平训练区间应采用“渐进”和“波浪形”的方式。

3. 最佳竞技阶段

具备参加比赛的实战能力，创造专项优异成绩。

（1）巩固提高专项运动素质。

（2）全面掌握、运用组合的技战术能力。

（3）深入加强相关理论知识的学习。

（4）提高临场的应变能力，具备良好的心理素质。

运动负荷特点：本阶段的运动量、运动强度以及总负荷都应达到最高水平，达到比赛的状况或者超过比赛强度。

4. 竞技保持阶段

努力保持良好的竞技状态，力求延长运动寿命。

（1）心理状态的稳定性是前提，要激发运动员继续训练去创造优异成绩的动机。

（2）力争保持原有的专项技战术水平，求得局部的提高，延缓竞技能力的消退。

（3）通过合理的调整，维持专项素质的运动水平。

（4）加强训练理论的学习，充分利用丰富的实战经验和理论知识，有效地参加训练和竞赛。

运动负荷特点：本阶段一方面需要保持训练强度，另一方面合理地对训练强度进行调整，并逐渐减少负荷量。

第三节　散打运动年度训练计划

人们通常以年度训练作为组织系统训练过程的基本单位。年度训练计划是教练员与运动员组织运动训练过程的重要文件，是使训练得以系统地、有步骤地进行的保证。在全年运动训练中，为了更详细地规划年度训练的进程，符合运动训练的规律，适宜竞赛条件的出现，年度训练计划的制订一般具有阶段性和周期性的特点。

一、散打年度训练的周期划分

运动训练过程的阶段性特征，是通过许多大小周期循环往复而表现出来的，它与运动员竞技状态的形成、保持和消失3个阶段相对应，分别组织准备期、比赛期和恢复期的训练。因此，我们把这一循环称之为一个训练大周期。不同的运动项目有着不同的周期结构类型。散打全年训练周期的划分，是根据散打训练的动态发展特点、训练对象的水平、训练任务、运动技能形成规律等因素予以安排。

通常将年度训练划分为单周期（即一个准备期一个比赛期和一个恢复期）、双周期和多周期。周期划分得当，安排合理，会使全年训练计划便于实施和控制。在散打训练的基础阶段，可以根据现行学制来划分训练周期，以适应中小学学习制度的特点。全年计划可以分为两个周期。如果没有安排比赛，可以采用划分阶段的办法，保证训练能够有步骤的逐渐进行。在专项提高和最佳竞技阶段，根据散打项目的运动特点，技战术形成规律和比赛的时间安排等，可以将训练划分为双周期或3个周期。例如，全国武术散打锦标赛，全国武术散打冠军赛，全运会武术散打比赛等。

二、大周期训练计划的组织安排

训练大周期的安排是以成功地参加 1 ~ 2 次重大比赛为目标而设计的。它包括比赛时间的确定和计划要点的明确。

（一）大周期时间的确定

1. 明确主要比赛的日期

重大的散打比赛通常在赛前一年就已经确定了比赛日程，这便于教练员和运动员有计划地组织训练过程。例如，全国性的重大散打比赛等。

2. 确定主要比赛的阶段

围绕着主要的比赛日来确定主要的比赛阶段。例如，全运会散打比赛定在以后的第 4 周或第 6 周进行，那么主要比赛阶段时间长应为 5 周或 7 周，让主要比赛日安排在比赛阶段的后 1/4 处。主要比赛日尽量不要安排在比赛阶段的结尾，这样有可能使运动员在主要比赛日失去最佳的竞技状态。

3. 确定比赛时期

比赛时期是比赛阶段和比赛阶段前的热身阶段两部分的时间之和。在比赛前一般要安排几次热身赛，热身赛一般安排在比赛阶段的前 4 ~ 6 周进行。

4. 确定整个训练的大周期

准备期、比赛期和恢复期的时间总和即是一个完整的训练大周期。

（二）大周期训练计划制定要点

1. 首先获取运动员现实状况的信息

它是训练计划制定的基础。

2. 确定训练目标与任务

明确各阶段的目标、任务，要具体并有针对性，符合运动员的实际情况。

（1）准备期：准备期的任务有两点：一是提高运动员的竞技能力；二是培养

促进竞技状态的形成。准备期应着重发展运动员基础训练的能力，在技能方面紧紧围绕着基本功，踢、打、摔等单个技术和组合技术进行训练，在技术动作熟练、完善的基础上，力求有所创新和突破。在体能方面，努力提高身体素质，如速度、力量、耐力、灵敏、协调等。

当运动员的竞技能力发展到一定程度，就应该通过参加一定数量的比赛，来培养、促进竞技状态的进一步发展。运动员的竞技能力是否获得提高，是准备期训练成功与否的衡量标准，而且将对运动员其他能力的发展以及今后几个时期的表现产生直接的影响。

（2）比赛期：比赛期的任务之一是发展和保持良好的运动竞技能力，之二是让运动员在比赛中充分发挥出自身最佳的技战术能力。在技能方面努力进行专项技战术能力的训练，抓住主要的、关键性的环节，集中精力，力求在比赛中发挥技术特长，取得优异的成绩。在体能方面应该保持好良好的身体机能状态和心理状态，克服各方面的干扰和影响，特别要调整好赛间的体能状态，可以通过适当的热身赛来激发运动员比赛的欲望。

（3）恢复期：通过几个月的紧张训练和比赛，运动员的身体需要有一个休整调节的过程，而恢复期的任务正是要组织实施好这一过程。通过调整运动负荷的内容、量度、组织形式和改变训练环境，达到心理和生理上消除疲劳的目的。另外，恢复期间还需要运动员和教练员认真总结全年训练的经验教训，制订好下一年度的训练计划。恢复期时间的长短与训练周期长短有着密切的关系，恢复期使用的手段与方法，可以根据具体情况采用积极性恢复和自然恢复等方式。

3. 确定各阶段训练的内容、手段和运动负荷

训练内容与手段要根据运动员的水平状况来确定。

（1）准备期：准备时期的基本功、基本技战术的训练均以单个动作为主，利用充足的时间建立、巩固和完善正确的技术动力定型。同时，在此基础上进行个人技战术的训练，掌握组合技术动作，提高技术质量，完善技术过度，并逐渐使之协调、连贯并赋有个人特色。在身体素质的训练中，练习强度相对较小，负荷量相对较大。

（2）比赛期：比赛期一般采用重复法和间歇法发展运动员的体能，采用完整法发展运动员的技能，采用比赛法发展运动员的综合能力。但是应该注意组织安排好运动负荷的节奏和赛间训练。赛间训练应注意使运动员能够从上一场比赛中得到恢复，并且能够重新集中力量，投入到新一轮的比赛中。在身体素质的训练中，负荷强度要大，负荷量要小。实战练习的比例要增加，无对手的个人练习比例要减少。

（3）恢复期：在恢复期的训练中，适宜以游戏法和变换法为主进行训练。首先要降低练习强度，运动员通过调整练习，使中枢神经系统得到良好的调节，体力得到充足的恢复。

三、中短期训练计划的组织安排

中短期训练一般是指赛前较短时期的训练安排。例如组织参加某一国际性比赛前的集训；组织参加某一拳王争霸赛前的集训；院代表队组织参加全国性散打比赛前的集训等等。赛前中短期集训根据赛事的性质不同，其特点也不同，组织训练活动的层次和水平等都不同。因此，教练员在制定中短期的训练计划和进行组织安排时，一定要抓住训练的要点，根据具体情况采取不同的组织方式与策略。

通常情况下教练员根据比赛的时间、性质类型，将中短期训练看作是几个周训练的组合。在各周的训练中，既有各自的特点、目的和任务，又要彼此间相互联系，形成一个完整的阶段性训练过程，为完成好某一特定比赛任务创造条件。例如为专门发展力量的训练计划；为参加比赛的训练计划；为专门强化技术的训练计划等等。

（一）中、短周期训练计划的结构与负荷特点

中短期训练计划的结构与负荷安排，一定要根据具体的训练任务、目标来制定。每个训练计划的提出，其运动负荷量和强度的变化都不一样。例如在比赛的训练计划中，负荷和强度的安排主要是依据比赛的需要而定，比赛日的负荷强度应达到最高点，而前面几周的负荷安排，应使运动员既能达到锻炼，又能使机体及时得到必要的恢复。

图 5－3－1 是以连续 6 周为例的阶段训练计划周训练负荷的几种不同组合安排

方式。

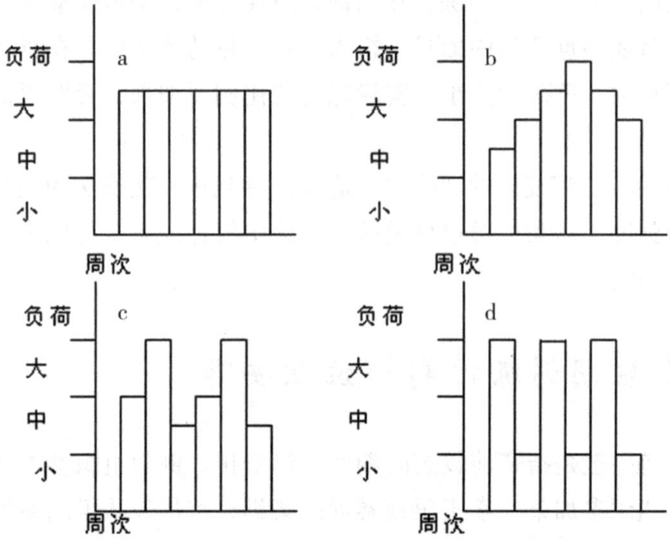

图 5－3－1　阶段训练计划周训练负荷的不同组合安排

其中 a 型连续 6 周安排中等负荷，负荷的调节主要在各周内部安排。b 型先逐周增加负荷至最大，然后再下降调节，这种安排会使运动员感到比较疲劳，需要接着安排必要的调整和过渡。c 和 d 型，周负荷的节奏比较明显，运动员的机体可以及时获得必要的恢复。各周负荷的量与强度变化的特点，应根据阶段训练计划的主要任务而定。一般情况 c 和 d 型在训练中多被教练员和运动员所采用。

（二）中短期训练计划的制订应注意的几个问题

中短期训练的组织安排，一般情况下主要是为准备参加某个特定比赛而组织的赛前集训，其训练计划的内容与安排多具有鲜明的独立性，目的是为运动员创造良好的运动成绩。在组织训练的过程中，要针对运动员训练水平的不同，来自不同的训练单位，经历过不同的训练年限等不同特点，要特别注意贯彻区别对待的原则。

1. 对待在参加集训前一直坚持系统训练的运动员，应该把中短期训练当作是系统的全年训练的一部分。在对原计划进行仔细研究的基础上，尽可能地继续执行原定的训练计划。但是，当原计划与现有情况发生明显分歧时，组队教练员应根据运动员的具体情况，比赛任务，果断地修改原计划。

2. 对待没有经历过系统训练，但是运动条件较好，善于在比赛中发挥出最佳竞技水平，有时会出人意料地超出某些优秀运动员的青少年运动员，由于他们在身体运动后反应强烈，所以在组织集训时，一定要注意考虑以中等强度的运动负荷为主，确实保证他们有足够的时间使身体状态得以恢复，同时在心理上时时激励他们，以使他们能够在比赛中充分发挥出最佳的运动水平。如果一味追求多练，像其他专业运动员一样，效果往往反而更差。

3. 对待有训练和竞赛经验，但是较长时期间断训练的运动员，在训练中应多采用诱导性练习的方式，循序渐进地安排运动负荷，不断地唤起他们过去曾经有过的良好的运动潜能和技能，使运动员能够顺利地进入到训练和比赛的最佳状态。

此外，散打在中短期训练计划的制订中，一定要针对本项目的运动特点，切实抓好技战术和个人绝招的训练，通过各种配合练习提高、巩固实战的能力。

四、年度训练过程中比赛系列的安排

运动训练的主要目的就是参加比赛，并且在比赛中争取最好的成绩。反过来运动员通过比赛，一方面使自身的运动水平得以验证，另一方面通过比赛不断地提高和巩固运动技能，调整和改善心理状态，培养坚韧不拔的意志品质。科学、妥善地安排好比赛，使“运动训练→比赛→创造优异成绩”这一周期过程得到良好地循环，在年度训练计划的步骤中是非常重要的。

（一）比赛的种类与安排

1. 正式比赛和主要比赛

例如全运会散打比赛、散打锦标赛等等。在这些比赛中，运动员需要竭尽全力去拼搏，争取最好的成绩。然而成绩的取得必须经过长期艰苦的训练，因此，制定周密的全年训练比赛计划非常关键。首先，教练员在安排计划时，要将比赛作为周期划分的依据，教练员不可过多地让运动员参加非正式的比赛，从而忽视正常的训练。其次，全年比赛的计划安排应有助于重大比赛取得好的成绩，而一般性比赛的主要任务是获取比赛经验。第三，不可过分强调训练强度，而影响了训练量。预防运动员过早地出现最佳竞技状态，而到了比赛时运动竞技状态有所下降。正式比赛和主要比赛一般全年安排 2 ~4 次为宜。

2. 表演赛和热身赛

这类比赛的主要任务是了解运动员临近比赛前的竞技状态，以及对特定环境进行适应，对可能出现的问题进行解决，为正式比赛奠定基础。因此，教练员不必过多地强调比赛的成绩。在制订计划时可以将其作为小周期计划的组成部分，不必改变正常的训练计划。这种比赛从时间的安排上，不应与正式比赛相隔太远，而且应该连续进行，以求得理想的适应效果。表演赛和热身赛一般在赛前安排 2 ~ 3 次比较合适。

3. 检查性比赛

在特定的日期检查运动员技术掌握的熟练程度和训练水平的稳定程度；检查专项运动素质的发展情况；检查技战术配合的熟练程度等等。这种类型的比赛不是很正规，教练员可以随时进行安排，针对出现的问题随时给以指正。

（二）安排比赛进程时应该注意的问题

在全年计划中安排比赛的次数与负荷时，首先应该考虑到运动员的个人特点。必要数量的比赛，是运动员充分表现其竞技水平，创造优异成绩必不可少的重要条件。但是过多的比赛则会导致运动员心理和生理上的过于疲劳。优秀运动员在安排比赛时应注意有选择、有取舍，既要保证必要的比赛次数，更要确保在重要的比赛中处于良好的竞技状态。第二，注意比赛阶段的延续时间，组织好比赛阶段之间的赛间训练，使运动员在一定的时间内从激烈的比赛状态中解脱出来。另外，通过赛间训练将竞技能力保持在一定的水平上，力求在下一个比赛中取得更加优异的成绩。第三，连续比赛的间歇时间如果超过 3 天，其训练内容应该以积极恢复性练习为主。

五、年度训练计划的规范化用表

训练计划可以用文字叙述，也可以用图表表述。用图表表述简明，便于纵向和横向的比较。表 5－3－1～表 5－3－8 的几个日常用表可供教练员、运动员参考。

表 5－3－1　散打运动员基本情况表

级别	教练员			制表时间		
运动员姓名	生日	民 族	代表省市	始训年月	入队年月	运动等级

表 5－3－2　上个年度比赛成绩及今年参赛指标

上年度比赛成绩				
序号	时间	比赛名称	比赛名次	竞技水平
1				
2				
3				

续表

上年度比赛成绩				
序号	时间	比赛名称	比赛名次	竞技水平
4				
5				
6				
7				
今年比赛指标				
1				
2				
3				
4				
5				
6				

表 5-3-3 上个年度竞技能力状态诊断及今年竞技能力指标

类别	测试内容及项目	上年度	今年	
		全年最高	m ~ n 月	x ~ y 月
形态	身高（厘米）			
	体重（千克）			
	体重 × 1000/身高（克/厘米）			

续表

类别	测试内容及项目		上年度	今年	
			全年最高	m～n 月	x～y 月
机能	安静心率（次/分）				
	血色素（常值区间克）				
	最大乳酸值（mmol）				
	个体乳酸阈（mmol）				
素质	一般素质				
	专项素质				
技术	合理性				
	稳定性				
战术	自我发挥				
	对抗能力				
心理	参赛情绪	动员能力			
		控制能力			
	竞技意志	自觉性			
		顽强性			

表5-3-4　参赛目标的可行性分析

分析项目		分析内容
运动员竞技潜力	体能潜力	
	训练潜力	
主要对手状态分析	上年度状况	
	今年发展预测	
比赛结果预测及必要条件	竞技水平	
	比赛名次	

表5-3-5　当前主要问题及拟采取的措施

序号	需解决的主要问题	拟采取的主要措施
1		
2		
3		
4		
5		
6		
7		

表 5－3－6 上个年度训练负荷的基本统计及今年负荷指标

<table>
<tr><th colspan="2" rowspan="2">统计内容</th><th colspan="2">上年度</th><th colspan="2">今年</th></tr>
<tr><th>全年</th><th>周平均</th><th>全年</th><th>周平均</th></tr>
<tr><td rowspan="7">总体统计</td><td>1. 训练年度总日数</td><td></td><td></td><td></td><td></td></tr>
<tr><td>2. 训练年度总周数</td><td></td><td></td><td></td><td></td></tr>
<tr><td>3. 训练日数</td><td></td><td></td><td></td><td></td></tr>
<tr><td>4. 训练课次</td><td></td><td></td><td></td><td></td></tr>
<tr><td>5. 训练时数</td><td></td><td></td><td></td><td></td></tr>
<tr><td>6. 比赛次数</td><td></td><td></td><td></td><td></td></tr>
<tr><td>7. 比赛场次（赛次）</td><td></td><td></td><td></td><td></td></tr>
<tr><td rowspan="12">主要负荷内容</td><td>1</td><td></td><td></td><td></td><td></td></tr>
<tr><td>2</td><td></td><td></td><td></td><td></td></tr>
<tr><td>3</td><td></td><td></td><td></td><td></td></tr>
<tr><td>4</td><td></td><td></td><td></td><td></td></tr>
<tr><td>5</td><td></td><td></td><td></td><td></td></tr>
<tr><td>6</td><td></td><td></td><td></td><td></td></tr>
<tr><td>7</td><td></td><td></td><td></td><td></td></tr>
<tr><td>8</td><td></td><td></td><td></td><td></td></tr>
<tr><td>9</td><td></td><td></td><td></td><td></td></tr>
<tr><td>10</td><td></td><td></td><td></td><td></td></tr>
<tr><td>11</td><td></td><td></td><td></td><td></td></tr>
<tr><td>12</td><td></td><td></td><td></td><td></td></tr>
</table>

表5－3－7　周训练计划的基本模式

	早/上午	下午/晚
星期一		
星期二		
星期三		
星期四		
星期五		
星期六		
星期日		

表5－3－8　年度训练的周期、阶段划分及各项计划内容要点

周期及阶段划分																									
主要任务																									
月																									
周次	1	2	3	4	5	6	7	8	9	10	11	12	13		42	43	44	45	46	47	48	49	50	51	52
比赛/测验														…											
负荷 量														…											
负荷 强度																									
负荷变化强度																									
主要恢复措施																									
备　注																									

第四节 散打运动周、课训练计划

具体的运动训练计划，即周和课的运动训练计划，是组织训练活动极为重要的基本单位，是落实全年训练任务、内容、方法的重要环节。运动训练中，人们根据训练需要从不同的角度出发，具体地实施与组织周和课的训练计划。

一、周训练计划

把周训练分成不同的小周期类型，即基本训练周、赛前训练周、比赛周和恢复周，以此来完成不同的训练任务。周训练类型的划分，使训练目的更明确，训练任务更具体，训练内容和负荷的安排更具有针对性。

（一）基本训练周的训练计划

1. 主要任务

提高运动员竞技能力。学习和掌握技术、战术的能力，发展一般身体素质，提高专项素质和竞技能力。

2. 内容和特点

技术训练占有突出的地位。应交替安排不同的技、战术训练内容，既能够使运动员所需要的各种竞技能力得到全面综合的发展，又加大运动负荷，根据不同的技术训练的负荷特点，安排适宜的训练负荷。但避免负荷过于集中而导致过度训练。

（二）赛前训练周的训练计划

1. 主要任务

调整、提高运动员的竞技状态，使运动员的机体适应比赛的要求和条件，把各种竞技能力集中到专项竞技中去，为比赛创造优异成绩做好各方面的准备。

2. 内容和特点

与基本训练周一样，通过训练内容的合理交替，强化比赛条件下的技战术训练，练习的组织形式更加接近比赛的特点。一般运动素质的训练比例减少，专项素质比例增加，训练强度相对提高，负荷量适当减少，同时调整心理状态，为参赛做好准备。

（三）比赛周的训练计划

1. 主要任务

为运动员在各方面做出合理的安排。培养并保持理想的、最佳的竞技状态，参加比赛并力求实现预期的目标。

2. 内容和特点

训练内容和负荷安排，全部要围绕着使机体处于最佳状态来进行。在比赛前应降低或保持一定的训练强度，比赛中根据情况适度安排一些赛间训练，防止运动员体力和水平的下降。

（四）恢复周的训练计划

1. 主要任务

采取积极的措施，通过降低训练负荷，消除运动员生理和心理上的疲劳，促进超量恢复的出现，为下一阶段的训练做好机能准备。

2. 内容和特点

降低负荷强度和负荷量，训练的内容可以广泛而灵活，使运动员在精神上和体力上完全得到恢复。

二、课训练计划

训练课是组织训练的主要手段和最基本的组织形式，无论是什么样的训练，都必须通过组织训练课来予以贯彻和实施。

（一）训练课的任务与类型

在训练课上，教练员的任务是向运动员传授知识，而运动员的任务是提高竞技能力。根据训练课的基本任务不同，可以将其分为单一训练课和综合训练课两种类型。

1. 单一训练课

集中精力和时间发展运动员某一方面的运动能力或完成某一项任务。例如为发展运动员的身体素质而制订的身体训练课；培养运动员的技术能力和提高运动员的战术能力的训练课以及专项的测验课等等。

2. 综合训练课

选定 2 ~ 3 项训练内容，综合地发展多项竞技能力。例如在课的准备部分安排柔韧性的练习；基本部分安排拳法、腿法或攻防动作的练习；结束部分安排身体素质的练习。多个训练内容交替进行，发展运动员的综合能力。

（二）训练课的结构

训练课是根据训练的目的、任务和内容，根据运动员不同的训练水平和状况，根据不同的训练阶段来确定的。通常情况下分为三部分或四部分。其中三个部分包括准备部分、基本部分和结束部分。这种训练课的结构比较适用于优秀运动员的训练课，另外在比赛阶段也较为适用。四部分的结构包括开始部分、准备部分、基本部分和结束部分。这种结构对于运动员训练初期和一般的分组训练课较为适用。通过开始部分的讲解、引言，介绍本节课的训练目的、任务和方法，便于运动员理解并配合，从而更好地执行训练计划。

1. 课的开始部分（介绍部分）

主要是介绍训练课的任务、目的、方法和要求。检查运动员的出勤情况，布置不同运动员的不同训练任务，使运动员明确训练课的意图。开始部分讲解的时间不宜过长，应根据训练课内容的多少而定，一般时间为 3 ~ 5 分钟。

2. 课的准备部分（准备活动）

主要是通过准备活动使运动员做好身体上和心理上的准备，克服身体在休息状态下的惰性，使身体尽快进入到训练状态。准备活动的方式、时间的长短和活动的强度，与训练内容有着直接的关系。准备活动可以分为一般性准备活动和专项性准备活动。

（1）在一般性准备活动中，应该注意循序渐进地增加活动强度。从简单的活动方式到较复杂的活动方式，运用多种形式的运动形式，达到机体供血量的增加，使体温升高，刺激呼吸中枢的活动，以此来充分调动身体技能的正常发挥。一般性准备活动的时间在 15 ~20 分钟，或者更长。可以进行全身从上至下的徒手操练习，轻度的跳跃练习，伸展肢体的柔韧练习，短距离的跑步练习等等。此外，运动员还应该从精神上和心理上，为基本部分的练习做好准备，树立迎接困难和战胜困难的决心。

（2）在专门性准备活动中，所选择的准备活动方式应该取决于基本部分的内容。通过专门的活动，使身体从一般的状态转变到即将承担的基本部分的训练状态中，为完成好专项的技战术练习做好必要的准备。专项准备活动的时间一般为 5 ~10 分钟。

在进行准备活动时，应该注意活动的速度应低于训练或比赛的速度；练习的内容应当是专门性的，与将要完成的技术、技能相似。准备活动的时间与负荷量应根据训练时间或比赛时间的长短而定，基本任务的负荷量越大，时间越长，准备活动的时间也应该较长。积极的准备活动，保证活动的轻松平稳，并配合按摩，是最为有益的活动方法。

3. 课的基本部分

是决定训练质量的关键部分，各项训练目标的完成主要是在训练课的基本部分得以实施。一般情况下课的基本部分的内容安排顺序是如下。

（1）学习、改进和完善技战术动作。

（2）提高、发展速度和协调能力。

（3）发展力量素质。

（4）提高耐力素质。

之所以将学习和完善动作技术安排在基本部分的开始，是因为此时运动员的精力充沛，注意力集中，机体的中枢神经系统兴奋性高，学习的效果最佳。在速度和协调的练习中，尽管持续的时间不是很长，但是强度较大，练习时要求运动员要全力以赴，最好是在精力充沛时进行，所以速度的练习安排在力量和耐力练习的前面。而大强度负荷的力量练习，往往会阻碍速度的发展，耐力练习则要求身体承担极大的负荷量，从而产生极大的疲劳，使运动员难以再继续提高和巩固技术动作，因此安排在最后进行练习。

以上内容安排顺序主要目的是为能较好地学习技能，比较适用于初级运动员进行训练。而对于优秀运动员则可以灵活一些。技战术的练习可以贯穿于练习的始终，开始时也可以安排一些中等负荷的力量练习，有助于提高机体中枢神经系统的兴奋程度。有时，技战术练习安排在运动员机体疲劳或极度疲劳的状态下进行，目的在于训练运动员适应特殊比赛的能力。

4. 结束部分

运动员在完成了大强度的负荷之后，采用逐步降低强度的方法，正确地组织课的结束部分，对训练后的恢复起着重要的作用。一般通过放松性的身体练习方法，例如伸展性练习、小强度（低于最大强度的75%）的技术练习，来促使机体中堆积的乳酸尽快消除，使多种代谢机能快速恢复。在最后的几分钟里，教练员应对整个练习课进行总结、分析，这样对于解决技战术、心理等方面的问题都会大有益处。

（三）课时训练计划的制定

1. 制定训练课的任务

训练课任务的制定要与训练周的不同类型相对应。一次训练课可以是基础训练课、赛前训练课、比赛课和恢复课等等。由于任务的不同，它可以是单一的训练课也可以是综合的训练课。一般来讲，初级运动员的综合课相对多一些，准备期的综合课比比赛期的综合课多一些，课的任务以选择2～3项为宜。同时要注意合理安排训练任务的顺序，任务要明确具体。

2. 明确训练课的内容

训练内容的选择应该根据课的任务和训练进度而定。散打训练课的内容应该包括身体素质训练和技战术能力训练等。在单一的训练课中，内容的安排相对比较集中，适合于完成一些需时较长的训练内容。如基本技术的训练或者耐力的训练等。在综合训练课中，内容的安排相对较多且富于变化，在制订计划时需要注意不同训练内容的搭配，顺序安排要合理。如散打在技术训练课上的基本顺序是：基本动作→拳法→腿法→摔法；在技、战术的训练课上是：基本技术训练在前，战术训练在后；在素质训练课上：柔韧→速度→力量→耐力；在技术与素质的综合训练课上顺序应该是：学习和改善技术动作放在前面，速度、力量的练习在其中，最后是耐力内容的练习。而且注意在变化训练内容前需要做一些专门的准备活动。

3. 明确组织形式与练习手段

在安排课的练习手段和组织形式时，要以训练目标、训练任务为指导思想。

（1）练习手段：必须以能否取得理想的训练效果为依据，遵循一定的程序，采用相应的手段进行练习。一般诱导性练习和专项练习多出现在课的基本部分，在运动员体力充沛的情况下，多采用完整技战术动作的练习。在选择发展运动素质的练习手段时，要特别注意符合动力学、解剖学和生理生化的特点。另外，训练手段的选择还应该遵循系统性和多样化的原则，同时注意各个练习手段之间的衔接，以及根据训练需要不断地发展、丰富训练的手段。

（2）组织实施：包括训练课各个部分的组织形式，分组的安排，队形队列，教练员和助教的教学位置，训练场地的安排、布置及器材设备的利用等等，都需要做出明确的计划安排。

某一训练手段对有的运动员有效，但对别的运动员不一定有效，因此，在训练中要注意根据每个运动员的技术水平和具体情况选择练习的手段。

4. 明确课的运动负荷

准备部分的负荷强度，大约以心率在 120 ~ 150 次/分的范围来衡量，时间在 30 分钟左右，一般准备活动和专项准备活动要结合进行。基本部分的负荷强度会出现几次高峰，在两项练习内容交换的间隙会处于低谷。学习和掌握技术动作时，运动负荷量应为中等，强度较小或中等。在改进技战术动作时，负荷量应为中等，强度为中等或大。在提高身体素质的练习时，负荷量应从中等逐渐增大，强度则为小→中→大而变化。

第六章 散打运动员的科学选材

随着散打运动技术水平的不断提高，运动员的科学选材已是广大体育工作者和散打教练员广泛关注的重要课题。实践证明，科学地选材和训练是培养优秀散打运动员不可缺少的两个重要方面。在训练条件、手段和方法的差别越来越小的情况下，个人先天条件的重要性就显得格外突出。所谓“先天条件”是指未经运动训练，由父母遗传给运动员在身体形态、机能、神经类型等方面所具有的特征。同时，竞技运动的经验表明，仅仅依靠经验的、直观的选材方法及从散打运动爱好者中自然挑选的方法已不能满足散打竞技运动的发展需要。目前，散打已被列为全运会、亚运会和世界武术锦标赛的正式项目，2002 年又在上海举行了第 1 届散打世界杯比赛，散打运动正向着更高层次飞速发展。因此，运用现代运动训练理论与近几年来在运动员选材方面取得的各项研究成果，总结与探讨散打优秀运动员的科学选材体系与方法，选拔出优秀人才加以科学训练，是加速发展我国散打运动的当务之急。运动员的选材还是完成多年系统训练的保证，选材的成功为运动员在其专项训练的最佳竞技年龄阶段创造出优异成绩提供重要保障。只有那些先天条件好，而又能接受系统科学训练的人，才有可能达到最高的竞技水平。

第一节 运动员科学选材的理论基础

体育是一门边缘科学，它是以多学科为基础的。正是由于现代科学技术的进步，体育科学研究才能得以深入发展，才为运动员科学选材提供了坚实的理论基础。了解与掌握这些基础理论，将有利于运动员科学选材工作的深入发展，使运动员选材研究工作更趋完善。

一、遗传与运动员科学选材

人类遗传学是研究遗传与变异，既研究父母与子女间的特征性状上相似的现象，又研究父母与子女间在特征性状上差异现象规律的科学。它是20世纪70年代后飞速发展起来的一门尖端学科。

目前，遗传与变异的观点，已渗透到运动员科学选材与训练中，逐步形成了“运动才能遗传学”。它的理论，指导着运动员科学选材与科学训练工作的发展，并在国内外体育界引起了广泛关注，许多理论已得到运动实践的证实。在世界50多亿人口中，各运动单项只产生一个世界冠军，而获得世界冠军的人，必然是那些最具运动天才的佼佼者。而组成冠军运动能力的各种身体性状，无一例外都受到遗传因素的影响。因此，应用遗传学的观点、手段和方法来进行科学选材与科学训练，已成为实现体育科学化不可缺少的内容，也是现代体育工作者必修的一课。

（一）运动能力遗传的物质基础

人体运动能力是指人从事各种身体运动的能力，包括维持生命活动所不可缺少的走、跑、跳、掷、攀、爬、滚、翻等基本运动能力和平衡感、动感、手眼协调和足眼协调等特殊运动能力两部分。人体运动能力不管是基本的运动能力，还是特殊的运动能力，都是人体一般性状如身高、体形、体长度、围度等体表性状和骨骼、肌肉、心脏、血红蛋白、肺活量等生理机能特征共同体现的一类综合性状。从现有资料表明，组成人体运动能力的各种一般性状和遗传因素有关。因此，我们认为，由人体各种性状组成的运动能力与遗传因素有关，具有明显的遗传特征。

人体是由无数的细胞和细胞间质组成，细胞又分成细胞膜，细胞质，细胞核。在细胞核中，有遗传的载体——染色体，它储存大量的遗传信息。染色体主要由脱氧核糖核酸（DNA）、蛋白质、少量的核糖核酸（RNA）和碱性、酸性蛋白质等构成的一个大分子的双螺旋长链结构，在链上有遗传的基本物质——基因。

人类细胞中的染色体有 23 对，共 46 条。染色体按前大，后小顺序编号。其中，1 ~ 22 对称常染色体，第 23 对染色体男女有别，称为性染色体。女性为两条相似的染色体，为 X 染色体。男性有一条 X 染色体，还有一条较小的 Y 染色体。人类染色体上，总共含有结构基因 10 万 ~ 100 万个（研究报道差异很大）之间。总之，在人类染色体这个遗传信息储存库中，含有的信息量十分惊人。说它相当于一个大书库中所藏书中的全部信息量之和毫不为过。如此大量的基因控制着人体各种酶和蛋白质的合成，通过生理生化过程表现出某一性状，从而决定着人体的生理生化特征与某些器官的结构与功能。目前已能确定出 1200 多种定位基因，而每日每时还在不停地增加。

携带着遗传信息的基因，均以两种遗传方式留给后代。凡是遗传性状受一对等位基因控制的，称为单基因遗传。基因遗传性状如果不连续的可称其遗传性状为质量性状。质量性状的特点一般是不受环境影响的，如人类中的血型、色盲、血友病、血红蛋白等都属质量性状。凡是遗传性状受一对以上基因控制的，称为多基因遗传。其遗传性状的变异是连续性的，并有一个过渡的中间型。这种连续分布的性状又称为数量性状，如人类的身高、体重等。与人类运动能力有关的性状，绝大部分是通过多基因遗传的，如运动员的形态、机能、运动素质等都属于数量性状，受多基因遗传控制。

（二）运动能力的遗传规律

运动能力的遗传，不仅遵循人类遗传的基本规律，也遵循单基因与多基因的遗传方式。但运动能力的遗传又有自身特有的规律与特点，即运动能力的遗传以多基因遗传为主，其性状遗传具有三大特点，即连续性、相关性和阶段性。

1. 运动能力性状遗传的连续性

运动能力的绝大多数性状的遗传属于多基因遗传。而亲代中运动能力的遗传性状，50%以上能在子代中表现出来，如陈氏家族的举重能力已在两代人中出现，这就是运动能力性状遗传连续性的表现。这一连续性表现，不仅已被运动实践，同时也被苏联丘尼克教授对体育世家的家系研究所证实，运动能力的遗传在亲代之间是连续的。因此，我们在选材工作的家系调查中，应对连续性特征给予充分重视。

2. 运动能力性状遗传的相关性

现代遗传学认为，一个基因有多种效应，多个基因也可完成同一效应，从而使基因和性状纵横相关，它们之间既能相互促进，又能相互制约。在实践中，人们清楚地看到，人体运动能力水平的高低，均受到人体形态、心肺功能、神经系统、肌纤维类型等各种因素的影响，它们之间存在着紧密的联系，既能促进，又可相互制约。因此，选材时必须对运动员各方面遗传性状作出全面综合的评价，这是由运动能力性状遗传相关性所决定的。

3. 运动能力性状遗传的阶段性

人类运动能力的性状遗传是先天的，受遗传基因的控制。但它绝不意味着一出生即刻就能表现出来，因为它受到性状遗传发展变化的时间规律制约，有如下几个特点。

（1）由于遗传有显性遗传与隐性遗传之分，某些遗传性状可能隔代表现。

（2）即使是显性遗传，往往也要到生长发育的一定年龄阶段才会表现出它的遗传优势。

（3）由于个体发育的差异性存在，同类性状在不同个体中的表现，不仅在时间上和强度上有差别，并存在个体联合体性变化的特点。

以上3点说明，运动能力的遗传性状是受发展变化的时间规律制约的。

对双生子的研究证实：在生长发育最快时期，即出生后第一、第二年以及青春发育期，机体对外界环境因素的影响比较敏感，特别是在青春发育期。研究者还证明：组成人体运动能力的各因素在生长发育的敏感期，遗传因素作用显著，在相对缓慢期，遗传因素作用不明显。这说明在青春发育期，在运动训练的“促进”与“诱发”作用下，运动能力的各因素能充分表现。这一阶段的表现，能为我们选材提供重要的依据。

由于运动能力性状遗传的阶段性，所以运动员的选材是在生长发育过程中，在运动训练的作用下不断发掘，不断筛选，最终才能将运动天才筛选出来。而这一筛选与发掘的最重要阶段仍是对外界敏感、遗传因素作用最显著的青春期。

（三）运动能力的变异

运动能力遗传，已在运动实践中大量表现。但是在某些家庭，父母并不是优秀的运动员，也不具备某些运动天才，却生出了具有卓越运动天才的后代，如朱建华，杨文意，庄泳等。而有些父母是优秀运动员，却生出了不具备运动天才的子代。这些可能是变异的表现，也不排除隐性遗传的可能性。

由于遗传，人类能保证子代与亲代的相似，维持人种的稳定。而由于变异，人类才能不断进化与发展。运动能力才能不断提高，才能突破一个又一个所谓人类运动能力的“极限”。所以，遗传与变异是一对矛盾，是辩证的统一。遗传是相对稳定的，而变异是绝对的。

运动能力变异的原因可分为3种，即基因变异、重组变异和彷徨变异。凡发生变异的主要原因是遗传物质发生变异，这种变异可以遗传。凡发生的变异没有引起遗传物质的改变，只能在当代表现，一般不能遗传，这种变异主要是由环境引起的。但是，由于量变的积累，也可能引起质变而被保留下来，不可遗传的变异就可能转为可遗传的变异。

（四）运动能力的遗传度

遗传学的观点认为，一切人体的外在表现，都是基因和环境因素相互作用的结果。为了估计遗传和环境在某一性状表现中所起的作用的比重，就要计算这种性状的遗传度。所谓遗传度，是指某一特定性状在总的变异中，有多大比例属于遗传因素，有多大比例属于环境因素，一般用百分比来表示。凡性状以遗传因素为主的，遗传度就高；凡以环境因素为主的，遗传度就低。遗传度高的性状、同时又是该运动项目的主要因素时，选材时必须仔细挑选，凡具备该遗传性状的运动员，通常可考虑选入，而不具备该性状的选手，则不予考虑。了解与散打专项较为紧密的不同身体机能和运动素质相关性状的遗传度，有利于运动员的科学选材与科学训练。下列表6－1－1～表6－1－5是国内外与运动能力有关的一些性状遗传度的研究结果，供教练员选材与育才工作时参考。

表6－1－1 主要体形特征的遗传度（%）

指标	男	女	指标	男	女
身高	75	92	胸围	54	55
坐高	85	85	臂围	65	60
臂长	80	87	腿围	60	65
腿长	77	92	体重	68	42
足长	82	82	去脂体重	87	78
头宽	95	76	心脏形态	82	82
肩宽	77	70	肺面积	52	52
腰宽	79	63	胸廓形态	90	90
盆宽	75	85	膈肌形态	83	83
头围	90	72			

（引自曾凡辉等，1992）

表6－1－2 几种生理指标的遗传度

指标	遗传度（%）
安静心率	33
最大心率	85.9
肺通气量	73
最大摄氧量	69～93.6
神经系统功能	90（强度、灵活性、均衡性）

续表

指标	遗传度（%）
月经初潮时间	90
血型	100
血压	42

（引自曾凡辉等，1992）

表 6－1－3　几项生化指标的遗传度

指标	遗传度（%）
CP、ATP 含量	67～89
线粒体数量	70～92
肌红蛋白含量	60～85
血红蛋白含量	81～99
血乳酸最大浓度	60～81
乳酸脱氢酶活性	65～87
红白肌纤维比例	80
血清睾酮	男：78　女：91
LDH_5 乳酸脱氢酶和同工酶	男：75.8　女：86.2

（引自曾凡辉等，1992）

表 6－1－4　几项运动素质的遗传度

指标	遗传度（%）
反应速度	75
动作速度	50
动作频率	30
反应潜伏时	86

续表

指标	遗传度（%）
绝对力量	35
相对力量	64
无氧耐力	85
有氧耐力	70
柔韧性	70

（引自曾凡辉等，1992）

表6－1－5　几项个性特征的遗传度

个性指标（G. O）	遗传度（%）	个性指标（N. F. G）	遗传度（%）
基本情绪	75	运动速度	93
		判断的果断性	96
活力	79	对反对的抵抗	95
		柔韧性	91
思考能力	72	运动冲动	90
		好奇性	87
心理状态	60	冲动协调	86
		对矛盾的反应	80
意志坚韧性	77	运动制约	65

（引自曾凡辉等，1992）

二、人体生长发育规律与运动员科学选材

运动员科学选材研究的核心问题，是认识与掌握运动员在生长发育过程中身体形态、生理机能、运动素质以及心理特征等在不同生长发育阶段的变化规律。只有了解与掌握这些规律，才能使选材工作更加科学，对运动员未来能力的预测

更加准确。

同时，我们还必须清楚地认识到，今后运动员科学选材的发展方向应该在遗传领域逐步深入。遗传工程是20世纪70年代后期发展而起的尖端学科，它要真正地用到运动员科学选材工作中来，还有一段时间和差距。在目前我们已认识运动员身体形态、生理机能、运动素质等变化规律和它们在不同发育阶段的特征的基础上，进一步用已有的遗传学的理论与方法来理解生长发育过程中的变化，对运动员科学选材研究的进一步发展与更科学地预测运动员的未来将是有益的。选材工作实践表明，人体生长发育的规律与不同发育阶段的特征，是目前科学选材理论基础的重要组成部分，必须给予研究与重视。

（一）人类生长发育的一般规律

生长发育的一般规律，是指人类群体在生长发育过程中所具有的一般现象。虽然在人类生长发育过程中，由于遗传、环境等多种因素的影响，存在着明显的个体差异，但仍遵循着这一普遍存在的一般规律。

生长发育这一概念，应包括两层含义，即生长和发育。生长，是指人体细胞不停的繁殖增多，增大，同时细胞间质也增多，人体才由小变大，由轻变重，发生着人体的量变过程。在这一量变过程的同时，人体各器官、组织、系统还在形态学上进行分化，在机能上逐渐专门化，使它们发生着质的变化，逐渐走向完善与成熟，这就是发育。所以，生长发育是同一过程的两个方面，生长发育过程的完成，正是人体由量变到质变的过程。

从儿少卫生学与医学的角度，可以将这一过程分成8个阶段。（表6－1－6）

表6－1－6　生长发育的8个阶段

胎儿期：出生前	青春期：11～12岁到16～17岁
婴儿期：出生后到1岁	青年期：17～18岁到23～25岁
幼儿期：1岁到6～7岁	成年期：25岁以后到围绝经期
童年期：6～7岁到11～12岁	老年期：围绝经期以后

在这8个阶段中，生长发育的速度并不是呈直线上升的。它有时快，有时慢，有起有伏，波浪式的向前发展。总体上出现两次生长高潮，又可称为人类生长发育的两次突增阶段。

第一次高潮出现在胎儿期到出生1岁。其身高在孕中期（4~6个月时）是一生中增长最快阶段，身高增长占整个胎儿期的1/2强。体重在孕育末期（7~9个月时）增长最快，占整个胎儿期的2/3强，是一生中体重增长最快的阶段。出生后，增长速度虽然开始减慢，但第一年身高增长为出生时的50%，体重为出生时的2倍，这是人类生长发育过程中的第一次高潮。出生后第二年速度减缓，身高增长为第一年增长数的1/2，体重增长也与身高一样。此后，增长速度急剧下降，保持一个相对平稳的速度。身高每年增长4~5厘米，体重增长每年1.5~2千克，一直保持到青春期前。

第二次高潮出现在青春期，人类生长发育又出现第二次突增。这时身高一般年增长为7~8厘米，最快可达到12~14厘米。体重一般年增长为5~6千克，多的可达8~10千克。以后速度增长进一步减慢，直到骨骼骨化完成，发育成熟，身高停止增长。

在生长发育的两次突增阶段中，身体各部分发育的速度比例各不相同，有两个特点值得我们注意。

1. 头尾律的特点

在第一次突增期，为保证大脑对全身的支配，大脑最先发育。所以胎儿从有一个特大的头颅（占全身比例的1/2），较长的躯干及短小的下肢，发育到儿童期比较均匀的比例，即先头，后尾的发展规律，称“头尾律”。

2. 向心律的特点

在第二次突增阶段中，不是头，而是下肢首先迅速发育，再向上到躯干。而头部发育变化不明显，最后达到成人体形，即比便较小的头颅（占身长的1/8），较短的躯干及长腿的形态。

从出生到长大成人的过程中，头只长了1倍，躯干增长2倍，上肢增长了3倍，下肢增长了4倍。其发育增长趋势是先四肢，特别是下肢，后躯干，呈向心的规律。

人体总的体格发育不仅遵循两次生长高潮的规律，也遵循头尾律和向心律，但人体各系统的发育仍是不平衡的。

人体总的体格发育包括身高、体重及心脏血管系统、呼吸系统、消化系统、肌肉系统以及骨骼等，均与身高、体重一样，呈波浪式。出生后的突增高潮出现在青春发育期，但最后完成的时间又有一定差距，基本遵循人体发育生长两次突增的规律。

但神经系统不一样，由于大脑是支配人体的重要器官，它最先发育，在胎儿时期第一个形成的就是神经系统，所以在胎儿早期头颅就占身长的1/2。此后，它一直优先发育。从6岁到20岁的14年中，脑的重量只增长10%左右。在这一阶段，大脑主要发生着质的变化，在脑细胞的结构与机能上不停地进行着复杂化过程，到18～25岁间，这一过程达到了高潮并趋于完善。

生殖系统又有其自身的规律，出生后前十年它毫无动静，而进入青春发育期后，才开始迅速发育，一般要到18岁以后才能真正成熟与完善起来。

淋巴系统与前3类又不一样，由于儿童时期人体各组织、器官等均远未成熟，机体对疾病等的抵抗能力较弱，需要淋巴系统来进行有效的抵御。所以，在出生后的前12年，它发育突增迅速。12岁时淋巴系统能达到成人时的200%。随着人体的成熟，抵抗能力的增强，它逐步退缩，随年龄渐老开始衰退。

由此看来，人体发育除神经系统、淋巴系统、生殖系统外，其他系统均随两次突增高潮而完善与成熟起来的，仅在最后成熟的时间上存在一定的差异。掌握这一变化规律，对选材工作将有重要的指导意义。

第二节　散打运动员科学选材的步骤

一、家系调查

运动实践已经证明，著名优秀运动员的后代中，有50%的人均能在运动能力上有突出的表现。这说明父母某些遗传性状（如形态、生理机能、生化代谢特征、运动素质、心理素质等），均能在子女身上再现，并能通过遗传变异，有所发展。在选材工作中对家系的了解，并运用遗传学的观点、方法来分析、判断与观察被选运动员运动能力发展趋势受家系影响大小的可能性。尽量减少不必要的失误，提高预测判断的准确性，是家系调查的目的。所以，在选材工作中，家系调查是必须进行的第一项工作。调查的内容如下。

（一）父母亲、祖父母、外祖父母、兄弟姐妹的形态特征，如身高、体重、体形特征等。特别应注意散打项目的要求。

（二）父母亲、祖父母、外祖父母、兄弟姐妹的身体健康水平，患有哪些慢性疾病，特别是遗传度较高的疾病，可能在被选者身上出现。

（三、父母亲、祖父母、外祖父母兄弟姐妹的运动能力（包括劳动能力）与兴趣爱好，特别是对体育的兴趣。其中更应注意，体育世家和运动员的后代，能否再现亲代的运动特征或超越亲代的运动能力。

（四）被选者的特征在家系中与谁特别接近，对其情况应着重了解与调查，可能他们之间有更多相似的遗传关系。

（五）被选者生育史调查。

二、体格检查

在对运动员进行家系调查后，应对运动员进一步进行体格检查。体格检查能帮助我们了解被选者的一般情况，有无影响运动能力发展的各类疾病，有无影响各类技术进一步发展的身体缺陷，评定健康与发育水平，这对我们选材进一步筛选将起积极作用。

（一）肌肉系统：(1）体重是否在要求的正常范围。(2）检查肌肉系统的发达程度，是否与生长发育规律相一致，注意两侧肌群发育的对称性，并给予评价。(3）测定握力、背力，并用正常人标准给予评价。(4）测定仰卧起坐，评定腰腹肌群发育水平。

（二）骨骼系统：(1）对骨骼发育水平给予评价。(2）身高是否达到项目要求水平。(3）在立正站立姿势下，注意观察两侧肩、两侧髋、四肢的发育是否对称。(4) 胸廓形态是否正常。(5) 脊柱生理弯曲是否正常。(6) 上肢外展内收，上臂与前臂内旋外旋，手腕活动功能是否正常。(7) 下肢形态是否正常。(8) 足弓扁平情况。

(三) 心脏血管系统：(1) 心率是否正常。可借助听诊和心电图检查。(2) 心音有无收缩期或舒张期杂音，判断其类型，可进一步用超声心动图证明。(3) 血压是否在正常值范围。一般收缩压不超过140毫米汞柱，舒张压不超过90毫米汞柱。

(四) 呼吸系统：(1) 肺活量、时间肺活量。(2) 肺通气量。(3) 胸透，排除胸部疾病。

(五) 肝功能检查、排除肝脏疾病。

(六) 血液常规，红细胞、白细胞计数，白色素。

(七) 尿常规。

(八) 个人病使。

以上8个方面的检查，能够较全面的反映一个被选者的健康情况，可作为入选的依据。

三、运动员发育程度与青春期发育分型

(一) 运动员发育程度的鉴别

儿童在生长发育过程中，一直存在两个不同年龄，一是生活年龄（日历年龄），另一个是生物年龄（用发育程度来表示）。人由于受遗传、营养、体育锻炼和疾病等因素影响，生活年龄与生物年龄常常并不一致，有的甚至相差好几年。所以，生活年龄并不能真实地反映一个人的发育程度。在生长发育过程中，运动能力与发育程度密切相关。所以，用生活年龄来制定选材分组标准，显然不能真实的反映与评价其运动能力的好坏，并会将那些发育程度偏大，运动能力提早表现的少年儿童误认为是这一生活年龄的优秀人才，优先选入运动队或少体校培养，而将那些可能更有才能、但暂时还未充分发育或由于发育时间持续长而推迟成熟的“大器晚成”者排斥在外。实践证明，前者的运动能力是由于提早发育与提早

成熟而暂时领先，而后者才可能是真正的运动人才，这就是用生活年龄来选材的弊病所在。所以，在选材工作中，只有区别了运动员的发育程度，并以发育程度分组才能对运动员形态、机能、素质、成绩做出正确的评价。我们的目标是选出那些生活年龄与发育程度相一致（或略偏小），而形态、机能、素质、成绩确是这一发育程度中的高档者。因此，学会与掌握鉴别发育程度的方法，是选拔优秀运动人才的关键。鉴别发育程度的方法主要如下。

1. 骨龄鉴别

当前鉴别发育程度最准确的方法是骨龄。国外采用的方法目前主要有 TW 1、TW 2 和 G－P 标准。国内主要有 CHN 法。以上方法都是拍摄手骨、腕骨、桡、尺骨远侧端后前位 X 光片，根据骨化中心出现的时间与数量、骨骺与骨干愈合的时间、程度来评出骨龄，作为评价发育程度的依据。

还可以用阴毛、睾丸、乳房分度标准，来推断骨龄，确定发育程度，供基层选材使用参考。

2. 用第二性征出现顺序评价发育程度

可根据第二性征的提前或推迟评价发育程度。由于第二性征的表现个体差异较大，因此只能评价出一个范围，供选材参考。（表 6－2－1）

（二）运动员青春期发育高潮持续时间的鉴别与发育分型

鉴别了运动员的发育程度，评价了运动员的形态、机能、素质、成绩水平，这只能说明现在的情况，还不能进一步预测与估计未来，更不能预知他们内在发育“潜力”的大小。

在发育高潮阶段，运动能力的自然增长能得到表现。发育期高潮时间越长，运动能力的自然增长也就表现得越充分。只有那些靠自然增长将自己的运动能力在发育期高潮中推向更高点的少年，经过科学训练的诱发与促进，才能充分表现自己的全部优势，最终创造优秀的运动成绩。也就是说，在选材时，必须对发育程度进行鉴别。评价形态、机能、素质、成绩的真实价值，进一步鉴别发育期高潮持续时间的长短，最后确定分型，才能进一步估计与预测运动员的未来。

表6-2-1　儿童少年第二性征出现的年龄顺序

发育程度（骨龄）	女	男
8	骨盆增阔，臀部变圆	
9	皮脂腺分泌增多	
10~11	乳房开始发育出现乳节	
11		睾丸开始增长，阴茎开始增长
12	生殖器开始增大，阴毛开始生长	喉结增大
13	阴道分泌物由碱性变成酸性，出现月经初潮	睾丸明显增大，阴茎充分增长第一次出现一过性乳节，出现阴毛
14	月经开始趋向规律化，腋毛开始生长，	声音开始变粗
15	骨盆明显变宽变长	阴囊色素增深。开始长胡须，睾丸增长完成，出现遗精
16~17	月经规律化，长骨停止增长，出现痤疮	阴毛成男子型，出现痤疮，出现精子，长骨生长停止

如何鉴别，如何分型，成为预测未来的关键，是每一位教练和选材工作者必须掌握的知识，现分述如下。

1. 青春发育期高潮到来的特征

青春发育期，是生长发育的第二次高峰，又称为第二次突增阶段，是少年向成年转变的关键时期。在这一阶段，人体身高突增，体重明显增加，形态逐渐趋向成人，内脏器官逐渐健全，生殖器接近成熟，并出现第二性征。

男性一般在12~14岁开始进入青春突增阶段，出现生长发育的高潮。女性要比男性早1~2年，一般在11~12岁间出现。但是由于遗传、营养、疾病等因素影响，在青春期开始的年龄早晚上存在着明显的个体差异。

虽然青春发育的启动原因目前尚不清楚，但开始发育时男性为13岁，女性为11岁，并同时出现拇指种子骨骨化中心，乳房开始发育并第一次出现乳节（虽然男性是一过性的，但出现率仍在70%~80%以上）。这些标志的出现可作为即将进入青春发育期高潮阶段的信号。根据这些信号出现的早晚，可将开始进入发育期分为3种情况。

凡是男性在10～11岁，女性在8～9岁出现以上标志（或更早），一般认为是提早开始发育。

凡是男性在13～14岁，女性在11～12岁开始出现上述标志，一般认为是正常时间开始发育。

凡是男性在15～16岁，女性在13～14岁开始出现上述标志，（或更晚）一般认为是推迟开始发育。

2. 青春发育期高潮持续时间的长短

从进入青春发育期高潮到发育趋于稳定，一般历时4年左右，少数人可能会更长或更短。每个人之间均存在差别，这可从他们的骨发育的变化反映出来。因为生长发育高潮持续时间的长短可因骨骼成熟的早晚而异。但这种差异，可能是遗传特征的表现，也可能是受不同环境影响（特别是营养）的结果。

用G－P发育标准来评价我国少年儿童，其发育期高潮持续时间长短也同样出现3种情况。

（1）在3个生活年中跨过4个骨龄年，这是发育期高潮持续时间正常的表现。

（2）在2个或更少的生活年中跨过4个骨龄年，这是发育期高潮持续时间缩短的表现。

（3）在4个生活年中跨过4个骨龄年（达到G－P标准）或更少的，这是发育期高潮延长的表现。

我国少年儿童青春期高潮持续时间，在正常情况下比G －P标准短一年。而达到G－P标准者则延长一年。

我们还可以从第二性征出现顺序的变化，来区别青春发育期高潮持续时间的长短。任何第二性征的提早出现，均意味着青春发育期高潮持续时间将会缩短。任何第二性征出现时间的推迟，都意味着青春发育期高潮持续时间的延长或发育的推迟。第二性征的出现能按正常顺序进行，这说明发育高潮持续时间正常。

3. 青春发育分型对成材的影响

虽然在青春发育期中存在着明显的个体差异，但仍可以根据开始发育时间的

早晚和发育期高潮持续时间的长短这两个因素，将在青春发育期中的少年儿童分成9种不同发育类型。（表6－2－2）

表6－2－2　9种不同发育类型

提早开始发育	1. 发育期高潮持续时间缩短
	2. 发育期高潮持续时间正常
	3. 发育期高潮持续时间延长
正常时间开始发育	1. 发育期高潮持续时间缩短
	2. 发育期高潮持续时间正常
	3. 发育期高潮持续时间延长
推迟开始发育	1. 发育期高潮持续时间缩短
	2. 发育期高潮持续时间正常
	3. 发育期高潮持续时间延长

这表明，青春发育期开始的早晚对成材的影响固然重要，但更重要的是一个运动员青春发育期高潮持续时间的长短。那些能成才的运动员，大多数是在正常年龄开始发育的，并且发育期高潮持续时间延长，达到G－P骨龄标准，而推迟成熟的人。正是由于他们发育期高潮持续时间长，发育阶段的蓬勃长势所带来得运动能力的“自然增长”会更大，他们的潜在能力能得到最大表现，训练对他们的“诱发”与促进也更加明显，成才率也就会更高。这就是发育期高潮持续时间长的人成才率大大超过发育期高潮持续时间短的人的原因。这才是我们真正需要的“晚熟者”，而不是指那些推迟开始发育的人。对于这一点，我们在选才时应特别注意。

4. 发育分型的确定

发育的不同类型，对不同运动项目的成才有着不同影响，对于预测未来也起着重要作用。但是，发育分型不是一次检查就能确定下来的，而要经过一定时间的观察才能最后确定。主要经过以下几步。

（1）确定进入青春发育期的时间

男性进入青春期发育的骨龄是13岁，女性是11岁（此时男女均出现拇指种子骨骨化中心）。在体征上，男女都出现乳节，虽然男性是一过性的，但出现率仍在70%～80%以上。所以判断是否开始进入青春发育期，除了拍摄骨龄片外，更重要的是观察第二性征，因为它简便易行。当男性出现13岁时的性征标志，女性出现11岁时的性征标志，即是将进入青春发育期的信号。若这些标志提早或提前出现，即表明青春发育期的提早或推迟。我们可以通过以上变化，来确定进入青春发育期的时间。

（2）确定青春发育期高潮持续时间的长短

判断青春发育期高潮持续时间的长短，要在进入青春发育期后1～2年的时间内，通过骨发育的情况或第二性征的变化情况，身高年增长百分比等来分析确定。

1. 用骨龄来鉴别

进入青春期发育后（女性骨龄为11岁，男性骨龄为13岁），骨发育在两个生活年中跨过4个G－P标准年或更多者，是发育期高潮明显缩短的表现；骨发育在3个生活年中跨过4个G－P标准年的，是发育期高潮持续时间正常的表现；骨发育在4个生活年中跨过4个G－P标准年或更少者，是发育期高潮延长的表现。

2. 用第二性征推测发育程度来鉴别

进入青春期发育后第二年的少年，即已表现出第4年发育程度的标志，则是发育期高潮缩短的表现。

进入青春期发育后，其发育程度各阶段的标志能按表中顺序出现，则是发育期高潮持续时间正常的表现。

进入青春期发育后，其发育程度各阶段的标志推迟1年以上再出现，则是发育期高潮持续时间延长的表现。

3. 用进入青春发育期后每年身高增长值的百分比来鉴别

将进入青春发育期1年身高增长值为100%，连续观察第2、3年身高增长值与第1年增长值之比。当第2年身高增长值明显下降，只有第1年增长值的30%以下时，一般情况下，表示发育期高潮持续时间将缩短，发育将要加速完成。如果第2年身高增长值在第1年身高增长值的70%以上，则表明发育期高潮持续时间正常。如果第二2年身高增长值在第1年身高增长值的90%以上（甚至超过第1年），第3年仍能增长第1年的70%，则是发育期延长的表现。

在无条件拍摄骨龄的情况下，第2种方法与第3种方法相结合，也能取得较准确的结果。

4. 用骨发育的两个转折点来鉴别

在选材中，应特别注意观察男、女少年骨发育与身高增长变化上的两个转折点。用G－P来观察我国少年骨发育的水平时，男、女少年发育的共同特点是：先慢后快。特别是在女性进入发育期高潮的第2年（12～13岁间），男性进入青春发育期高潮的第3年（15～16岁间），我国少年骨发育加速成熟特别明显，是发育加速的转折点。凡在这个阶段，骨发育达到或接近G－P标准的，身高年增长在5厘米以上者，即可判别为是发育期高潮持续时间延长的类型。我们将这一时间的变化称为“延长型的关口”。在选材时，可通过骨龄的变化细致观察，准确性较高，能帮助我们鉴别出“大器晚成”者。

三、选材指标的测试

选材应当有专门的选材测试室。除了形态机能测试室外，最好还有X光室和暗房，以便自行拍摄骨龄片。

目前地区和县一级选材测试室，至少应配备以下几种选材测试的仪器设备：身高坐高计，体重杠杆秤，指矩尺，测量长度的钢尺，测量围度的软尺，测量宽度的卡尺，肺活量计，节拍器，秒表，皮尺，动作神经测试仪，神经类型808表，观片灯等。

有条件的单位还可配备微机，X光机及其他生化测试仪器等。

省一级的科学选材测试室，除以上设备外，应当尽可能地配备一些测试心肺功能的先进仪器。随着科学选材研究的发展，测试指标的进一步深化，还需及时增添相应的仪器设备。

运动员科学选材测试时，指标多，工作量大，有时测试的时间又紧。因此，常常出现差错。所以，如何保证测试数据准确性，是搞好选材测试时十分重要的问题。以下是测试前的准备，测试时的组织、测试后资料整理等工作中应注意的事项。

（一）测试前的准备

1. 测试人员要认真学习选材测试细则，熟悉各指标的测试方法。测试人员之间要合理分工，每个测试人员所测指标尽量固定，对形态指标中不易掌握准确的测量点要多练习。大批量测试前，应先组织一次实习。

2. 测试仪器设备平时要注意保管维护，测试之前要认真检查校正。

3. 准备好各种测试表格。

4. 做好受试者组织工作。受试人数较多时，应分批进行测试。要提前通知受试者测试时的着装要求，如形态测量应赤足，穿背心、短裤，素质测试时要穿运动鞋，神经类型测试应准备笔等。

5. 气温较低时，测试室内要准备好取暖设备。

（二）测试时的组织

1. 受试者到达测试室后，先要求他们安静地坐下，填写表格中的基本情况，如姓名、性别、出生年月等。并向他们讲述测试的要求和注意事项，以便调动受试者积极性，认真参加测试。

2. 各指标的测试顺序要合理安排。要求受试者在安静情况下进行测试的指标，如安静脉搏，心理测试等，要安排在前面，素质指标安排在后面。也可以把素质指标另安排一个时间进行。在素质测试中，速度测试在前，力量和耐力在后。

3. 测试人员应认真按细则的规定测试。有些指标如肺活量、动作神经过程测试等，还要做必要的讲解和师范。

4. 测试后填写表格时，数字书写要工整，清晰。填表前要特别注意核对表格上的姓名，防止填错表格。

5. 全部测完后，要有一名测试人员负责收回表格，并逐项检查，看有无漏测的指标，或有无可疑数据，必要时应复测。

（三）测试后的资料整理

1. 及时整理测试表格。先将测试表格按项目、性别归类，并逐张表格再次逐项认真审核，如有缺、疑、误数据要及时补测。

2. 有的指标还要补充计算派生指标。

3. 对照选材评价标准进行评定，或将原始数据录入微机数据库评定。

四、评价与分析

选材测试后获得的数据是十分重要的信息，选材人员应该学会数据处理和进行评价分析等方法。

（一）计算派生指标

派生指标是把两个或两个以上的测试指标按一定的计算公式计算后，派生出来的新指标。如肺活量/体重、下肢长/身高×100 等等。特别是在形态、机能的评价中，有时用派生指标比用原测试指标更能说明问题。例如，甲肺活量 4800 毫升，体重 75 千克，乙肺活量 4600 毫升，体重 70 千克。按测试指标肺活量和体重来评定时，认为甲的肺活量和体重都大于乙。但是，如果计算派生指标肺活量/体重，则甲为 4800/75 = 64.0，乙为 4600/70 = 65.7。可见，乙每千克体重肺活量 65.7，甲为 64.0，因此乙的肺活量相对值大于甲。同样，有许多形态标准，用他们计算新的派生指标后评价更能说明体形特点。如下肢长/身高×100，可以很好地说明下肢与躯干的比例。该指标值大的人，下肢相对较长。因而，在进行选材测试时，测试了身高、体重、下肢长、肺活量等许多指标后，往往还要计算派生指标才能进行评价。

（二）按发育程度进行评价

选材标准是进行评价分析的依据，每一个年龄组设一个标准，而年龄组的划分，是以骨龄为分组标志的。因为每个人受到的外界因素影响不同，发育速度也不同。而选材就是要选同一发育程度上形态、机能、运动能力等都属于高档的运动儿童。所以不能按受试者日历年龄来进行评价，而要按其生物年龄（骨龄）来进行评价。

（三）单项指标评价

根据受试者的年龄和性别及各项指标或派生指标的测试值，查阅选材标准中相应年龄组的评价标准，即可看到该指标达到的等级和分数。通常，一个运动员不可能每项指标都好，或者每项指标都差。通过单项指标的评价，就可以看出该运动员优势和弱势。例如，有的运动员形态较好但素质较差，有的运动员在素质中速度较好而耐力较差。选材测试人员应把评价后分析的信息及时反馈给教练员，作为制定训练计划的参考。

（四）综合评价

综合评价即根据运动员的形态、机能、素质等各大类所测指标的情况，进行一个总的评价。

把每一项指标的得分相加，即可得出选材测试的综合评价总分。然后对照专项选材标准可查出综合评价的等级，就可以对运动员做出总评。一般说，总评达到及格以上者就可以入选，达到优秀的就可考虑定为该年龄组“苗子”。

（五）对评价结果的分析

选材测试人员和教练员，应根据单项指标和综合评价的结果，对受试的运动员进行全面的分析。

1. 决定该运动员能否入选

如有的孩子测试总分刚达到及格标准，从单项指标看又没有突出的优势项，甚至骨龄又偏大就不应该入选。反之，有的孩子测试的总分略低于及格标准，但有突出的优势项，如发育正常而年龄较小，形态特别好，或形态一般但某一项运动能力较好，就应考虑入选，或建议观察，隔一段时间后再进行评定测试。

2. 对运动员定向

参加专项训练不长的体校运动员，通过选材测试还有一个定向问题。如果该运动员不适合进行散打训练，而适合其他项目的训练，则可向其他项目的教练员推荐。

3. 对追踪测试数据要着重分析其增长趋势

经过测试评价较好，已选入体校的运动员，由于受到遗传阶段性的影响，还不能完全肯定他今后发展趋势如何。因此，必须定期进行追踪测试。例如，青春发育期身高的年增长值对判断发育的突增期很有参考作用。分析各项素质和专项成绩指标的增长趋势，则可以看出该运动员的发展潜力。对于定为各年龄组“苗子”的运动员，可以把他们定期追踪测试的一些主要形态、机能和素质的指标数据和专项成绩在曲线图上进行分析。

4. 从追踪青少年运动形态、机能、素质的增长趋势看，有以下几种趋势均能成才

（1）起点高，进展迅速，持续增长时间长。这种类型的人较少，是运动天才。

（2）起点中，进展迅速，持续时间长。这种类型较前者多。

（3）起点中，进展速度中等，持续时间长。这种类型较普遍。

而起点虽然高，进展不快，持续时间又短的人，很难成材。

所以，分析增长趋势，要从起点、增长速度和持续时间 3 个方面综合考虑。

第三节　散打运动员科学选材的指标与方法

散打运动属于技能类格斗对抗性项目，这类项目技术种类较多，战术形式多样，体形普遍粗壮，肌肉结实有力；爆发力、动作速率、灵活性是其所需要的主要运动素质；能量代谢形式以无氧代谢为主，有氧代谢为辅，性情勇猛、自控力强，抗摔、抗击打能力要求很高；情绪稳定、注意集中、思维能力强、位感灵敏是其所需要的主要心理品质。散打运动员选材的指标和方法来源于众多优秀散打运动员的模式特征。在运动训练科学研究和散打运动实践经验总结经验基础上形成的优秀运动员模式特征，为散打运动员的选材提供了明确目标。其基本模式特征包括以下几个方面：

一、身体形态

形态是机能的基础，标志身体形态的主要指标有身体的长度（身高、肢长等）、围度（胸围、颈围、上肢围、下肢围等）、宽度（肩、髂脊间径等）、充实度（体重/身高、体重加胸围/身高）等。散打是按体重级别在规定的时间内徒手进行攻防的对抗性运动项目。为适合专项特点，模式特征就应该是：在相同体重中，比例匀称、臂长（指距）大于身高，肩宽、臀小、髋骨平展，体脂含量少，肌肉（特别是小肌群）发达，四肢围度特别是胸围大，手宽大。总之，需要筛选出攻击距离长，相对力量大、肌力上占有优势、身体粗壮、格斗重心较低的散打运动员。

有学者（赵光圣等，2000）曾对我国优秀散打运动员的身体形态做过调查研究，结果显示，我国优秀武术散打运动员身体形态特点是：上下肢比例匀称，胸围、上臂围和大小腿围度大，身体充实度高；总体上趋向于外胚性中胚叶型，平均体形分值为1.90—5.05—2.48，骨骼肌肉发达，四肢较粗壮。我国不同体重级别优秀武术散打运动员的身体形态特点是：48～52千克级的运动员，体形属于中胚性外胚层型，骨骼肌肉欠发达，躯干相对单薄，四肢较细；56～75千克级运动员，体形属于外胚性中胚层型，随着级别的增大，四肢越来越粗壮，中胚叶占优势；从80～85千克级以上级别的运动员，体脂含量越来越高，皮下脂肪增厚，但中胚叶仍然占优势，体形属于内胚性中胚层型。从体脂百分比看，大级别运动员的体脂百分比高，超出运动员的标准范围，不利于竞技比赛，值得引起注意。因此在进行散打运动员选材时要考虑到优秀散打运动员的形态特点，选择那些躯干部发达，身体粗壮的运动员从事散打运动。

二、身体机能

散打运动对抗激烈，多种供能方式（有氧无氧混合供能）对运动员机体机能提出了较高要求，这主要体现在心血管机能和呼吸系统机能方面。其模式特征有：身体健康无疾病，心脏功能强健，安静时脉搏徐缓有力，运动时能最大限度地发挥心脏功能，承受大运动负荷；负荷后脉频低而恢复快；ATP ~ CP 含量高和血红蛋白百分比大。其生理机能是快肌纤维比例大，机体承受打击性强，无氧代谢水平较高，机体抗酸力强，神经过程灵活性强。同时，散打运动员还须有较强的平衡机能。

（一）测评心血管系统机能的指标和方法

1. 30 秒 30 次蹲起机能试验（适合于初、中级选材使用）。

2. 哈佛台阶试验（中高级选材使用）。

3. 联合机能试验（中高级选材使用）。

（二）测评呼吸系统机能的指标和方法

1. 肺活量指数（肺活量/体重），适合于初、中级选材时使用。

2. 最大摄氧量（毫升/千克/分），中高级选材时使用。

人体摄氧量取决于生理机能状态，运动强度增大时，摄氧量相应改变。人的摄氧能力有一定局限性，但需氧量随运动强度的加大而上升。当人体进行长时间的剧烈运动时，每分钟摄氧量达到最高水平，称为最大摄氧量。有学者认为最大摄氧量能较好地反映心肺功能状况，最大摄氧量的百分利用率或乳酸阈则能较好地反映肌细胞摄氧状况。在培养散打运动员以前，应该考虑一下最大摄氧量这一因素，因为最大摄氧量与遗传因素关系密切。

（三）测评机能供能能力的指标和方法

1. 血乳酸浓度水平。

2. 血红蛋白含量。

这两项均适用于中高级选材。众所周知，散打运动员在比赛过程中的强度很大，谁的最大乳酸产生能力强，谁的无氧代谢能力就越强。这对于运动员完成高质量的技术动作是非常有利的，散打运动员的最大乳酸产生能力经过专门的训练是可以得到提高的。糖酵解的产物是乳酸，我们实际上是想要糖酵解过程中的高输出能量，但在这个过程中又不可避免的产生乳酸。在运动过程中的肌细胞内由于乳酸在 45 ~ 60 秒可以达到较高值，而导致 PH 值下降。因此一般人在这个时候，糖酵解过程由于受氢离子的影响就会减慢，因此运动强度就会下降。但是散打运动的项目特点又不允许运动强度下降，否则运动员在1分以后的比赛过程中，出现动作迟缓，无力还击，被动挨打的局面。优秀运动员在比赛过程中很少出现这种状况，他们多数能以充沛的体能打完全场，是由于糖酵解供能较少受阻的缘故。散打运动员的耐酸能力可见表6－9。

表6－9　1分10秒跑400米后各项目运动员血乳酸的浓度

项目	散打	摔跤	拳击	田径（短跑）
血乳酸	8.7±0.96	9.1±0.84	8.8±1.11	9.6±0.65

（引自曾于久、罗鹰翔，2002）

耐酸能力检测的方式为，完成相同运动负荷时，血乳酸值越低，其糖酵解供能能力越强。由上表可以看出，散打、摔跤、拳击运动员的糖酵解供能能力比短跑运动员强，这说明散打运动员在运动过程中是需要一种持续的高输出功率的运动能力。

三、身体素质

散打运动的专项特征对运动员身体素质的要求非常全面，对速度、力量、耐力、灵敏、柔韧及其相互结合构成的复杂素质具有较高要求。对身体素质测评总的要求是起点水平高，身体发育程度小，发展潜力大。模式特征如下。

（一）速　度

散打运动员的速度素质包括反应速度、动作速度和位移速度，这3项都是选材时必测的素质。（1）反应速度主要测试视觉刺激反应和复杂反应。（2）动作速度主要测定10秒或30秒内动作频率，如肢体位移（踢/摆/击打）速度和体位变换速度。（3）位移速度主要测定身体启动，短距离变向移动和转折移动的速度。根据运动训练学的项群理论，散打属于技能类格斗对抗项目，此项群总体在运动素质的要求上，特别重视速度素质中的反应速度和动作速度。因此这类测试指标在散打运动员的选材中有着十分重要的意义。

（二）力 量

散打中的力量主要是速度力量，最典型的形式是爆发力。爆发力的机制是 CP 的浓度越高，CK 酶的活性越高，爆发力就越强，一般情况下 CP 系统能供极限运动 6 ~ 8 秒的时间。当 CP 的浓度下降时，机体主要以糖酵解供能，运动员在完成相同定量负荷时，爆发力越强者，其血乳酸浓度就越低，这是因为 CP 的浓度高，使用的时间长，因而糖酵解供能还没占主导地位，所以乳酸值较低。反之，血乳酸浓度就越高，也就是爆发力较弱。散打运动员如果想取得好成绩，除了要具备良好的技术水平外，还应该加强对爆发力的训练，这样才可能使运动员的技术水平得以充分发挥。评定爆发力可采用爆发力指数：

$$\text{爆发力指数} = \frac{\text{尽可能大的力量}}{\text{达到上述力量所花费的时间}}$$

通过测力仪测试拳的力量可以比较，未经训练者仅为 15 千克左右，运动员可达 150 千克左右，世界优秀重量级拳击手可达 500 千克。根据 $F = 1/2mv^2$ 的力学公式分析得出，力量的大小与人体本身的质量有关，也与动作速度的平方成正比。因此速度力量是散打运动员选材的主要指标。除了测力仪之外，常用力量素质测试相关指标还有握力测试和反映下肢爆发力的原地纵跳摸高测试。

力量素质的另一表现形式是冲量。如散打中的冲拳和蹬腿反映出来的打击力。冲量的测量是采用间接的方法测出。只要测出力量与力量的作用时间，就可以计算出冲量。也可以从动力描记图中力的曲线与横坐标轴之间的面积计算出冲量。速度力量强，出拳与出腿的绝对力量大。冲量值大是散打运动员必备的运动素质。

（三）耐 力

散打运动不是普通意义上的耐力性项目，但在规定的比赛时间内，运动员要坚持到最后一刻并尽力拼搏取得胜利，因此需要有很好的耐力水平。耐力素质主要受心血管和呼吸系动机能的水平影响。耐力素质测验中包括一般性耐力测验和专门性耐力测验。一般耐力性测验能保证测验的准确度和精度，缺点是不能反映散打专项运动技术运用时的影响因素；专门性耐力测验在心理上对运动员有较强的吸引力，但所产生的误差概率较大，在选材测量时要考虑这些因素。散打运动员的耐力水平，可采用测 2 分钟或 3 分钟内发拳与出腿的次数，或者测固定次数与组数的发拳与出腿所花费的总时间等方法进行判别。

（四）灵 敏

散打运动属直接对抗项目，攻防动作转换快，要求有很高的灵敏性。灵敏是其他基本身体素质的综合表现。除要求有较高的速度素质和力量素质外，运动神经系统的机能在灵敏性中也起着重要作用。灵敏性应在对抗实践中表现出来，因此，其模式特征不能简单地用非比赛状态下测试指标值的高低来衡量，而应以实战的综合评定为准。反映全身灵敏性和协调性的一般测试方法有反复横跨实验，在初级选材中使用效果好。

（五）柔 韧

柔韧性在散打运动中对加大攻击范围、提高防守效果、防止运动损伤和提高运动质量具有重要意义，故柔韧也是散打运动员选材主要指标之一。优秀运动员的模式特征表现在脊柱、肩绕纵轴旋转幅度大，髋、膝、踝关节活动范围大，柔韧性与弹性好。常用的测量手段有转肩、横叉、竖叉、踢腿等。

应该指出的是，各项运动素质间存在着不平衡的发展关系，也就是说各素质间存在着相互影响和制约的关系，如力量和柔韧、耐力与速度等。因此选材时要结合散打运动的专项特点，如速度与耐力发生矛盾时应以速度素质为主，力量与柔韧发生矛盾时应以力量素质为主。当然，理想的模式是运动素质的发展越全面，就越有希望进入高水平的训练，越有可能取得更好的训练效果。

四、运动技能

运动技能是指人体运动中掌握和有效地完成专门动作的能力。运动技能选材是指教练员在技术诊断理论指导下，运用经验分析和评估，对备选运动员的技术及战术能力进行分析和评价，从而选拔优秀运动员的过程。它是运动员选材中的重要内容之一。

运动技能选材有明显的层次特点，即基础选材、中级选材、高级选材，其重要程度也随之层层递进（表6－3－2）。

表6－3－2　散打运动员不同层次选材技能重要性判别表

选材层次	高级	中高级	中级	初中级	初级	基础选材
技能重要性等级	5	4	3	2	1	0

（引自蔡仲林，1999）

优秀散打运动员技术评估内容包括技术质量和技术容量两个方面。具体评估指标及标准见第四章。

在技术评定与选材中，一定要区分散打运动员的层次、基础及初始状态，从而提出不同的选材评价要点。其过程与方法是：（1）确定选材与评定目的；（2）挑选或聘请有关专家5～7人；（3）组织专家观看若干次训练；（4）组织实战对抗和比赛，请专家现场评估；（5）填写技术选材评估表；（6）汇总整理评估表及征询听取专家意见。

五、心理素质

影响优秀运动员成长的因素是多方面的，不仅需要运动员超群的身体素质、极大的生理潜能和遗传方面的优势，而且还需要有运用、动员和发挥这些优势的心理能力。良好的心理品质是机能和技能得以充分发挥的保证。因此，心理选材是散打运动员选材中不可忽视的重要因素。散打运动员的心理品质应是神经类型为活泼型，性格勇猛、好胜，情绪易兴奋，坚毅顽强，本体感觉灵敏。心理素质选材可分为以下三方面。

（一）神经类型

人类高级神经类型活动基本特征有强度（指兴奋与抑制的强度有强弱之分）、

均衡性（指兴奋与抑制的适宜性有均衡不均衡之分）和灵活性（指对刺激的反应速度和兴奋与抑制过程相互转换速度有灵活不灵活之分）。由于每个人的神经系统活动的基本特征不同，人的心理活动就表现出不同的特征。3 种不同的特征组合的不同结果，可以分为 4 种不同的神经类型，即强而不均衡的兴奋性、强而均衡灵活的活泼型、强而均衡但不灵活的安静型和弱而不均衡的弱型。这 4 种神经类型可以与人的 4 种气质类型相对应。运动才能的形成和发展与神经类型有着内在的联系，即神经类型是运动才能形成和发展的重要生理基础。神经类型应作为运动员重要的生理和心理指标。不同运动项目的选材，应选择不同神经类型的运动员。优秀散打运动员神经类型大多属于灵活型和稳定型。其中小级别的选手多为灵活型，其主要表现是活泼好动，四肢灵活，动作协调，反应能力强，多以速度取胜，但易急躁；大级别散打运动员多为安静型，其主要表现是性格内向，自尊心强，对个人和集体荣誉有强烈的责任感，较善于用脑，沉着冷静，多以勇敢和持久取胜。

评定运动员神经类型的方法除了平时观察法以外，较为常用的简易方法如下。

1. 感觉测评法。做“打手背”，依据收手动作快慢和被击中次数多少来确定神经类型。

2. 排瓶操作法。用不同重量的瓶子（如沙或水）10 个，受试者蒙上眼睛，把瓶子由轻到中排列，并计算排列时间。根据动作速度快慢和错误来判断神经类型。

3. “80. 8”神经类型测试法和安菲莫夫矫正法。

（二）心理能力

散打运动员选材的心理能力指标如下。

1. 空间定向能力

可用空间定向能力测试仪测试。

2. 距离感

精细和敏锐的距离感是运用散打技、战术最重要的心理学因素之一。测试的方法有空间距离知觉或深度知觉。

3. 用力感

反映肌肉用力感觉准确性的测试方法，采用握力感测试仪。

有人曾对优秀散打运动员的几项心理特征进行了研究，在心理能力方面主要测试了视－动连续简单反应时、四肢选择反应时、时空判断、空间长度判断、综合反映、造作思维和距离感等，结果表明所测心理指标可以作为优秀散打运动员心理特征指标。该研究结果还表明优秀散打运动员中与运动水平有关的几种认知能力发展是不平衡的，心理能力之间存在着互补。在心理选材中应该考虑这些因素和特点。

（三）个性特点

卡氏 16PF 测量结果表明：我国优秀散打运动员在个性的意志特征上，一般都好强、固执、独立、积极、支配性和主动性较强、冒险而少顾及，在个性的情绪特征上轻松兴奋、自尊心强、情绪稳定而成熟，面对现实，精明能干。根据散打运动项目的特点，个性心理选材主要对以下内容进行评定测试。

1. 训练动机和兴趣

这反映运动员个性倾向性和特征，既是提高运动成绩的前提条件，也是形成良好体育道德的重要组成部分。从我国优秀运动员成材的原因来看，其中的志向动机——为国争光的理想，是争取冠军的动力之一。有了强烈的进取动机和对散打运动的兴趣，才能化作巨大的力量去刻苦训练，以苦为乐，以苦为荣，一往无前。评定运动员的训练或比赛动机，一般多采用动态调查法，即观察、谈话、和问卷。因为动机的形成过程具有实践性，动机一旦形成必定会在实践中表现出来。必须指出，动机不是不可变的，经教育和训练，可以培养和激发更加高尚的、正确的训练动机。

2. 意志品质

散打运动员意志品质中首要的品质是主动性、独立性、果断性和勇敢性，其必要品质是自制性、顽强性和坚定性，具体表现为自信心很强、意志努力程度高和抗击打忍受能力强等。评定意志品志的方法主要是要求运动员用自己的最大力量、速度和频率完成一定的练习（在时间和次数、质量上均有一定要求），做完后，向被试提出新的指标，要求超出上述指标。根据被测试前后完成动作情况，对其意志力的表现做出评定。也可以采用有关神经类型、气质类型的测试方法，对被测试者的意志特点进行评定。如果有条件的话，通过训练和比赛考察运动员的意志品质则更加客观和准确。

六、智　力

智力水平直接影响运动员学习、理解与运用运动技能的能力。智力受遗传因素影响，对智力的遗传度，研究者有不同的报道，一般认为。选材时不能忽视对智力的选择。高水平运动员的智力分布曲线较一般群体优秀，有研究指出，高水平运动员的选拔把智商（IQ 值）下限定为 95 左右为宜，特别是个人项目，不宜定得过低。优秀散打运动员在智力因素上的模式特征是：智商中上，善于理解与实现教练员意图，具备独立分析对手特点与做出相应判断决策的思维能力。目前对智商的诊断一般用韦克斯勒智力成人量表（中国修订）进行测试，还缺少一种能够使散打运动员在特定专项情境中测试其智力的方法。有待于广大体育科研人员和散打教练员研究探索出一套能够较为准确客观地测试散打运动员专项运动智力的方法，为运动训练实践服务。

第七章 武术散打竞赛规则

（2013）

第一节 通 则

第一条 竞赛种类

（一）团体比赛

（二）个人比赛

第二条 竞赛办法

（一）循环赛

（二）淘汰赛

淘汰赛和循环赛每场比赛采用三局两胜制，每局比赛 2 分钟，局间休息 1 分钟。

第三条 参赛年龄与资格审查

（一）成年组运动员的参赛年龄限在 18 ~ 35 周岁，青年组运动员的参赛年龄限在 16 ~ 18 周岁以下。

（二）参赛运动员必须携带《运动员注册证》。

（三）运动员必须有参加比赛的人身保险证明。

（四）运动员必须出示自报到之日起前 15 天内、县级以上医院出具的包括脑电图、心电图、血压、脉搏等指标在内的体格检查证明。

第四条　体重分级

1.48 千克级（≤48 千克）

2.52 千克级（>48 千克－≤52 千克）

3.56 千克级（>52 千克－≤56 千克）

4.60 千克级（>56 千克－≤60 千克）

5.65 千克级（>60 千克－≤65 千克）

6.70 千克级（>65 千克－≤70 千克）

7.75 千克级（>70 千克－≤75 千克）

8.80 千克级（>75 千克－≤80 千克）

9.85 千克级（>80 千克－≤85 千克）

10.90 千克级（>85 千克－≤90 千克）

11.100 千克级（>90 千克－≤100 千克）

12.100 千克以上级（>100 千克）

第五条　称量体重及其规定

（一）运动员经资格审查合格后方可参加称量体重，并且必须携带《运动员注册证》。

（二）必须在仲裁委员的监督下称量体重，由检录长负责，编排记录员配合完成。

（三）运动员必须按照大会规定的时间到指定地点称量体重。称量体重时裸体或只穿短衣、短裤。

（四）称量体重先从比赛设定的最小级别开始，每个级别在 1 小时内称完。在规定的称量时间内达不到报名级别时，则不准参加后面所有场次的比赛。

第六条　抽签

（一）由编排记录组负责抽签，有仲裁委员会主任、总裁判长及参赛队的教练或领队参加。

（二）在第一次称量体重后进行抽签，由比赛设定的最小级别开始。如该级别只有 1 人，则不能参加比赛。

第七条　服装护具

（一）运动员必须穿中国武术协会认定的武术散打比赛服装和护具。

（二）比赛的护具分红、蓝两种颜色。包括拳套、护头、护胸，以及自备的护齿、护裆和缠手带，护裆必须穿在短裤内，缠手带的长度为3.5～4.5米。

（三）拳套的重量：女子运动员和男子65千克级及以下级别的拳套重量为230克；男子70千克～85千克级的拳套重量为280克；90千克级及以上级别的拳套重量为330克。

第八条　比赛礼仪

（一）每场比赛开始前，介绍运动员时，运动员向观众行抱拳礼。

（二）每局比赛开始前，运动员上台后先向本方教练员行抱拳礼，教练员还礼；运动员之间再相互行抱拳礼。

（三）宣布比赛结果时，运动员交换站位。宣布结果后，运动员先相互行抱拳礼，再向台上裁判员行抱拳礼，裁判员还礼。然后向对方教练员行抱拳礼，教练员还礼。

（四）边裁判员换人时，互相行抱拳礼。

第九条　弃权

（一）比赛期间，运动员因伤病（需有医务监督出具的诊断证明）或体重不符合报名级别时不能参加比赛，作弃权论，不再参加后面场次的比赛，但已进入名次的成绩有效。

（二）比赛进行时，运动员实力悬殊，为保护本方运动员的安全，教练员可举弃权牌表示弃权，运动员也可举手要求弃权。

（三）不能按时参加称量体重、赛前3次检录未到或检录后擅自离开，不能按时上场者，作无故弃权论。

（四）比赛期间，运动员无故弃权，取消本人全部成绩。

第十条　比赛中的有关规定

（一）临场执行裁判员应集中精力，不得与其他人员交谈，未经裁判长许可不得离开席位。

（二）运动员必须遵守规则和比赛礼仪，尊重和服从裁判员。在场上不准有吵闹、谩骂、甩护具等任何表示不满的行为。每场比赛未宣布比赛结果前，运动员不得退场（因伤需急救者除外）。

（三）比赛时，每名教练员只能代表所报名单位，坐在指定位置进行现场指导，并只能带一名队医或助手协助工作。

（四）运动员严禁使用兴奋剂，局间休息时不得吸氧。

第二节　裁判人员及其职责

第十一条　裁判人员的组成

（一）总裁判长 1 人，副总裁判长 1 ~2 人。裁判长、副裁判长各 1 人。

（二）台上裁判员 1 人，边裁判员 3 人或 5 人。根据比赛需要，可设 2 ~3 组裁判员轮流执裁。

（三）记录员、计时员各 1 人。

（四）编排记录长 1 人。

（五）检录长 1 人。

第十二条　辅助裁判人员的组成

（一）编排记录员 2 ~4 人。

（二）检录员 4 ~6 人。

（三）医务监督 1 人，医务人员 2 ~3 人。

（四）宣告员 1 ~2 人。

（五）电子计分系统操作员 2 ~3 人。

第十三条　裁判人员的职责

（一）总裁判长

1. 负责组织裁判人员学习竞赛规程、规则和裁判法。

2. 检查落实场地、器材、比赛用具及称量体重、抽签、编排等有关竞赛的准备工作。

3. 根据竞赛规程、规则的要求，解决竞赛中的有关问题。但不能修改竞赛规程和规则。

4. 每场比赛，运动员因弃权变动秩序，应及时通知裁判长、编排记录长和宣告员。

5. 比赛中指导各裁判组的工作，根据需要可以调动裁判人员。

6. 负责检查裁判员执行规则的情况。裁判组出现有争议的问题，有权做出最后决定。

7. 审核、签署和宣布比赛成绩。

8. 向组委会提交本次比赛书面总结。

（二）副总裁判长

协助总裁判长工作，总裁判长缺席时，可代行其职责。

（三）裁判长

1. 负责本组裁判员的学习和工作安排。

2. 比赛中监督和指导裁判员、计时员、记录员的工作。

3. 台上裁判员有明显错判、漏判时，鸣哨提示改正。

4. 边裁判员出现明显错判，宣布结果前征得总裁判长同意后可以改判。

5. 根据临场运动员的情况和记录员的记录，处理优势胜利、下台、处罚、强制读秒等有关规定事宜。

6. 每局比赛结束后，宣告比赛结果。

7. 每场比赛结束时审核比赛成绩签名。

（四）副裁判长

协助裁判长工作，根据需要可以兼任其他裁判员的工作。

（五）台上裁判员

1. 检查场上运动员的护具，保障比赛安全。

2. 用口令和手势指挥运动员进行比赛。

3. 判定运动员倒地、下台、犯规、消极、强制读秒等有关事宜。

4. 宣布每场比赛结果。

（六）边裁判员

1. 根据规则评判运动员的得分。

2. 每局比赛结束后，根据裁判长信号，同时、迅速显示胜方色别标志。

3. 每场比赛结束后，在记分表上签名并保存，以备检查核实。

（七）记录员

1. 赛前认真将有关信息填入记录表。

2. 参加称量体重的工作，并将每名运动员的体重填入每场比赛的记录表。

3. 根据台上裁判员的口令和手势，记录运动员被警告、劝告、下台、消极搂抱、消极 5 秒、强制读秒的次数。

4. 记录边裁判员每局的评判结果，确定胜负后报告裁判长。

（八）计时员

1. 赛前检查铜锣、计时钟，核准秒表。

2. 负责比赛、暂停、读秒、局间休息的计时。

3. 每局赛前 10 秒钟鸣哨通告。

4. 每局比赛结束鸣锣通告。

5. 无电子计分系统的情况下，每局比赛结束时，宣读边裁判员的评判结果。

（九）编排记录长

1. 负责运动员资格审查，审核报名表。

2. 负责组织抽签，编排每场比赛秩序表。

3. 准备比赛中所需要的表格，审查核实成绩，录取名次。

4. 登记和公布各场比赛成绩。

5. 统计和收集有关材料，汇编成绩册。

（十）编排记录员

根据编排记录长分配的任务进行工作。

（十一）检录长

1. 负责称量运动员体重。

2. 负责护具的准备与赛中护具的管理。

3. 赛前 20 分钟负责召集运动员检录。

4. 检录时，如出现运动员不到或弃权等问题，及时报告总裁判长。

5. 按照规则的要求，检查运动员的服装和护具。

（十二）检录员

根据检录长分配的任务进行工作。

（十三）宣告员

1. 简要介绍竞赛规程、规则和有关的宣传材料。

2. 介绍上场裁判员、运动员。

3. 宣告比赛结果。

（十四）医务监督员

1. 审核运动员《体格检查表》。

2. 负责赛前对运动员进行体检抽查。

3. 负责临场伤病的治疗与处理。

4. 负责因犯规造成运动员受伤情况的鉴定。

5. 负责竞赛中的医务监督，对因伤病不宜参加比赛者，应及时向总裁判长提出其停赛建议。

6. 配合兴奋剂检测人员检查运动员是否使用违禁药物。

（十五）电子计分系统操作员

负责与电子计分系统操作相关的工作。

第三节　仲裁委员会及其职责与申诉

第十四条　仲裁委员会的组成

由主任、副主任、委员 3 人或 5 人组成。

第十五条　仲裁委员会的职责

（一）仲裁委员会在大会组委会的领导下进行工作。主要受理参赛队对裁判人员有关违反竞赛规程、规则的判决结果有不同意见的申诉。

（二）受理参赛队对裁判执行竞赛规程、规则的判决结果有异议的申诉，但只限对本队判决的申诉。

（三）接到申诉后，应立即进行处理，不得耽误其他场次的比赛、名次的评定及发奖。裁决结果出来后，应及时通知有关参赛队。

（四）根据申诉材料提出的情况，必要时可以复审录像，进行调查。召开仲裁委员会讨论研究。开会时可以邀请有关人员列席参加，但列席人员无表决权。仲裁委员会出席人数必须超过半数以上做出的决定方为有效。表决票数相同时，仲裁委员会主任有终裁权。

（五）仲裁委员会成员不参加本人所在单位参赛队有牵连问题的讨论。

（六）对申诉提出的问题，经过严格认真复审，确认原判无误，则维持原判；如确认原判有明显错误，仲裁委员会提请比赛组委会对错判的裁判员按有关规定处理，不改变评判结果。仲裁委员会的裁决为最终裁决。

第十六条　申诉程序及要求

（一）运动队如果对裁判组的判决结果有异议，必须在该运动员比赛结束后15分钟内，由本队领队或教练向仲裁委员会提出书面申诉，同时交付1000元的申诉费。如申诉正确，退回申诉费；申诉不正确的，则维持原判，申诉费不退，作为优秀裁判员的奖励基金。

（二）各队必须服从仲裁委员会的最终裁决。如果无理纠缠，根据情节轻重，可以建议竞赛监督委员会、组委会给予严肃处理。

第四节　竞赛监督委员会及其职责

第十七条　竞赛监督委员会的组成

由主任、副主任、委员3或5人组成。

第十八条　竞赛监督委员会的职责

（一）监督仲裁委员会的工作。对于不能正确履行仲裁委员会职责，裁决运动队的申诉不公，有违反《仲裁委员会条例》的人员，视情节轻重，给予批评、教育、撤换乃至停止工作的处分。

（二）监督裁判人员的工作。对于不能正确履行自己的职责，不能严肃、认真、公正、准确的进行裁判，有明显违反规程、规则的行为者；有明显错判、漏判、反判的行为者；接受运动队的贿赂，以不正当的手段偏袒运动员者，视情节轻重，给予批评、教育、撤换、停止工作，乃至建议对其实施降级或撤销裁判等级的处分。

（三）监督参赛单位各领队、教练、运动员的行为。对于不遵守《赛区工作条例》《运动员守则》，不遵守竞赛规程、规则及赛场纪律，对参赛队行贿，运动员之间搞交易、打假赛等有关违纪人员，视情节轻重，给予批评、教育、通报、取消比赛成绩、取消比赛资格等处分。

（四）竞赛监督委员会听取领队、教练、运动员、仲裁人员、裁判人员对竞赛过程中的各种反映及意见，保证竞赛公正、准确、圆满、顺利地进行。

（五）竞赛监督委员会不直接参与仲裁委员会、裁判人员职责范围内的工作，不干涉仲裁委员会、裁判人员正确履行自己的职责，不介入判决结果的纠纷，不改变裁判组的判决结果和仲裁委员会的裁决结果。

第五节　技法要求、得分标准与判罚

第十九条　可用方法

可以使用武术的各种拳法、腿法和摔法。

第二十条　禁用方法

（一）用头、肘、膝和反关节技法攻击对方。

（二）用迫使对方头部先着地的摔法或有意砸压对方。

（三）用任何方法攻击倒地方的头部。

第二十一条　得分部位

头部、躯干、大腿。

第二十二条　禁击部位

后脑、颈部、裆部。

第二十三条　得分标准

（一）得 2 分

1. 一方下台，另一方得 2 分。

2. 一方倒地，站立者得 2 分。

3. 用腿法击中对方头部、躯干得 2 分。

4. 用主动倒地的动作致使对方倒地，而自己顺势站立者，得 2 分。

5. 一方被强制读秒一次，另一方得 2 分。

6. 一方受警告一次，另一方得 2 分。

（二）得 1 分

1. 用拳法击中对方头部、躯干得 1 分。
2. 用腿法击中对方大腿得 1 分。
3. 运动员被指定进攻后达 5 秒钟仍不进攻时，另一方得 1 分。
4. 一方主动倒地 3 秒钟不起立，另一方得 1 分。
5. 一方受劝告一次，另一方得 1 分。

（三）不得分

1. 方法不清楚，效果不明显，不得分。
2. 双方下台，互不得分。
3. 双方倒地，互不得分。
4. 一方用方法主动倒地，另一方不得分。
5. 抱缠中击中对方，不得分。

第二十四条　犯规与罚则

（一）技术犯规

1. 消极搂抱对方。
2. 背向对方逃跑。
3. 处于不利状况时举手要求暂停。
4. 有意拖延比赛时间。
5. 上场不戴或有意吐落护齿、松脱护具。
6. 比赛中对裁判员有不礼貌的行为或不服从裁判。
7. 运动员相互抱缠超过 2 秒钟时不听从台上裁判员“分开”的口令。

（二）侵人犯规

1. 在口令“开始”前或喊“停”后进攻对方。
2. 击中对方禁击部位。
3. 以禁用方法击中对方。
4. 用方法故意致使对方受伤部位的伤情加重对方。
5. 在“分开”口令后没有后撤即主动进攻对方。

（三）罚则

1. 每出现一次技术犯规，劝告一次。

2. 每出现一次侵人犯规，警告一次。

3. 侵人犯规达 3 次，取消该场比赛资格。

4. 运动员故意伤人，取消其比赛资格，所有成绩均无效。

5. 运动员使用违禁药物或局间休息时吸氧，取消其比赛资格，所有成绩均无效。

第二十五条 暂停比赛

（一）运动员倒地或下台时。

（二）运动员犯规受罚时。

（三）运动员被提示时。

（四）运动员受伤时。

（五）运动员主动倒地超过 3 秒钟时。

（六）运动员被指定进攻超过 5 秒钟仍不进攻时。

（七）运动员举手要求暂停时。

（八）裁判长纠正错判、漏判时。

（九）当场上出现问题或险情时。

（十）因灯光、场地、电脑评分系统故障等客观原因影响比赛时。

第六节 胜负评定与名次评定

第二十六条 胜负评定

（一）优势胜利评定

1. 比赛中，双方实力悬殊，判技术强者为该场胜方。

2. 比赛中，一方被重击倒地不起达 10 秒，或虽能站立，但知觉失常，判另一方为该场胜方。

3. 一场比赛中，一方被重击强制读秒达 3 次，判另一方为该场胜方。

4. 一局比赛中，双方运动员得分相差达 12 分时，判得分多者为该场胜方。

（二）每局胜负评定

1. 每局比赛结束时，依据边裁判员的评判结果，判定每局胜负。

2. 一局比赛中，一方受重击被强制读秒 2 次，另一方为该局胜方。

3. 一局比赛中，一方 2 次下台，另一方为该局胜方。

4. 一局比赛中，双方运动员得分相同时，判主动进攻技术强者为胜方。

（三）每场胜负评定

1. 一场比赛，先胜两局者为该场胜方。

2. 比赛中，运动员出现伤病，经医生诊断不能继续比赛者，判另一方为该场胜方。

3. 比赛中因一方犯规，另一方诈伤，经医务监督确诊后，判犯规一方为该场胜方。

4. 因对方犯规而受伤，通过医务监督检查确认不能继续比赛者，为该场胜方。但不得参加后面所有场次的比赛。

第二十七条　名次评定

（一）个人名次评定

1. 淘汰赛时，直接产生名次。

2. 循环赛时，积分多者名次列前，若两人或两人以上积分相同时，按下列顺序排列名次：

（1）负局数少者列前。

（2）受警告少者列前。

（3）受劝告少者列前。

（4）体重轻者列前（以第一次称量体重为准）。

上述四种情况仍相同时，名次并列。

（二）团体名次评定

1. 名次分

（1）各级别录取前 8 名时，分别按 9、7、6、5、4、3、2、1 的得分计算。

（2）各级别录取前 6 名时，分别按 7、5、4、3、2、1 的得分计算。

2. 积分相同时的处理办法

两个或两个以上的团体分数相同时，按下列顺序排列名次：

（1）按个人获得第1名多的队名次列前；如再相同时，按个人获得第2名多的队名次列前，依次类推。

（2）受警告少的队名次列前。

（3）受劝告少的队名次列前。

如以上几种情况仍相同时，名次并列。

第七节　编排与记录

第二十八条　编 排

（一）编排原则

1. 以竞赛规程、参赛运动员总人数、各级别运动员人数和比赛的总时间为依据。

2. 同一级别、同一轮次的比赛，或同一级别，同一区域的比赛，应相对集中安排，条件要均等。

3. 一名运动员一天最多安排两场比赛，且不在同一单元进行，。

4. 同一单元的比赛由体重轻的级别开始，女子比赛列前。

（二）种子选手的设定

1. 种子选手及人数由竞赛规程确定。

2. 变动级别的运动员不能定为种子选手。

3. 种子选手不参加抽签，其名次顺序对应伦次表中的号码。

4. 种子选手名次并列时，抽签决定其位置。

第二十九条　记 录

（一）边裁判员根据得分标准和台上裁判员的评判，记录运动员的得分，每局比赛结束后将运动员的得分填入记分表中。

（二）记录员将警告、劝告、强制读秒、下台、消极搂抱、消极5秒、强制读秒分别进行记录。

（三）循环赛制时，编排记录组根据每场比赛的结果在记分表中为胜方计 2 分，负方计 0 分。因对方弃权获胜时，计 2 分，弃权者为 0 分。

第八节　口令与手势

第三十条　台上裁判员口令与手势

（一）抱拳礼

两腿并立，左掌右拳于胸前相抱，高与胸齐，手与胸之间距离为 20 ~ 30 厘米（图 1、图 1 附图）。

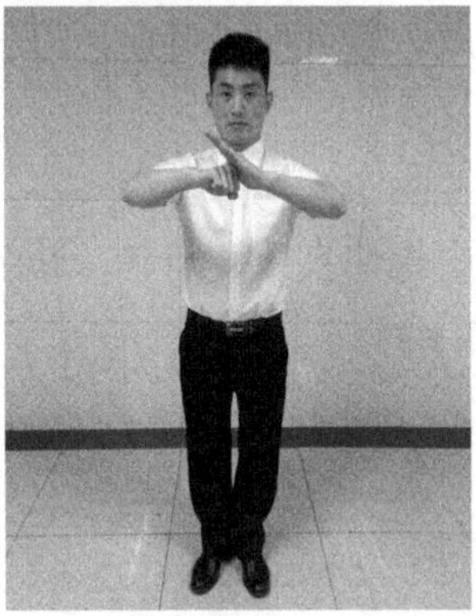

图 1

图 1 附图

（二）运动员上台

并步站在擂台中央成侧平举，掌心朝上指向双方运动员。掌心向上指向双方运动员，然后屈臂侧举成 90 度，掌心相对（图 2、图 3）。

（三）双方运动员行礼

双臂屈于体前，左掌盖于右拳背之上，示意运动员行礼（图 4）。

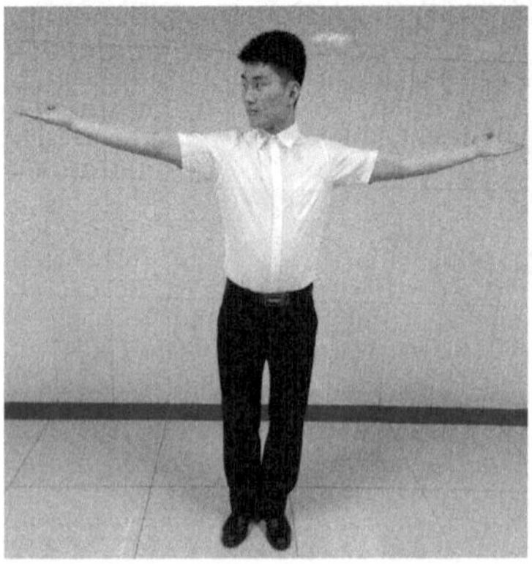
图2

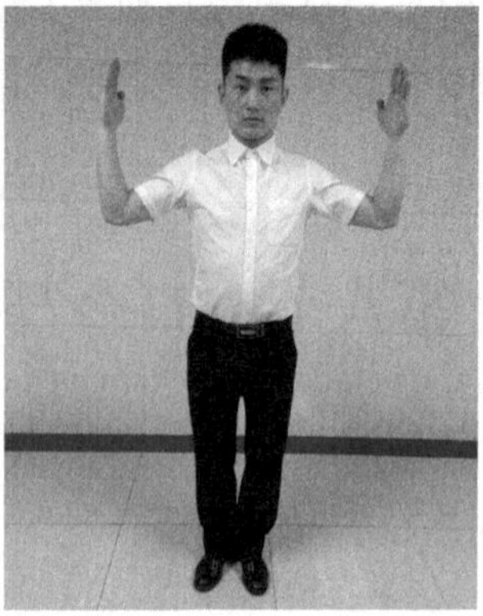
图3

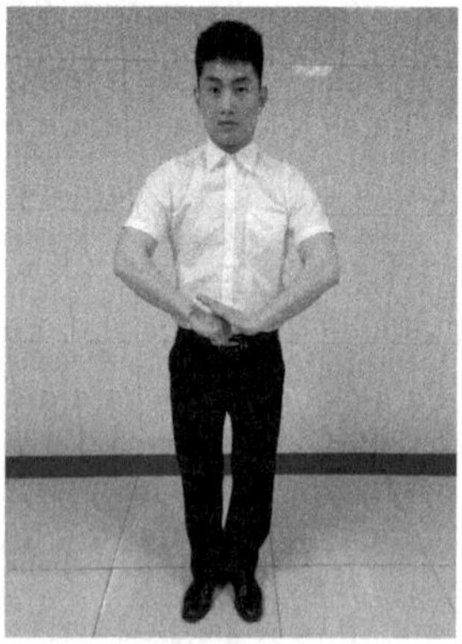
图4

（四）第一局

面向裁判长席，一手直臂向前上举，食指竖起，其余四指弯曲，另一臂侧平举，掌心向下；两腿成弓步状（图5）。

（五）第二局

面向裁判长席，一手直臂向前上举，食指、中指伸直分开竖起，其余三指弯曲，另一臂侧平举，掌心向下；两腿成弓步状（图6）。

（六）第三局

面向裁判长席，一手直臂向前上举，拇指、食指、中指分开竖起，其余两指弯曲，另一臂侧平举，掌心向下，两腿成弓步状（图7）。

（七）“预备——开始”

立于双方运动员中间，两腿成弓步状，在发出“预备”口令的同时，两臂伸直，仰掌指向双方运动员（图8）。在发出“开始 ”口令的同时两手俯掌向内合于腹前，前腿自然后腿（图9）。

（八）“停”

在发出“停”的口令同时两腿成弓步状，立掌单臂伸向双方运动员中间，另一臂自然垂于体侧（图10）。

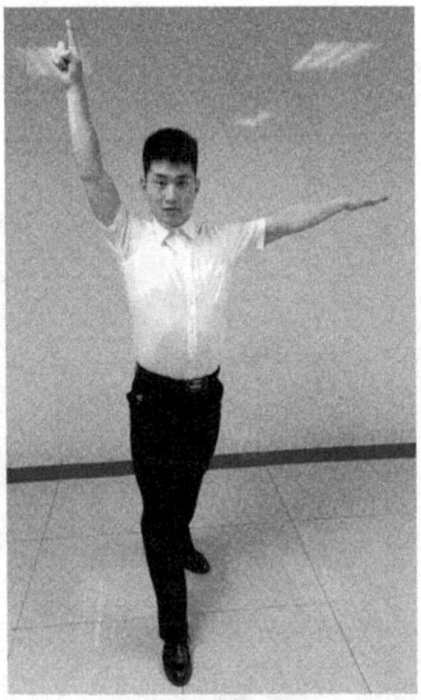

图5

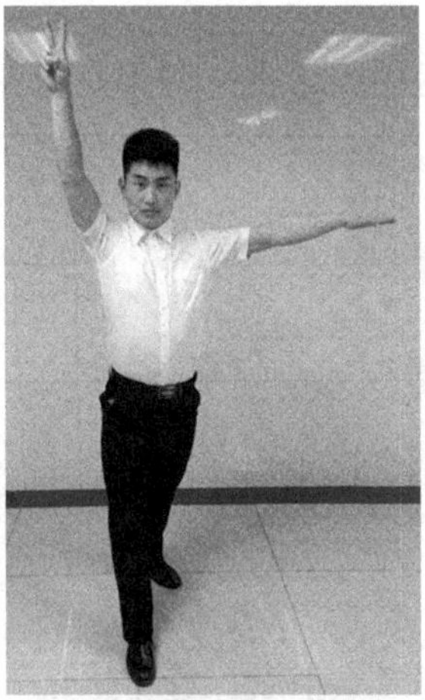

图6

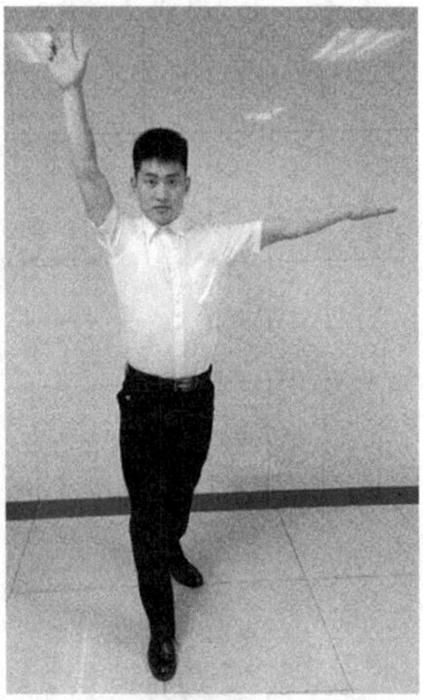

图7

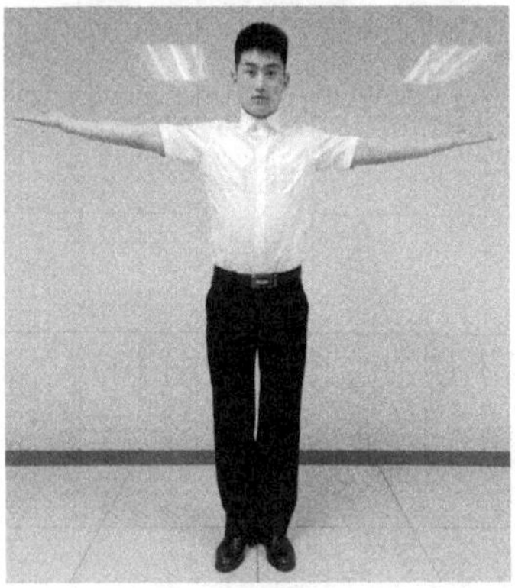

图8

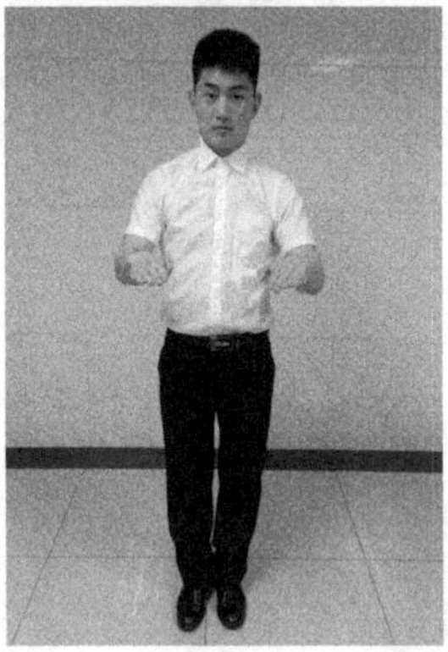

图9

图10

（九）分开

在发出“分开”口令的同时，两臂前平举，掌心相对（图11）。

（十）指定进攻

一臂自然垂于体侧，另一臂伸向双方运动员中间，拇指伸直，其余四指弯曲，手心向下，在发出“某方”口令的同时，向拇指方向横摆；两腿成弓步状（图12）。

（十一）消极5秒

一臂伸直仰掌指向消极运动员，另一臂伸直上举，手指自然分开、伸直（图13）。

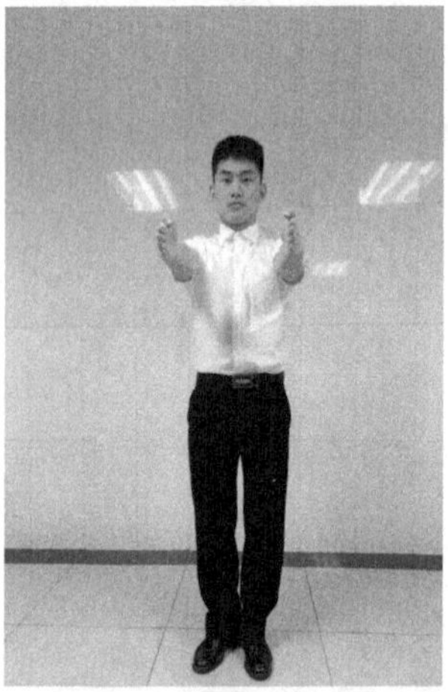

图11

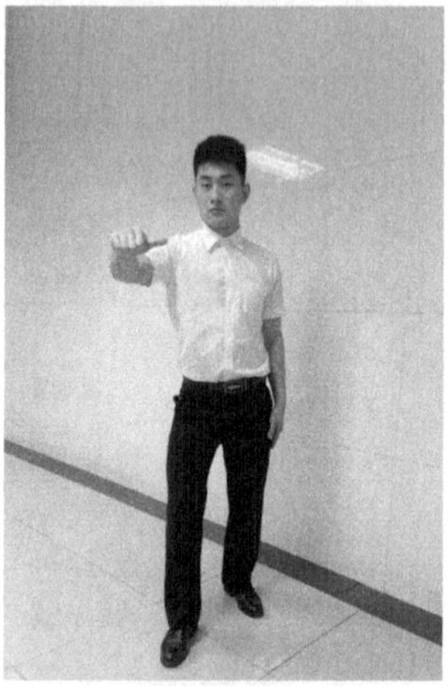

图12

图13

（十二）消极搂抱

一臂伸直仰掌指向消极一方运动员，然后双手环抱于体前（图14、图15）。

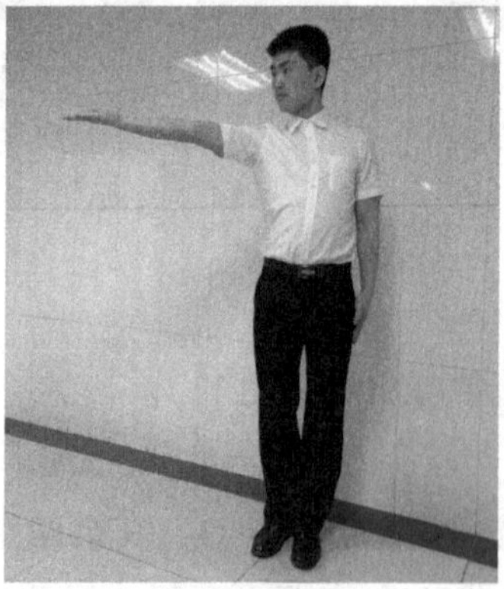

图14

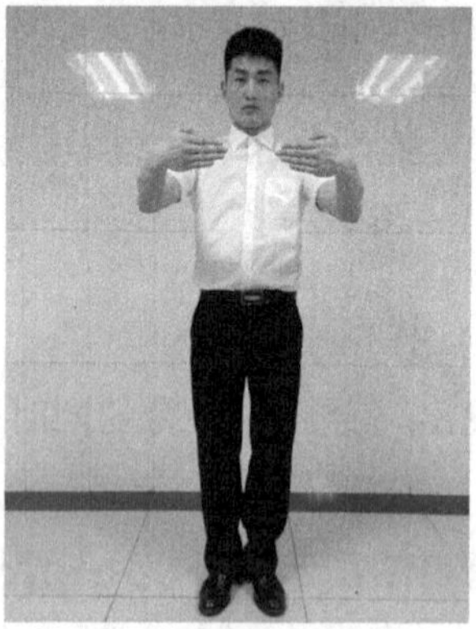

图15

（十三）消极提示

一臂伸直仰掌指向消极一方运动员，然后双手环抱于体前，在伸出一手，手臂自然弯曲，食指伸直，其余四指弯曲，掌心向外（图16～图18）。

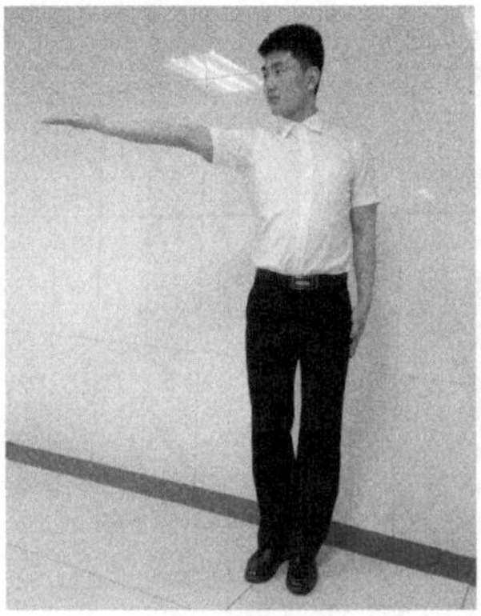

图16

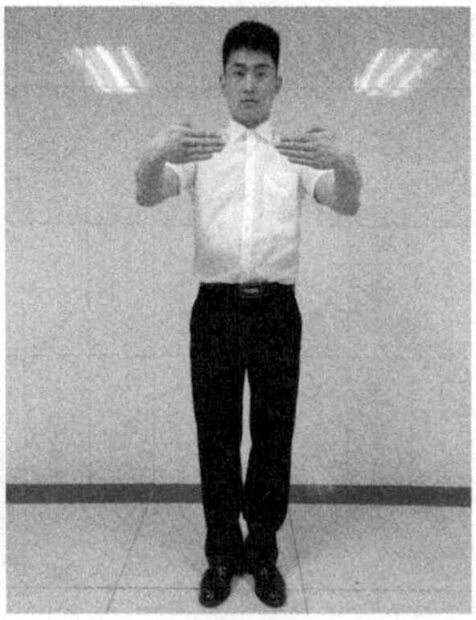

图17

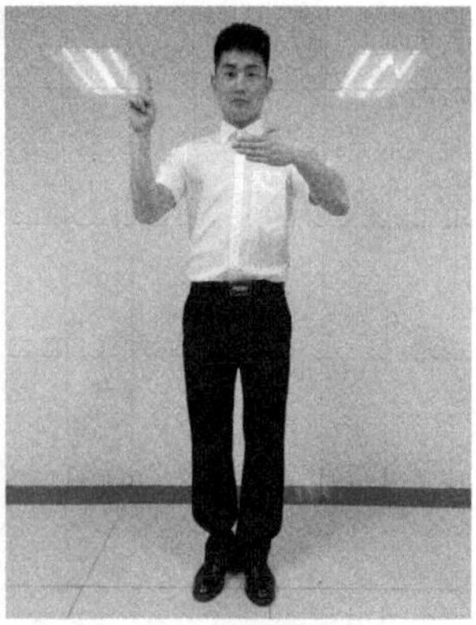

图18

（十四）消极提示

一臂伸直仰掌指向消极一方运动员，另一手拇指、食指、中指自然分开，食指伸直，其余两指弯曲，掌心向后，自腹前向外横摆于体侧（图19）。

（十五）倒地

一臂伸直仰掌指向倒地一方运动员，另一臂屈于体侧，掌心朝下（图20）。

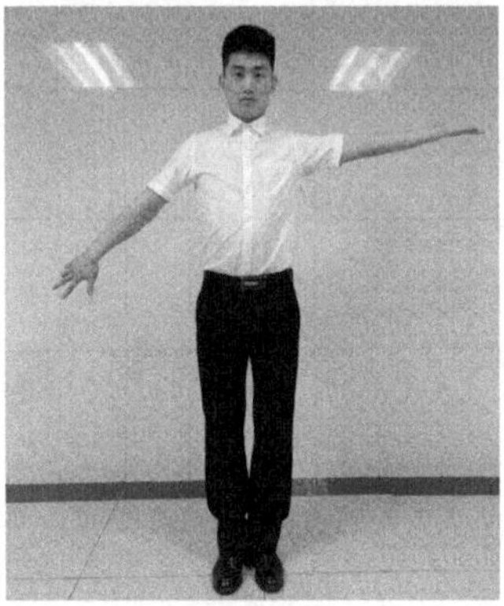

图19

图20

（十六）一方下台

一臂前平举仰掌指向下台一方运动员，另一手立掌，手心向前，向前平推；两腿成弓步状（图 21、图 22）。

图 21

图 22

（十七）双方下台

双手立掌，手心朝前，向前平推伸直；两腿成弓步状（图 23）。然后屈臂上举于体前成 90 度，掌心朝后，前脚后撤成并步直立（图 24）。

图 23

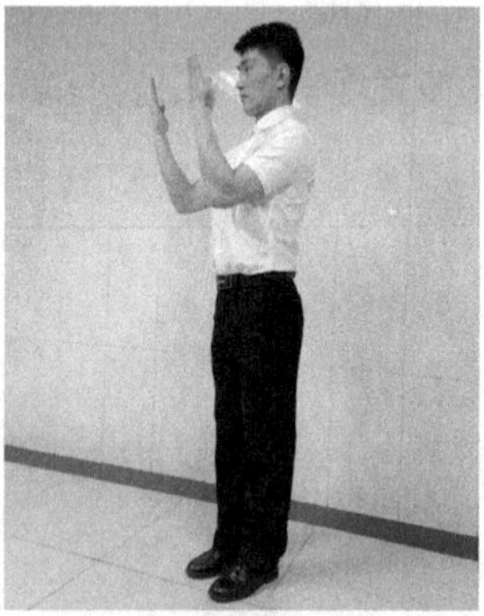

图 24

（十八）读秒

面对运动员，屈臂握拳于体前，拳心向前，从一手拇指至小指与口令同时依次张开（图 25、图 26）。

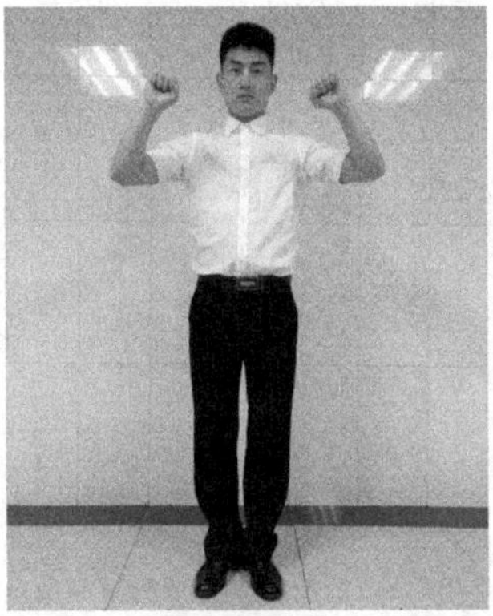

图 25

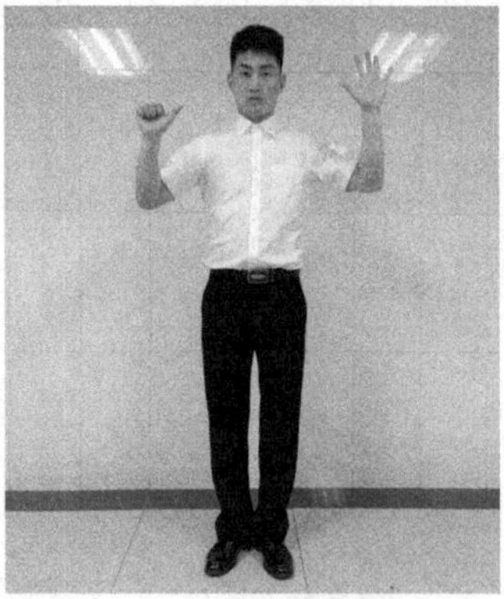

图 26

（十九）强制读 8 秒钟

单臂指向裁判台，拇指竖直，其余四指弯曲，另一臂侧平举指向被读秒的运动员；两腿成弓步状（图 27）。

（二十）踢裆

一臂伸直仰掌指向犯规一方运动员，另一手掌心向内，摆至裆前（图 28）。

图 27

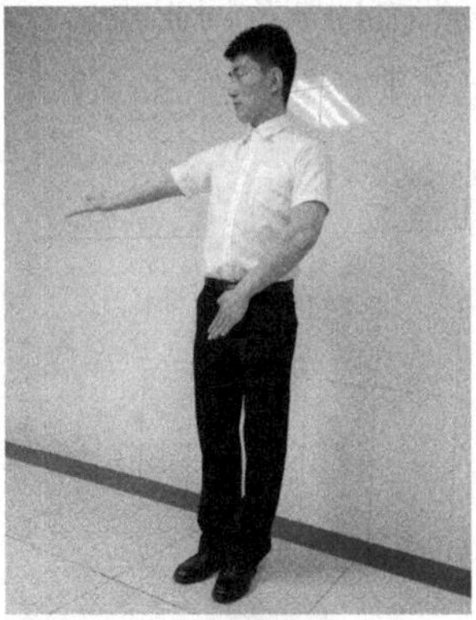

图 28

（二十一）击后脑

一臂伸直仰掌指向犯规一方运动员，另一手俯按于后脑（图 29）。

（二十二）肘犯规

一臂伸直仰掌指向犯规一方运动员，然后两臂屈于胸前，一手俯盖于另一肘部（图30、图31）。

图29

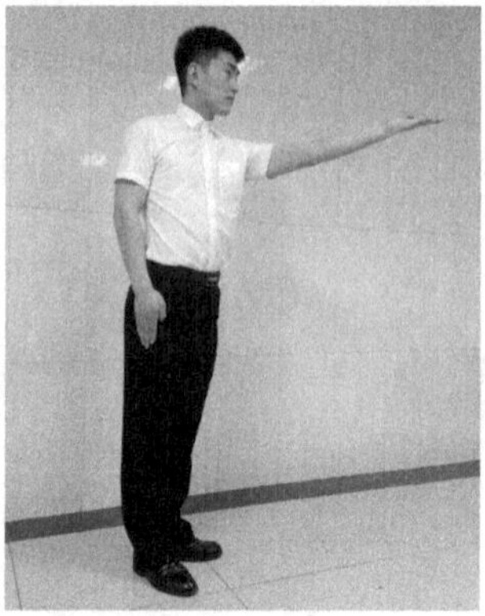

图30

图31

（二十三）膝犯规

一臂伸直仰掌指向犯规一方运动员，然后提膝，用另一手拍膝关节（图32）。

（二十四）警告

一臂伸直仰掌指向犯规一方运动员，在示出犯规现象后，另一臂屈臂90度握拳上举于体前，拳心朝后（图33）。

图32

图33

（二十五）劝告

一臂伸直仰掌指向犯规一方运动员，在示出犯规现象后，另一臂屈臂 90 度立掌上举于体前，掌心朝后（图 34）。

（二十六）取消比赛资格

面对被取消资格的运动员，两手握拳，两前臂交叉于胸前（图 35）。

图 34

图 35

（二十七）无效

两臂伸直，在腹前交叉摆动（图 36 ~ 图 38）。

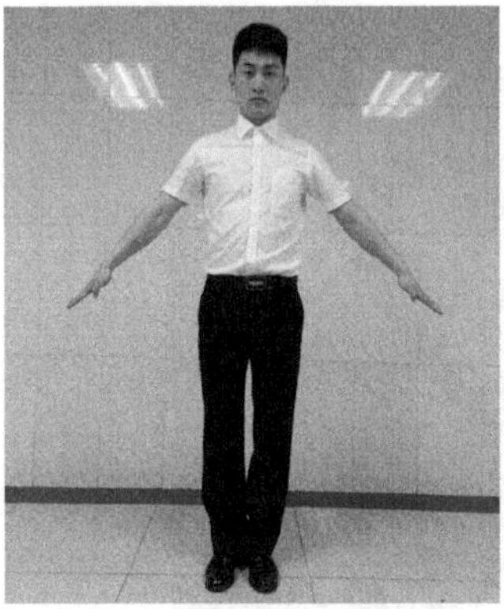

图 36

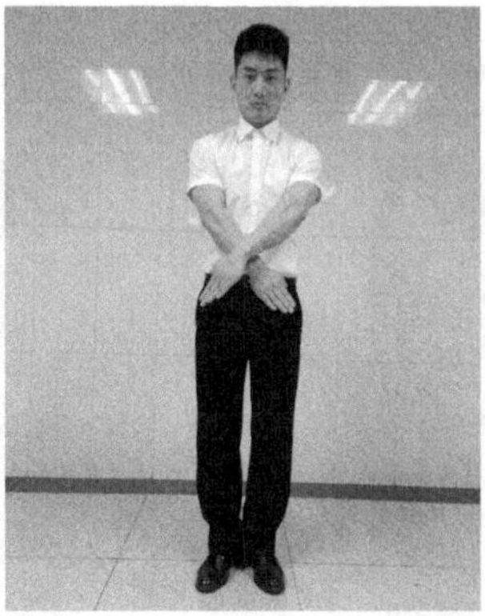

图 37

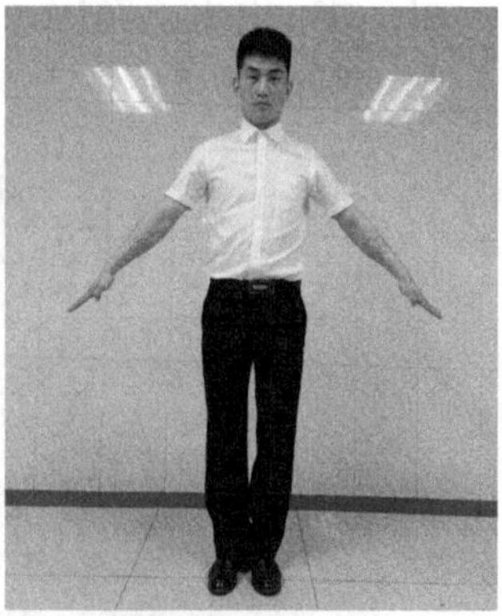

图 38

（二十八）禁止不文明语言

一臂伸直，虎口张开指向语言不文明的面运动员或教练员，然后拇指与四指合闭（图39）。

（二十九）急救

面对大会医务席，两手立掌，两前臂在胸前成“十”字型（图40）。

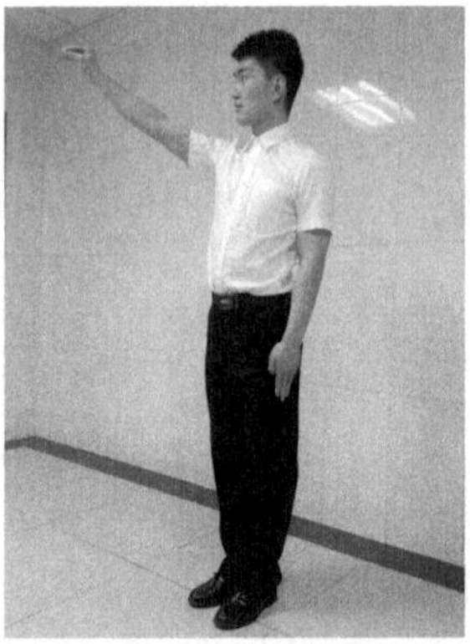

图39

图40

（三十）休息

两臂侧平举仰掌，指向双方运动员休息处（图41）。

（三十一）交叉站位

并步站立于擂台中央，两臂伸直在腹前交叉（图42）。

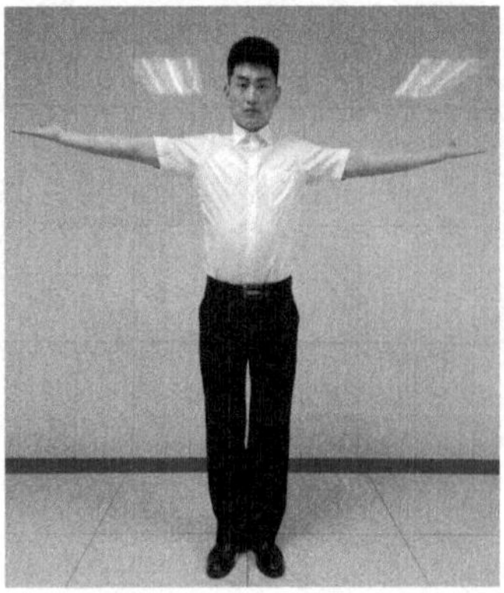

图41

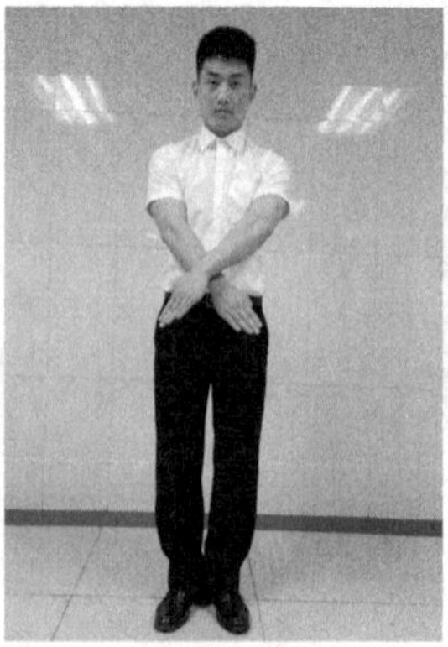

图42

（三十二）获胜

平行站于两名运动员中间，两手分别握住双方运动员的手腕，将获胜运动员手腕上举（图 43）。

图 43

第三十一条　边裁判员手势

（一）下台或倒地

一手食指伸直向下，其余四指弯曲（图 44）。

（二）没下台或没倒地

一手立掌，左右摆动 1 次（图 45）。

（三）没看清

双手仰掌由体前向外屈肘平摆（图 46）。

图 44

图 45

图 46

第九节　场地与器材

第三十二条　场地

（一）比赛场地为高 80 cm，长 800cm，宽 800 cm 的擂台，台面上铺有软垫；软垫上铺有盖单，台中心画有直径 120cm 的中国武术协会的会徽。台面边缘有 5cm 宽的红色边线，台面四边向 90cm 处画有 10cm 宽的黄色警戒线。

（二）台下四周铺有高 30cm、宽 200cm 的保护软垫。

第三十三条　器材

电子评分系统一套。

（二）武术散打比赛色别牌图示

（三）单循环赛轮次表（3 人）

附：武术散打竞赛常用图表

（一）武术散打比赛场地平面示意图

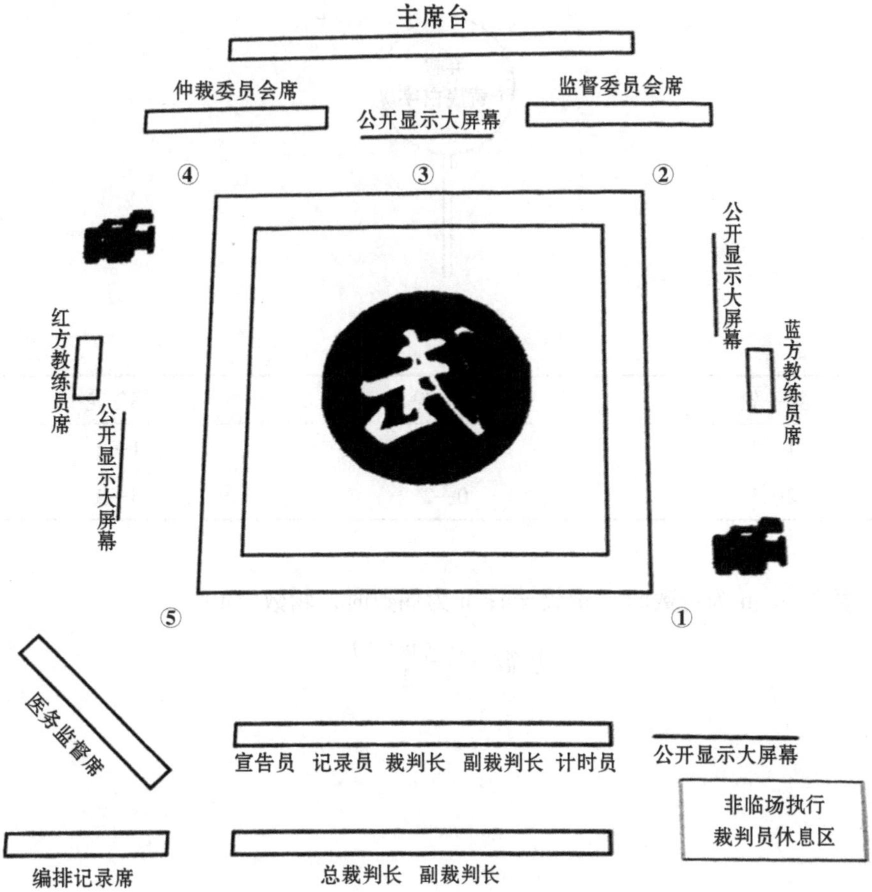

注：①②③④⑤为边裁判员席，图标  为仲裁摄像席。

（二）武术散打比赛色别牌图示

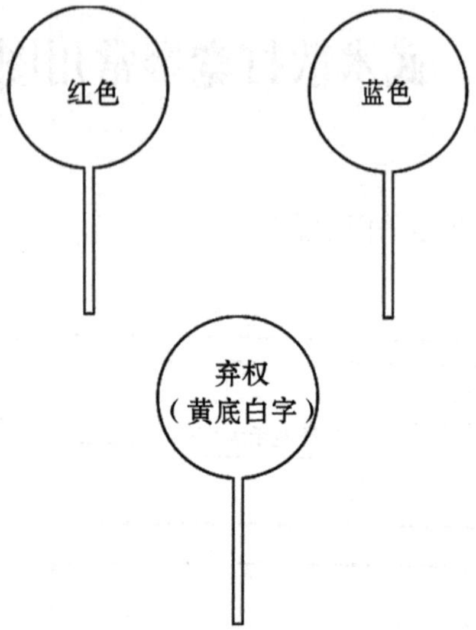

第一轮	第二轮	第三轮
1—0	1—3	1—2
2—3	0—2	3—0

人数为 n。n 为奇数时，轮数 = n；n 为偶数时，轮数 = n - 1。

$$场数 = \frac{N\ (n-1)}{2}$$

（四）单败淘汰赛轮次表（8 人）

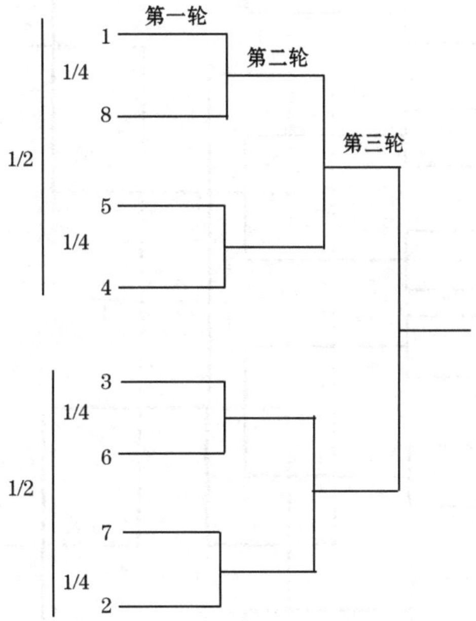

（五）单败淘汰赛轮次表（16 人）

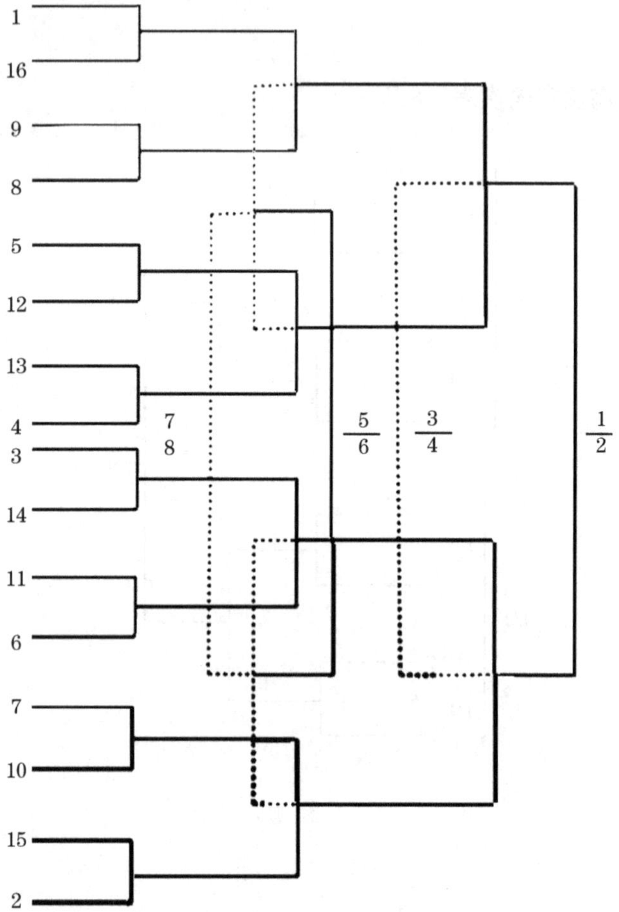

（六）双败淘汰赛轮次表（16 人）

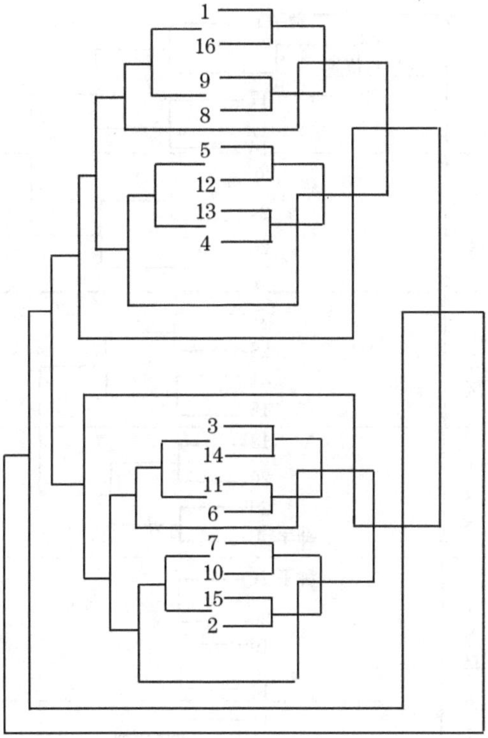

（七）单败淘汰赛分区、抢号及种子位置表（32 人）

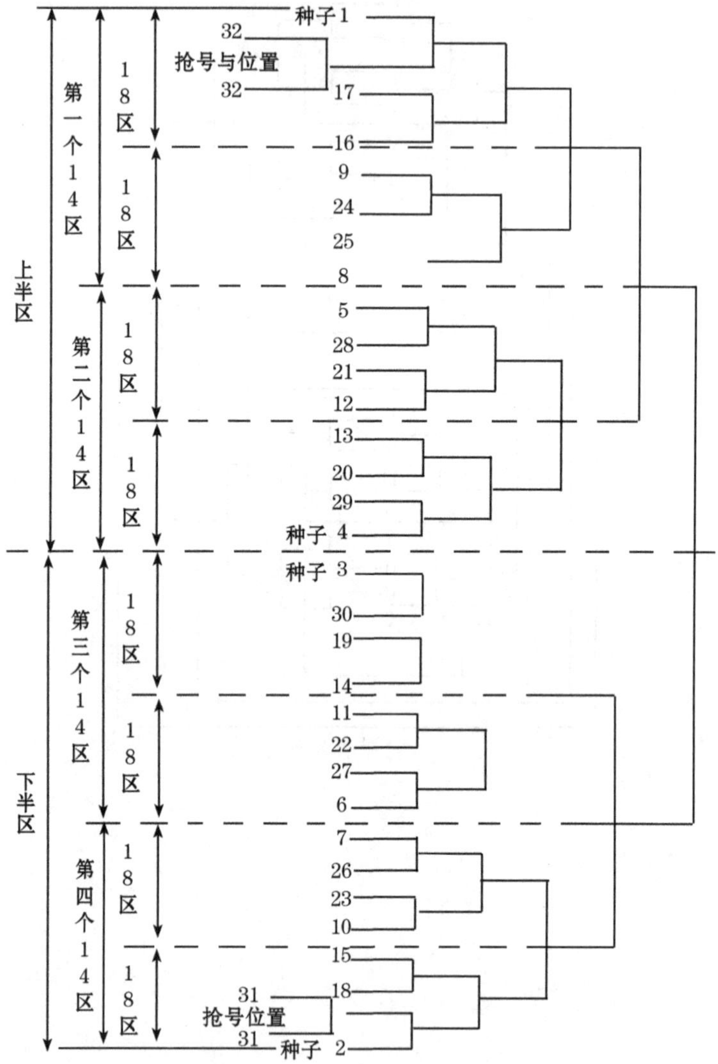

（八）竞赛日程表

年 月 日 第 单元

场数： 时间：

级别	性别	场数	轮次	备注

（九）比赛出场表

时间： 年 月 日 第 单元 地点：

级别	序号	红方		成绩	蓝方		备注
		姓名	队别		姓名	队别	

续表

级别	序号	红方		成绩	蓝方		备注
		姓名	队别		姓名	队别	

总裁判长：　　　　　　　　　　　　　　　　　　　　编排记录长：

（十）比赛报名表

队名：　　　　领队：　　　　教练员：　　　　　　　　医生：

序号	姓名	性别	出生年月	体重	48 kg	52 kg	56 kg	60 kg	65 kg	70 kg	75 kg	80 kg	85 kg	90 kg	100 kg	100kg 以上	备注

医院章：　　　　　　单位章：　　　　　　　　　年　月　日

（十一）单循环赛积分成绩表（3 人）

	1 （姓名）	2 （姓名）	3 （姓名）	积分	负局数	警告	劝告	体重	名次	备注
1 （姓名）										
2 （姓名）										
3 （姓名）										

编排记录长：__________　　总裁判长：__________

年　月　日

（十二）记录表

级别__________　红方__________　体重__________　蓝方__________　体重__________

判罚 色别 局数		警告	劝告	下台	消极 搂抱	消极 5 分钟	强制 读秒	边裁 （1）	边裁 （2）	边裁 （3）	边裁 （4）	边裁 （5）	每局 胜负	备注
第一局														
第二局														
第三局														
比赛结果		胜方：红（　）　　蓝（　）												

裁判长________　记录员________　________年________月________日　第________场

（十三）记分表

级别　　　　　　　　　　　　　　　　　　　　　　　第________号裁判员

色别	姓名	队名	第一局	第二局	第三局
红方					
蓝方					
比赛结果：			胜方：红方（　）		蓝方：（　）

签名　　　　比赛时间　　　　年　月　日　　　　　　　　　　　第　场

第八章　武术散打竞赛裁判法

第一节　裁判人员职责的履行

一、对裁判员的要求

（一）具有良好的职业道德

裁判员必须严格遵守《裁判员守则》《武术裁判员管理办法》及各项规章制度，遵纪守法。在裁判工作中，坚持原则，不徇私情；勤奋工作，不为名利；相互支持，协调配合。

（二）严格执行竞赛规则

裁判员必须以《武术散打竞赛规则》为准绳，保证运动员在同等的条件下公平、公正地竞赛。

（三）不断提高业务水平

裁判人员应熟悉和掌握武术散打的技术，研究和探讨武术散打技、战术的发展趋势，总结和分析在比赛过程中出现的或可能出现的新情况、新问题，不断丰富自己的实践经验，提高理论素养。

（四）保持健康的身体

武术散打比赛，工作强度大、时间长，裁判人员只有身体健康，精神饱满，体力充沛，才能保证在裁判工作中头脑清醒，反应敏捷，判罚准确。

二、总裁判长的工作

（一）比赛前的工作

1. 学习掌握竞赛规程及有关的补充规定。
2. 明确裁判人员的分工。
3. 制定裁判人员工作日程表。
4. 召集裁判员会议，组织裁判员学习。
5. 检查指导各组的准备工作。
6. 参加组委会及相关技术性会议，解答竞赛中的有关问题。
7. 检查比赛场地、器材、护具、用具等落实情况。

（二）比赛中的工作

1. 全面负责各裁判组的工作。
2. 解决临场出现的有关问题。
3. 进行赛后小结，提出改进裁判工作的意见。

（三）比赛后的工作

1. 审核、签署和宣布比赛成绩。

2. 总结裁判工作。

副总裁判长协助总裁判长工作，总裁判长缺席时可代行其职责。

三、裁判长的工作

（一）比赛前的工作

1. 组织裁判组学习规则、裁判法。

2. 领取和检查裁判用具（裁判员的服装、记录记分表、秒表、铜锣、哨子等）。

3. 抽签确定或者安排临场执行裁判员。

（二）比赛期间工作

1. 监督计时员、计分员的工作实施情况。
2. 对台上裁判员的明显错判、漏判，及时鸣哨予以纠正。
3. 边裁判员出现反判，向总裁判长出示记分并征得同意后，可以改判。
4. 发现场地、器材、护具等问题时，可以暂停比赛，予以处理。
5. 宣布每局比赛结果，同时出示胜方色别牌。
6. 审核、签署该场比赛成绩。

（三）比赛后的工作

1. 每一个单元比赛结束后，召集本组裁判员进行小结。
2. 比赛全部结束后，负责收缴裁判员的裁判用具。

四、台上裁判员的工作

（一）工作的内容与方法

1. 必须熟练口令与手势，执裁时要做到口令清楚，声音洪亮，动作规范。

2. 检查自己的着装，不能戴手表、首饰及任何金属硬件上台。

3. 听到第一局准备开始的通告后迅速上台，站在擂台的中央，面向主席台行抱拳礼，再转身向裁判长行抱拳礼，随后向双方运动员示出“上台”手势并令其站在本人的左右侧。介绍运动员时两手放在背后自然站立。

4. 检查双方运动员的拳套、护具，然后退步并示意双方运动员互相行抱拳礼。

5. 面向裁判长做出表示局数的手势，待裁判长示意后，下达“预备—开始”的口令。

6. 根据场上情况及时喊“分开”“停”和“开始”等口令。

7. 每一局结束的锣声一响即刻喊“停”，随后做出“休息”手势，双方、运动员下台休息的同时回到裁判员休息处。

8. 裁判长宣布比赛的结果前，迅速上台，面向裁判长以“上台”手势示意双方运动员上台，运动员交换位置站在本人两侧，双手分别握住双方运动员的手腕。待裁判长宣布比赛结果后，即将获胜方手臂上举。

（二）注意事项

1. 台上裁判员的站位及移动路线

台上裁判员与双方运动员一般应保持等腰三角形，靠近台面警戒线侧身移动，尽量避免挡住裁判长和边裁判员的视线。根据运动员动作的不断变化，相应地调整与双方运动员之间的距离。当运动员抱缠互摔互打时、消极需要指定进攻时、外界干扰影响听口令时、体力明显下降时、双方技术悬殊时，应适当靠近运动员，保证运动员的安全和比赛的正常进行。总之，台上裁判员应始终保持积极主动的状态，表现出机智、果断、沉稳的风格。

2. 台上裁判员口令与手势的使用

（1）“预备—开始”的口令与手势仅限于每一局比赛开始时使用。喊“停”后的“开始”，省去“预备”，直接“开始”。

（2）“读秒”时，间隔的时间应为 1 秒钟，并辅以手势。

五、边裁判员的工作

（一）工作的内容与方法

1. 检查着装、评分表、计分器、笔、色别牌等裁判用具。

2. 入场后，面对擂台成立正姿势站在裁判台左侧，当自己被介绍时，上前一步行抱拳礼，然后退回原位，待裁判长示意后，迅速坐下，准备工作。

3. 根据方法清楚、击中明显的原则，按照得分标准和台上裁判员的判罚，为双方运动员记录得分。

4. 无电子记分器时，每局比赛结束应尽快计算双方运动员的得分，得出结果后目视裁判长，听到鸣哨信号后，即刻单手上举胜方色别牌。

5. 每场比赛结束，在记分表上填写清楚，以备核查。

6. 边裁判员交换时，互敬抱拳礼。退场裁判员站在裁判台右侧，上场裁判员站在裁判台左侧。

7. 比赛开始和结束，在裁判长带领下统一入场、退场。

（二）注意事项

1. 边裁判员在记分过程中，将注意力平均分配，不能集中到某一方运动员。

2. 第二局或第三局的评分不应受第一局或第二局比赛结果的影响。

3. 依据台上裁判员的警告、劝告、倒地、下台、强制读秒等手势为另一方运动员加上相应的分数。如果裁判长改判了台上裁判员的判决，应根据台上裁判员改判后的手势为运动员记分。

六、记录员的工作

（一）工作的内容与方法

1. 准备好比赛用的记录表，熟悉表格的使用。

2. 根据每一单元的比赛顺序，将运动员的姓名、单位、级别、体重等填好。

3. 根据台上裁判员的手势记录双方运动员警告、劝告、下台、消极搂抱、消极 5 秒、强制读秒的次数。

4. 一局比赛中，一方被强制读秒或者下台 2 次；一场比赛中，一方被强制读秒或者受警告 3 次，应及时向裁判长报告。

5. 记录每局比赛边裁判员的评判结果。

6. 循环比赛时，根据台上裁判员宣布的比赛结果，在记录表中填写双方运动员的比赛成绩，胜方计 2 分，平局各计 1 分，负方计 0 分。因对方弃权而获胜者计 2 分、弃权者为 0 分。

（二）注意事项

1. 熟悉台上裁判的口令和手势，尤其是警告、劝告、下台、消极搂抱、消极 5 秒、强制读秒的手势。

2. 在记录表上填写运动员体重时，一定要填写至小数点后两位数。

七、计时员的工作

（一）工作的内容与方法

1. 检查哨子、铜锣，核准秒表，掌握“开表”“停表”“回表”等操作程序。

2. 比赛开始到结束，始终目视台上裁判员，随台上裁判员“开始”“停”的口令与手势，进行开表、停表计时。

3. 距每局比赛结束时间 5 秒时，一手计时一手持锣锤，做好鸣锣准备，到时即刻鸣锣。

锣声响后即停表、回表，并再次开表计时 1 分钟作为局间休息时间，至 50 秒钟时鸣哨通告，准备下一局比赛。

4. 台上裁判员为运动员读秒时，应同步起用计时器。此时，如比赛时间已到，也要等台上裁判员读秒结束后才能鸣锣。

（二）注意事项

1. 比赛中，要经常注意看表，以防失误，出现问题要立即报告裁判长。

2. 鸣哨、鸣锣，声音响亮，使全场能够听到。

八、编排记录长的工作

（一）工作的内容与方法

1. 审查记录员报名表、统计每个级别参赛人数。

2. 绘制竞赛日程表。

3. 编排比赛秩序册。

4. 组织抽签。

5. 参加称量运动员体重工作。

6. 准备比赛用的各种表格。

（1）记分表。

（2）记录表。

（3）比赛轮次表。

（4）比赛出场表。

7. 核实成绩，在下单元（场）开始前出示成绩公告。

8. 每一单元（场次）比赛结束后，编排、公告下一单元（场次）的比赛秩序。

9. 编制总成绩表（册）。

（二）注意事项

1. 遵循编排原则，考虑周密细致，统筹兼顾。

2. 编排、记录、计算成绩、录取名次，不得出差错。

3. 清理各种有关材料，做好存档工作。

编排记录员完成编排记录长分配的工作。

九、检录长的工作

（一）工作的内容与方法

1. 称量体重

（1）根据大会指定的人员、时间、地点称量体重。

（2）称量体重由小级别开始。每一个级别 1 小时内称完，称量时运动员只准穿短衣、短裤或裸体。

（3）采用公制计量器，计量至小数点后两位数。

（4）称量体重的结果除编排记录组保存外，分别交总裁判长，裁判长各一份以备查。

2. 提前到比赛场内检查比赛护具。

3. 赛前 20 分钟，召集运动员检录。第一次检录时发放护具；第二次检录时检查护具穿戴情况，并用胶布条封住拳套口后盖章；第三次检录后将运动员带入场地候场。若赛前检录运动员未到或弃权，应及时报告总裁判长。

4. 指导并监督运动员穿戴服装护具

（1）服装与护具颜色不相同者不准上场比赛。

（2）运动员不准赤膊或佩戴任何与比赛无关的饰品上场。

（3）运动员身体任何部位不得涂抹油脂性物质。

（4）拳套必须系紧，扣结只能在腕部的背面，并用胶布固定后盖章。

（5）运动员戴上护头后，额前头发不得外露，下颚扣结要固定，后脑扣结松紧要适度。

（6）运动员穿戴护胸松紧适度，扣结固定。

（7）运动员必须赤脚，护裆必须穿在短裤内。

（8）检查运动员的护齿。

5. 将运动员、教练员及队医带入场内指定位置。

6. 将备用护具放在场边，以备比赛损坏时置换。

（二）注意事项

1. 保证运动员及时上场，不影响比赛的顺利进行。
2. 赛后要及时回收、保管好比赛护具。

副检录长协助检录长工作。检录员完成检录长分配的工作。

十、宣告员的工作

（一）工作的内容与方法

1. 介绍竞赛规程、规则。
2. 宣布每一单元场次的开始或结束。
3. 介绍上场的裁判员、运动员。
4. 根据台上裁判员的评判，及时介绍比赛情况。
5. 根据比赛进程，结合规则简要介绍散打技术和得分情况。

（二）注意事项

（1）赛前将有关宣告内容整理成文字材料，交总裁判长审核。
（2）台上裁判员未宣布比赛结果前，不得提前宣告。
（3）未经总裁长或有关部门同意，不得擅自宣告与比赛无关的事宜。

十一、医务人员的工作

1. 审查各队《运动员体格检查表》。
2. 配合兴奋剂检测人员检查运动员是否服用违禁药物。
3. 根据台上裁判员的手势，及时为受伤运动员临场治疗。
4. 临场鉴定运动员是否受伤或诈伤。
5. 根据医务监督条例对不能继续比赛的运动员向大会提出停赛建议，并负责安排医疗救护事宜。

第二节　竞赛与裁判方法

一、每局比赛2分钟

是指每局除暂停之外的实际比赛时间。具体操作是：计时员只要听到台上裁判员喊“开始”的口令就立即开启计时表，台上裁判喊“停，就即刻停表，直至计时表累计达到2分钟时，计时员必须准时鸣锣通告本局比赛结束。

二、局间休息1分钟

是指每局之间的间歇时间。上一局比赛一结束，计时员即刻开始记局间休息时间。间歇时间至50秒时通知运动员上场准备比赛，局间休息满1分钟时，台上裁判员必须发出比赛“开始”的口令。

三、体重不符合报名级别

是指运动员在称量体重时的体重不够或超出所报级别规定的体重范围。例如，75千克级的运动员，体重必须大于70千克，小于或等于75千克，只要体重不在这个范围，就不准参加比赛。

四、无故弃权

是指未能按规定时间准时参加比赛，或不准时参加检录及检录后不上场比赛，或须称量体重时不参加称量体重等情况，被视为无故弃权。无故弃权则取消该运动员已取得的全部成绩。

五、禁击部位

是指运动员在比赛中规定不能被击打的身体部位。后脑，是指头部耳廓垂线以后的部位。颈部，是指人体第一椎骨以下、锁骨以上的部位。裆部，是指人体的阴部。

执裁时，台上裁判员要集中注意力，及时判断运动员的犯规行为并作出判罚决定，如果一时难以作出判定时，在喊“停”之后，要及时征求裁判长或就近边裁判员的意见，以确定是否击中禁击部位，而不能因运动员的“痛苦”表现干扰判罚。

六、得分部位

是指运动员击中了应予评分的部位。得分部位有：头部，是指除了后脑以外的面部和头两侧的部位。躯干，是指胸部，腹部，背部和腰部。大腿，是指髋关节以下，膝关节以上，包括臀部在内的部位。

值得注意的是，人体的肩部、上肢、小腿、脚跟、脚掌与脚背，既不是禁击部位，也不是得分部位，击中后既不能判犯规，也不能判得分。由肩部与胸、背连接，腰部与臀部连接，运动员击中在连接部位，很难判定准确。为了方便裁判，统一尺度，按照“方法清楚，效果明显”的计分原则，就低不就高处理。

例如：击中肩部与胸、背的连接部位不得分；击中大腿与小腿的连接部位，不得分；击中腰部与臀部的连接部位，得 1 分。

七、用头、肘、膝进攻对方

是指用以上部位主动发力攻击对方，属于犯规行为。一旦击中就须根据《规则》中的有关条文，给予“侵人犯规”的判罚。

由于武术散打比赛在许多情况下需要贴进对方，有时因对方进攻而出现低头、抬肘、提膝等防守动作时，触及了对方的身体但没有明显的发力，并且没有产生实际效果；有时在互相搂摔过程中，头、肘、膝触及对方的身体而没有明显的发力，凡类似情况不属于用头、肘、膝进攻对方。

八、用反关节技法攻击对方

是指采用方法固定对方关节前端并击打关节外侧，或迫使其关节超出正常活动范围的攻击动作。对抗实践证明，易被受到“反关节”攻击的人体关节主要是肘关节和膝关节。如果使用正常的攻防方法，虽然击中关节部位，但没有瞬间固定关节前端的行为，不属于用反关节动作进攻对方。

九、迫使对方头部先着地的摔法

是指在使用摔法过程中，控制住对方的身体，强迫对方头部先着地，有意伤害对方的行为。判断是否使用了迫使对方头部先着地的摔法，一般应符合下列 3 种情况。

（一）对方处于被控制状态无法使用自我保护的倒地动作时，采用招法使其头部朝下落地。

（二）对方处于悬空状态时，突然改变对方的姿势状态迫使其头部朝下落地。

（三）临近到地状态时，突然拧转对方头部，迫使对方头部先着地。

如果采用正常的摔法，被摔的一方因自己的保护能力差，倒地动作不合理造成头部先着地，不属判罚的范围。

十、有意砸压对方

是指对方倒地时，顺势用身体的某一部位再次加力于对方身体的某一部位，以达到使对方丧失比赛能力的目的。

十一、攻击倒地一方的头部

任何情况下都不允许用任何方法攻击倒地运动员的头部，其中包括主动倒地运动员的头部。运动员主动倒地，在3秒钟内裁判员没有喊“停”时，尽管运动员可以相互攻击，但是站立者不得攻击主动倒地运动员的头部。

十二、用方法故意致使对方受伤部位伤情加重

是指运动员在比赛过程中面部出现了开放性伤口。例如：鼻腔因击打而流血或眉弓开裂，经医生临场处理后继续比赛，另一方运动员在搂抱过程中故意用拳套或掌根去揉搓或用头部磨蹭、顶撞对方的伤口，致使对方伤情进一步加重而不能继续比赛的行为。这是一种违背武德和现代体育精神的行为，在比赛中应予以禁止，台上裁判一经发现，应判其侵人犯规。运动员也应自觉抵制这种不道德的行为。

十三、击中得分

是指运动员使用可用方法，打到了对方的得分部位后产生了相应的效果。

（一）如何评判“击中得分”，一般从以下四个方面入手

1. 看进攻

进攻方法清晰、力点准确，明显击中在得分部位。

2. 看防守

击中时没有相应的防守动作；或击中在先，防守动作在后或防守失误而没有产生相应的防守效果。

3. 看位移

击中后身体部位产生的移动、震动、晃动现象。

4. 听声音

击中对方后发出清脆或者沉闷的响声。

在评判过程中，可以从四个方面同时入手，也可以从其中的某一两个方面入手，这主要是根据实际情况而定。

（二）“击中得分”还有两种情况需要注意

1. 如果一方运动员使用动作被另一方运动员接住后随即脱手，并使用允许的方法击中对方得分部位；或在“停”的口令同时击中对方的得分部位；或者在“分开”口令的同时挣脱了抱缠，并使用方法击中对方得分部位，均应被视为有效击中。

2. 双方运动员在台上裁判员的口令“开始”至“停”的时间段内相互进攻对方，并能清晰有效地击中对方的得分部位，应被判定相互均被有效击中，应分别予以得分。

十四、倒　地

是指运动员在比赛过程中除两脚以外的身体任何部位支撑了台面。倒地在比赛中大致有以下 3 种情况。

1. 被击倒，是指遭受对方拳法、腿法的打击而失去重心倒地。

2. 被摔倒，是指被对方用摔法致使身体失去平衡倒地。

3. 自行倒地，是指由于进攻、防守动作不当，场地不平、过滑等原因造成的倒地。

十五、双方倒地

是指比赛过程中双方运动员都失去了平衡，双方的身体都支撑了台面（除双脚以外的身体任何部位）；或者一方将另一方摔倒时自身也失去了平衡，支撑了倒地一方运动员的身体上。

需要注意如下。

1. 当一方运动员倒地，台上裁判员发出“停”的口令后，因倒地方明显二次发力使用动作致使另一方倒地，应判为单方倒地。

2. 双方互摔，一方倒地后紧紧抓握或搂抱另一方身体的某一部位不放，但站立者并未失去身体平衡，即使其身体触及了倒地一方的身体，只要没有形成实质性支撑，仍应判为单方倒地。

十六、主动倒地

是指两脚以外的其他身体部位需要先支撑台面后才能使用方法，或使用方法后必须倒地的进攻方法。运动员使用这类动作时，台上裁判员要迅速准确地分辨出是否是主动倒地。主动倒地必须是自己处于正常平衡的姿势时使用的一种进攻或防守反击的方法。如果自己身体已经失去平衡，但为了躲避打击顺势倒地，而又没有衔接合理的进攻方法，则不能视为主动倒地。

主动倒地大致有以下几种情况。

1. 使用主动倒地的动作进攻将对方击倒，并能顺势站立得 2 分。

2. 用主动倒地的动作将对方击倒，但对方倒地时压住了主动倒地方的身体致使其不能顺势站立，应判动作无效。

3. 使用主动倒地动作进攻没有击中对方，但在 3 秒内起身站立，不得分。

4. 使用主动倒地动作进攻没有击中对方，而在 3 秒钟内又不能迅速站立，判主动倒地者“消极 3 秒”。

5. 用“后倒蹬枝”的方法成功地将对手蹬（掀）下台，则算主动倒地方进攻成功，得 2 分，如果不成功，则算双方倒地。

十七、消极 3 秒

是指运动员使用主动倒地动作进攻后，没有或不能在 3 秒钟内迅速站立，台上裁判员立即喊“停”，对其进行“消极 3 秒”的判罚。

十八、下　台

是指运动员在比赛中（从“开始”至“停”的口令期间），其身体的任何部位支撑了台下的保护垫或场地，均判为下台。

十九、双方下台

是指两个运动员在比赛时（从“开始”至“停”的口令期间）同时或先后都掉下了擂台。

二十、下台无效

是指双方或一方运动员在台上裁判员在喊“停”之后下台，或先倒地者二次发力把对方掀（推）至台下，或一方下台时，另一方虽在台上但没有与台下运动员身体的某一部位完全脱离，均被视为下台无效。

二十一、指定进攻与消极5秒

比赛中运动员互不进攻时间达到5秒钟时，台上裁判员须指定消极一方运动员或双方消极中的任何一方进攻。台上裁判员指定一方运动员进攻后，就按每秒一次的频率用手指在体侧记数5次的方法计时，运动员达5秒钟仍不进攻时应“停”，并给予被指定方运动员“消极5秒”的判罚。

执行此条款需要注意如下。

1. 台上裁判员一定要养成在比赛中“默计时间”的习惯。

2. 应把握好两个时间段，即指定进攻前运动员没有攻防动作的时间大约为5秒钟，指定进攻后运动员必须在5秒钟内组织进攻。

3. 运动员被指定进攻后，任何一方在5秒内组织了进攻，裁判指令结束。

4. 被指定进攻后，如果运动员没有在有效距离内进攻对方，或只是佯装进攻对方，则不能作为执行了裁判指令，应继续计算时间。

5. 被指定进攻的运动员在有效距离内进攻时，若因对方调整了距离或做出了防守而没能产生打击效果，进攻仍然有效，裁判指令结束。

6. 一局比赛中，如果双方运动员都出现消极，台上裁判员指定进攻时应考虑双方运动员的均衡性，不能偏袒某一方运动员。

二十二、方法不清楚、效果不明显

是指运动员完成动作时的质量和效果均不符合击中得分的要求。运动员使用方法进攻时，因进攻时机不对或己方处于被动状态而勉强发出了动作，虽然打到了对方但没有造成击中的效果，或一擦而过。

二十三、抱缠时击中对方不得分

是指一方运动员抱住另一方运动员后，或者在双方互相搂抱的情况下击打对方，即使是有效部位，也不予得分。

二十四、分　开

是指运动员相互抱缠没有进攻动作或无效进攻超过 2 秒时，台上裁判应喊"分开"的口令。此时，运动员必须松开对方，面向对方两脚依次后退一步，双方完全分开且相隔两臂间距后，不用等裁判示意，即可进攻对方。但在完全分开前，不得进攻对方。运动员在擂台警戒线外，分开后有可能掉下擂台时，可侧向移动。

所谓"相互抱缠没有进攻动作或无效进攻"，是指运动员抱缠在一起时既不使用方法也没有分离的状态；或是两人纠缠在一起，虽有动作但没有得分效果，并且超过 2 秒时没有停止的迹象。

1. 运动员相互抱缠通常与使用摔法有关，可从理解执行

（1）摔法有效：是指一方或双方运动员刚一"搭把"即摔法使对方失重或失

控，随即将对方摔倒或致使对方下台。也就是说，运用摔法是一气呵成的，没有“变招”或“变劲”的迹象。对于这样的摔法不宜用2秒的时间来限制。

（2）当一方或双方运动员使用摔法时，相互“抢把”且未能“得把”达2秒以上，台上裁判应即刻上前分开双方，运动员退后两步继续比赛。

（3）当一方或双方运动员在使用摔法“得把”后，因对方抗摔使施摔方一再变劲、变招达2秒以上，台上裁判应即刻上前分开双方，运动员退后两步继续比赛。

2. 裁判发出“分开”的口令后出现的情况

（1）运动员在台上裁判喊“分开”的同时，发力将对方摔倒或推打下台，应被视为动作有效。或者在“分开”口令的同时挣脱了抱缠，并使用方法击中对方，应被视为击中有效，此时台上裁判不应暂停比赛。

（2）在台上裁判喊了“分开”口令并示意双方运动员分开后，若运动员不听从指挥，继续搂抱对方或松开对方后不后撤，则台上裁判喊“停”，判该运动员“技术犯规”。

（3）在台上裁判喊了“分开”口令并示意双方运动员分开后，若运动员继续进攻对方，或者没有后撤就主动进攻对方，台上裁判应喊“停”，并给予该运动员“侵人犯规”的处罚。

（4）在台上裁判喊“分开”后，如果确实属于动作原因造成双方运动员无法分开，台上裁判可喊“停”，然后使比赛继续进行。

3. 裁判员喊“分开”时应注意如下

（1）喊“分开”时应靠近双方运动员，尽量与双方运动员成三角形站立，以便双方运动员都能听清口令或看见手势。

（2）双方运动员抱摔虽超过2秒，但有可能会出现一方或双方倒地时，台上裁判员不应喊“分开”。

（3）双方运动员抱缠虽超过2秒，但一方或双方有脱离的意识并可能产生分开效果时，台上裁判员不应喊“分开”。

（4）双方运动员在擂台黄色警戒线以外抱摔虽超过2秒，有可能会出现一方或双方下台时，台上裁判员不应喊“分开”。

二十五、消极搂抱

是指运动员在比赛过程中主动搂抱对方以阻止对方进攻，但自己又不使用摔法或无摔法、打对方，消极等待裁判喊“分开”的行为，且这种行为反复出现。

对于“消极搂抱”行为的判定：首先应看是哪一方运动员主动搂抱对方；其次要看该运动员搂抱对方后是否在2秒内使用了摔法；最后看其是否反复使用。所谓“反复”使用，是指运动员消极搂抱的行为在一场比赛中达到2次以上。

“消极搂抱”的判罚要与“分开”的口令结合执行。在一场比赛中运动员第一次出现消极搂抱的行为时，采用“分开”的口令与手势。当其出现第2次消极搂抱的行为时，台上裁判应喊“停”，并给予该运动员消极提示1次，在其出现第3次及以上消极搂抱的行为时，每出现1次，对其判罚1次“技术犯规”。

1. 运动员实施消极搂抱意图的3种情况

（1）运动员为了获得体力上的调整。

（2）运动员为了保持既有的比赛成果。

（3）运动员进攻后或者发现对方即将进攻时，立即进身搂抱对方，不让对方进行有效的反击或进攻。

2. 消极搂抱动作状态的情况

（1）双手搂抱对方的头、颈部而不使用摔法。

（2）双手搂抱对方的肩部内侧或外侧而不使用摔法。

（3）以一臂或双臂夹拧对方的上肢而不使用摔法。

（4）双手搂抱对方的腰部而不使用摔法。

二十六、背向逃跑

是指一方运动员在比赛中为了躲避对方的进攻而转身背向对方运动员逃跑的行为。一旦出现这种行为，台上裁判员应喊“停”，并给予逃跑一方运动员“技术犯规”的处罚。

二十七、有意拖延比赛时间

是指运动员在局间休息后回到场上拖拖拉拉；或倒地、下台后故意磨磨蹭蹭不迅速起来；或有意借故整理护具等。凡此类情况均视为“有意拖延比赛时间”，作为技术犯规处理。

二十八、实力悬殊

是指双方运动员技能、体能的整体水平有较大差异，在比赛中主要表现为一方已没有进攻与防守的能力，胜负已经十分明显。一旦出现这样的情况，为保护运动员的安全，台上裁判员与裁判长和总裁判长会商认定后，宣布技术强者为“优势胜利”。

二十九、领先12分优势胜利

是指在一局比赛中，一方运动员领先另一方运动员12分时，判得分多者为该场比赛胜方。对于领先12分的判定，在实行5人制边裁时，应至少获得4个边裁判员的判定；实行3人制边裁时，需要全部3个边裁判员的判定。

三十、重　击

是指运动员使用可用方法击中另一方非禁击部位而造成另一方被读秒的现象。

三十一、知觉失常

是指运动员在被重击之后，身体所表现出来的一种不正常的状态。具体表现为：站立重心不稳，步履蹒跚紊乱，不能平衡身体；面部表现痴呆，意识不清，呼吸急促或微弱等。

三十二、读　秒

读秒一般可分为两种，一种是因对方犯规而有可能造成伤害，为保障运动员的安全进行的读秒；一种是运用合理的方法重创对方运动员，使其不能马上继续比赛，为保障其安全进行的强制读秒。

读秒时，台上裁判员须迅速靠近被读秒的运动员，以利于清楚地观察其面部表情，并且所处位置要以不挡住裁判长的视线为宜。

读秒有 3 种情况。

（一）读 8 秒

台上裁判员在读秒过程中，运动员已举手示意可继续比赛，但仍需读完 8 秒后再继续连行比赛。

（二）读 10 秒

台上裁判员在读秒过程中，运动员没有示意要求继续比赛，或虽已示意可以继续比赛，但发觉其知觉失常时仍需读到 10 秒。一旦读到 10 秒，则表示该场比赛已经终止。

（三）终止读秒

台上裁判员在读秒过程中，如果发现运动员出现休克、关节脱臼、骨折等危险状态时，即刻停止读秒，取下运动员的护齿并用手势请医生将运动员送到后场进行急救处理。

读秒后的判罚有 3 种情况。

1. 一方运动员因对方犯规被读秒，但在读至 8 秒前已表示能继续比赛且知觉也正常，则给犯规方运动员“警告”的判罚。

2. 因对方犯规而造成被读秒，并因可能受伤而停止比赛接受检查的一方运动员，经医务监督检查确认不能继续比赛，则判犯规方被“取消比赛资格”。如经医务监督确认尚未达到已造成伤害的程度，但事实上已不能继续比赛，则判犯规方

“警告”，同时也判其为胜方。

3. 运用允许的方法重创对方使之“强制性读秒”。被强制性读秒后，如受创方能继续比赛，则应给其“压点”和相应的判罚。如不能比赛，则判另一方运动员获胜。

三十三、犯规的处罚

是指运动员在比赛中的行为违反了《规则》后所必须受到的相应处罚。

犯规的处罚有 3 种情况。

1. 劝　告

运动员在比赛中只要出现规则中列举的“技术犯规”的行为，即应受到“劝告”的处罚。

2. 警　告

运动员在比赛中只要出现规则中列举的“侵人犯规”的行为，即应受到“警告”的处罚。

一般情况下，在使用“劝告”和“警告”处罚前可视需要先给予“提示”，这种提示必须是在有“犯规表示”但又未造成后果时使用，如果已造成后果，则应直接给予相应的处罚。此外，在判定是否犯规和给予何种判罚时要注意统一尺度，坚持始终。

3. 取消比赛资格

运动员在比赛中只要出现规则中列举的应受“取消比赛资格”处罚的行为，即应受“取消比赛资格”的处罚。

三十四、记　分

是指边裁判员根据运动员使用的不同方法，击中的不同得分部位，产生的不同效果和台上裁判员的不同评判情况，按照得分标准及时记录运动员的得分。应注意以下两种情况。

1. 即击中部位可能是不同分值的交接点，也可能是得分与不得分的交接点，现一律按下限取值。也就是说，如击中 2 分与 1 分的交接点，按 1 分记录。如击中得分与不得分的交接点，则不得分。

2. 使用同一个动作产生不同分值的效果，应将各分值累加记分。例如，红方运动员用腿法击中蓝方躯干或头部，应得 2 分；如果腿法击中蓝方躯干或头部并致使蓝方倒地，应将红方腿法所得的 2 分再加上因蓝方倒地而得的 2 分，红方一个动作共得 4 分；如果蓝方倒地后并被强制读 8 秒，此时，红方除了前面所得的 4 分外，还应加上蓝方被强制读秒的 2 分，红方一个动作共得 6 分。

三十五、每局胜负评定

边裁判员用色别标志（色别灯、色别牌）表示胜负结果，色别标志多者为胜方。

三十六、主动进攻技术强

对于主动进攻技术强的具体判定标准如下。

1. 一局比赛结束，当双方比分相同时，依据运动员在本局比赛中被判消极搂抱、消极 5 秒、强制读秒少者的顺序直接决定本局胜方。

2. 当以上几种情况相同时，应依据下列情况综合考虑判定胜负

（1）一方在主动运用进攻技术的方法和效果方面好于另一方。

（2）比赛过程中一方运动员在积极主动进攻的表现方面好于另一方。

（3）一方在主动进攻的意识和顽强拼搏的精神方面好于另一方。

需要注意的是：（1）判定时要根据运动员在整局而不是某一个时间段比赛中的表现进行判定，尤其是不能只根据临近比赛结束时运动员的表现来判定。（2）边裁判员要根据比赛中运动员的实际表现来判定，而不应受场外因素（观众、教练员等）的影响。

三十七、关于比赛护具的相关规定

1. 比赛中运动员必须且只能穿戴《规则》中规定的护具进行比赛，既不能多穿戴护具，也不能少穿戴护具（如护齿、护裆等）。否则判技术犯规，并要求立即改正，方可继续比赛。运动员若因伤确需穿戴《规则》规定以外的护具上场比赛，只能穿戴软性护具上场，如护肩、护腰、护膝、护踝、胶布带等，且必须经医务监督员盖章确认后方为有效。

2. 运动员必须缠好缠手带后才能戴拳套参加比赛，裁判员在场上一旦发现运动员没有戴缠手带时，直接宣布对方为本场胜方。

3. 运动员检录上场后，无论什么原因，只要拳套脱落，一律按有意松脱护具判技术犯规，给予“劝告”的判罚。如果运动员在将对方推打下台或摔倒时自己的拳套脱落，则下台和倒地无效，判拳套脱落的运动员技术犯规。如果被摔倒或下台一方运动员拳套脱落，不仅倒地和下台有效，还要给予“劝告”的判罚。

第三节　竞赛的编排

编排是散打竞赛工作的重要内容之一。竞赛程序编排得是否合理，直接影响比赛的顺利进行，同时影响运动员技术水平的发挥和运动成绩的好坏。因此，编排记录人员必须以严肃认真的态度，科学、周密、准确无误地做好这项工作。

一、编排工作的要求

（一）比赛前

1. 学习、领会竞赛规程。

2. 审核报名表，统计汇编参赛队伍名单、各级别运动员名单及所有参赛人员统计表。

3. 制定竞赛日程安排表。

4. 制定大会日程安排表。

5. 编制比赛秩序册。

6. 准备竞赛所需的各种表格，包括各单元比赛出场表、计分表、记录表等。

7. 制作男、女各级别轮次表。

8. 收集并审核运动员“人身保险证明”和“体格检查证明”。

9. 准备抽签用具。

10. 主持抽签。

（二）比赛期间

1. 单元比赛前，向竞赛监督委员会、仲裁委员会、执行裁判组、检录组、宣告员、医务组等发送当场比赛单元对阵出场表。

2. 单元比赛后，核对单元成绩表，由编排记录长、总裁判长签字。

3. 核对下一场单元对阵出场表。

4. 向各运动队发送下一场单元对阵出场表。

（三）比赛结束后

汇集各单元成绩表，编制成绩册，留档及由大会竞赛部发给参赛队。

二、编排原则

（一）以竞赛规程、参赛运动员总人数、各级别运动员人数和比赛的总时间为依据。

（二）同一级别、同一轮次的比赛，或同一级别、同一区域的比赛，应相对集中安排，条件要均等。

（三）一名运动员一天最多安排两场比赛，且不在同一单元进行。

（四）同一单元的比赛从体重轻的级别开始，女子比赛列前。

三、编排方法

（一）单循环比赛

是指所有参加同一级别比赛的运动员之间均要轮流相遇一次，最后根据每名运动员胜负场次的积分多少来决定名次。

1. 轮次和场次的计算

参加比赛的运动员为偶数时，轮次 = 人数 - 1；参加比赛的运动员为奇数时，轮次 = 人数。

2. 单循环比赛顺序的编排

将参加比赛的人数，用阿拉伯数字等量地将参加人数分为左右两列。左列由上往下排，右列由下往上排。然后用横线将相对的两个数连接。如果是奇数可用“0”占位，则与它相对的运动员轮空。从第二轮编排开始，1 号位固定不变，其他位数按逆时针方向轮转一个位置，即可排出下一轮的比赛顺序。

如：4 人参加比赛的编排方法：

第一轮	第二轮	第三轮
1——4	3——1	1——2
2——3	4——2	3——4

如：3 个人参加比赛的编排方法：

第一轮	第二轮	第三轮
1——0	1——3	1——2
2——3	0——2	3——0

轮次表编排之后，按参加比赛的人数，制作与人数相等的签号。抽签之后，将各队抽到的签号在轮次表中找到相应的位置，把运动员的名单填上，即可排出竞赛日程表。

（二）单淘汰赛

是指运动员按照编排的比赛秩序进行比赛，胜者进入下一轮比赛，败者被淘汰。整个比赛最后一场的胜者为冠军，败者为亚军。

1. 单淘汰赛号码位置数的选择

应根据参加比赛的人数，选择最接近的 2 的乘方数（即 2^n）作为号码位置数。常用的号码位置数有：$2^3=8$，2 的 4 次方 =16，2 的 5 次方 =32。

2. 单淘汰赛轮数和场次的计算

（1）计算轮数：单淘汰赛所选用的号码位置数（2 的乘方），其指数（自乘的次数）即为轮数，2 的 n 次方就是 n 轮。

如：8 个号码位置为 2^3，即 3 轮。

若 8 人参加比赛，8 个号码位置 =23，比赛轮数为 3 轮，见表 1。

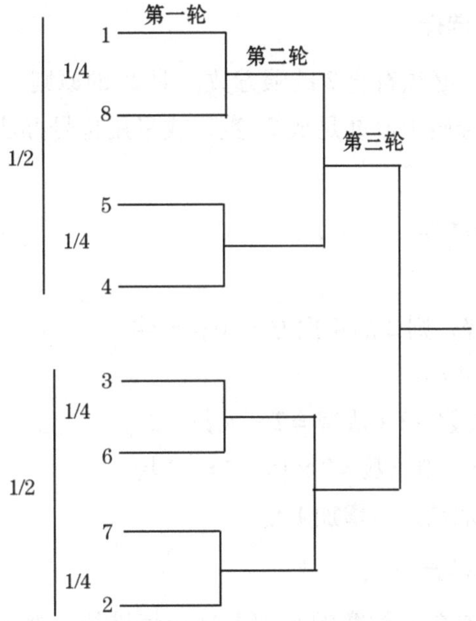

表 1

（2）计算场数：在单淘汰赛中，每进行一场比赛就淘汰一名运动员。如果运动员全部被淘汰，那么比赛场数就等于运动员的人数，但是冠军不可能被淘汰，所以实际比赛的场数应为参加比赛的人数减去冠军未被淘汰的一场。

计算的公式为：场数 = 人数 - 1

比如：1 6 人参加比赛，最后剩一名冠军，比赛的场数为 16 - 1 = 15 场。

（3）附加赛：单淘汰赛只能确定冠、亚军，其他名次均为并列名次，用附加赛的办法可以排定各个名次。附加赛的办法是每一轮的胜者与胜者，负者与负者之间进行比赛，直到排出所有的名次。运动员进行附加赛的比赛顺序排法如下，见表 2。

（三）双淘汰赛

运动员按编排的比赛顺序进行比赛，失败两场就被淘汰。而负轮最后一名未被淘汰的运动员和正轮未输过的运动员之间必须进行一场冠亚军决赛。

1. 号码位置数的选择

同单淘汰赛相同，必须符合 2 的乘方数，即 2^n 的原则。若参加人数不满 2^n 次方时，采用增设轮空号码予以补足成 2^n 数，或采用抢号办法予以解决，使之从第二轮起符合 2^n 数。

2. 轮数和场数的计算

（1）轮数：$2 \times n$

如 1 6 人参加比赛，则 2 的 4 次方 = 16；n = 4

轮数：$2 \times n = 2 \times 4 = 8$

（2）场数 = 2 × 人数 - 3 + 决赛 = 2 × 人数 - 2

若 15 人参加比赛，则场数 = 2 × 15 - 2 = 28 场。

（3）附加赛：若取前六名增加 1 场

3. 双淘汰赛的编排方法

（1）双淘汰赛是在单淘汰赛的基础上进行编排的，胜者向右排为正轮，负者向左排为负轮。输两场即被淘汰，而正负轮最后一个，进行一场冠亚军决赛。

（2）凡取 5、6 名，必须在负方最后第 3 轮增设附加赛。凡取 7、8 名必须在负

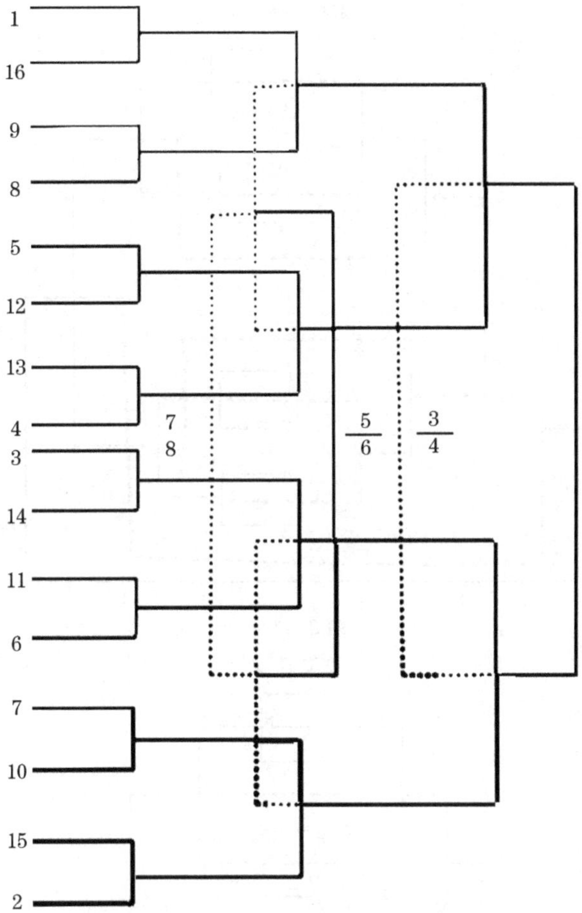

表2

方最后第4轮增设附加赛。

（3）在排列负轮表格时，要掌握一个基本规律：即负轮中两名负者比赛一场后，其胜者再与正轮中负者比赛一场，最后形成区域范围内正轮和负轮各剩下一名运动员。

（4）负轮的排表可采用交叉和不交叉两种表格，但交叉必须在同一轮次中进行，不得轮次相错交叉，见表3－1、表3－2。

不交叉表

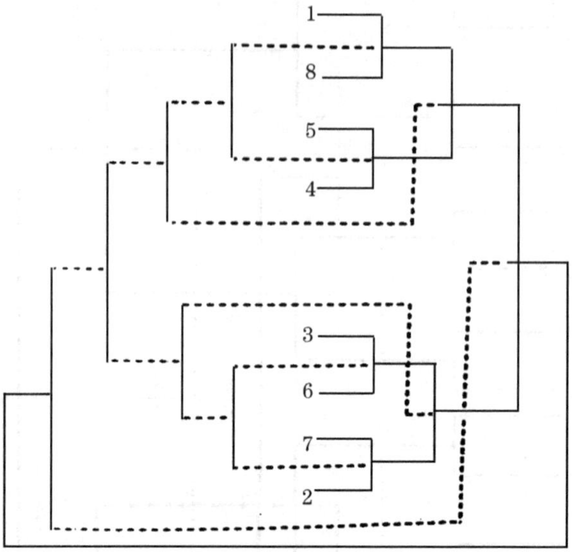

表 3－1

交叉表

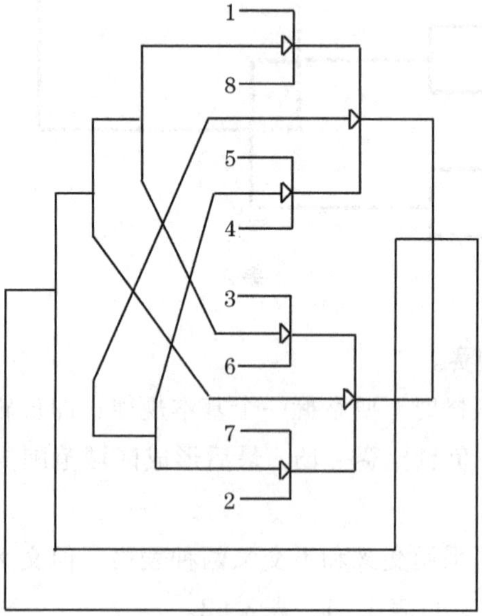

表 3－2

（四）种子和轮空

1. 种　子

（1）确定种子选手的原则

①上一次全国锦标赛或冠军赛各级别前 4 名的运动员为种子选手。

②变动级别的运动员不能定位种子。

③根据各级别种子数目，按种子名次，由第 1 名往后排满为止。

（2）种子选手的位置

①根据成绩排出种子的顺序。

②按种子的顺序号在轮次表中找到相应号码的位置，即种子的位置。

③单淘汰赛的种子应均匀地分布在轮次表中若干不同的区域。如设 4 名种子选手，每个种子选手应进入不同的 1/4 区。

④第 1 号种子应在上半区顶部，第 2 号种子应在下半区的底部，第 3 号和第 4 号种子应在下半区的顶部和上半区底部。

⑤如下表：按照由小到大的数字顺序，即 1、2、3、4……为种子的位置号码。如设 3 名种子，1、2、3 号位置即为第 1 号、第 2 号、第 3 号种子的位置。见表 4。

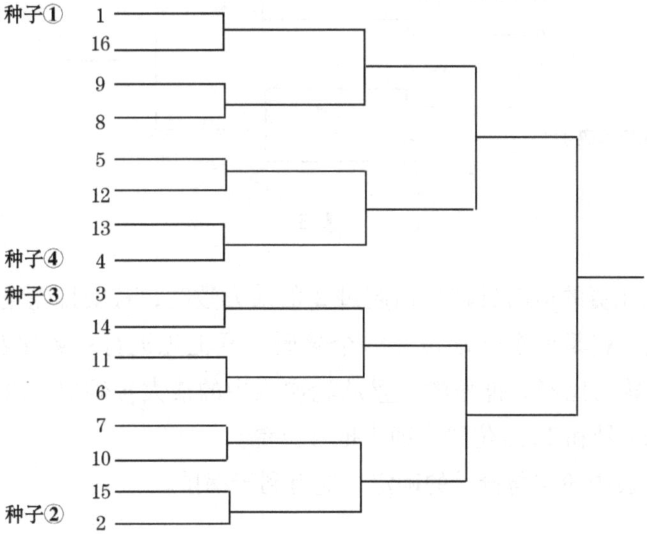

表 4

⑥种子选手不参加抽签。

2. 轮空和抢号的确定及其位置

（1）轮空是指在轮次表中没有比赛运动员的位置。淘汰赛的轮空位置应安排在第一轮的比赛中。

（2）当参赛人数少于轮次表中的号码数时，应设轮空位置。轮空数 = 号码最大位置数 - 运动员数。

（3）轮空位置应均匀的分布在各个区内。轮空的号码从轮次表中的最大号码数，由大到小依次排列。见表 5。

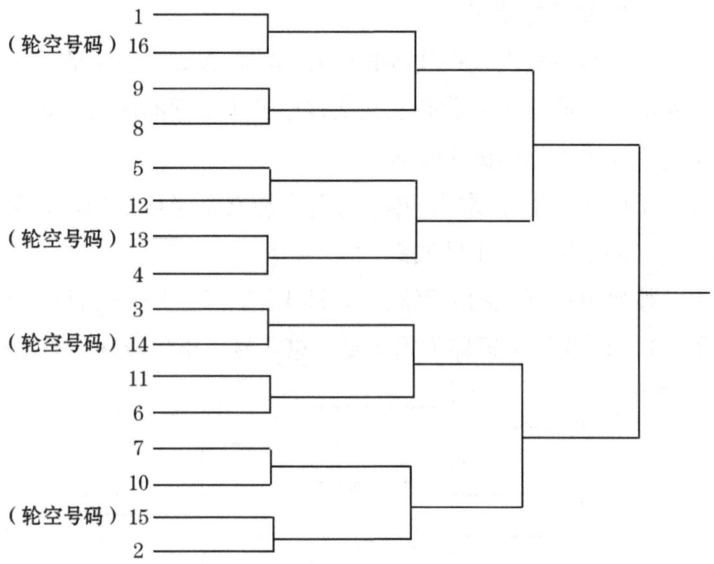

表 5

（4）参加比赛的运动员较少地超过 2 的乘方数时，若安排轮空则太多，可采用抢号的办法。就是两名运动员在一个号码位置上先进行一场比赛，负者淘汰，胜者进入下一轮的比赛。抢号的位置从轮次表中的最大号码数，由大到小依次排列，见表 6。31 号和 32 号位置，即为抢号位置。

（5）轮次表中轮空与抢号的确定，应有利于编排。

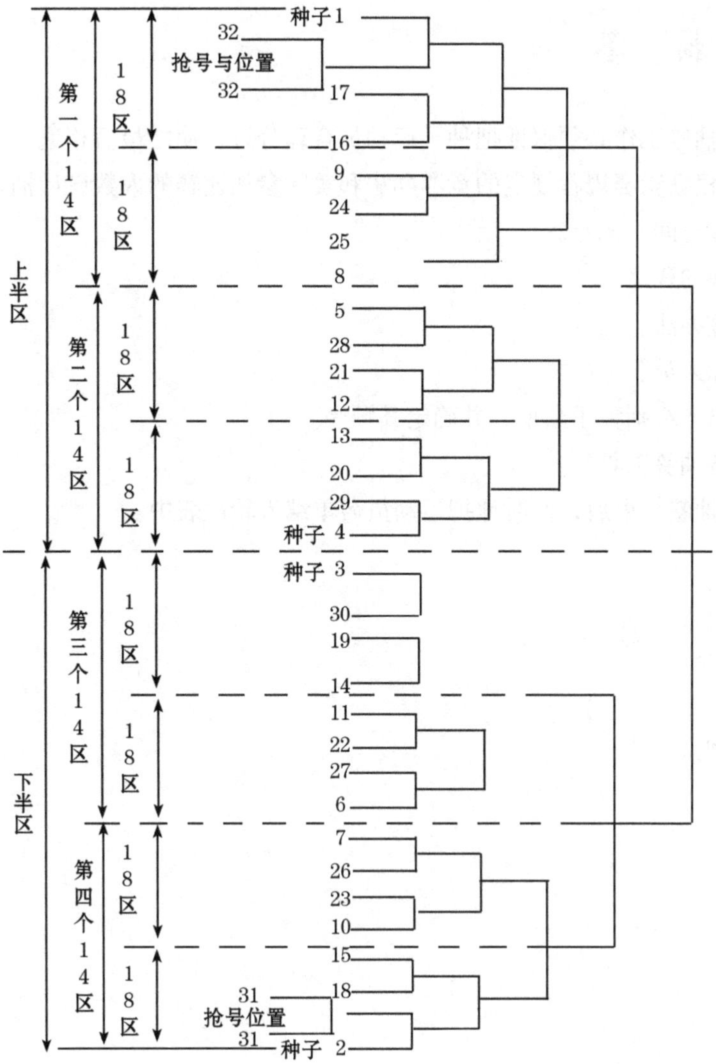
种子1
32
抢号与位置
32
17
16
9
24
25
8
5
28
21
12
13
20
29
种子 4
种子 3
30
19
14
11
22
27
6
7
26
23
10
15
18
31
抢号位置
31
种子 2
上半区
下半区
第一个1/4区
第二个1/4区
第三个1/4区
第四个1/4区
1/8区

表6

四、抽　签

（一）抽签工作必须保证把种子运动员合理分开，使之最后相遇。

（二）根据竞赛规程规定的竞赛办法和实际参加比赛的人数设计抽签方案

1. 抽签时间、地点。
2. 抽签的程序。
3. 抽签办法。
4. 参加人员。
5. 提出各级别种子名单，并确定其顺序。
6. 准备抽签工具。

（三）抽签结束后，及时地把运动员名单编入轮次表中。

第九章　武术散打竞赛管理办法及相关制度

根据国家体育总局关于“进一步建立和健全、细化各项规章制度”，以及“强化规则意识、程序意识，做好规范化、制度化、科学化建设”，“各体育单项协会做好加强行业管理、进行规范建设的基础性工作”的要求（体办字［2010］212号文件），武术运动管理中心组织专人对武术工作中的必备文件和常用文件进行了汇集、整理和修订，编成《武术工作管理手册》。

这本手册的编印，旨在立足于国家法规、着眼于武术发展、落实于操作应用，建立和健全规范化的武术工作管理文件系统。为全国武术工作有法可依、有章可循、有例可仿，提供一本简洁实用的《武术工作管理手册》，作为各级武术管理部门开展工作的基本依据。

《武术工作管理手册》以《中华人民共和国体育法》和国家体育总局相关法规为依据，结合实施《中国武术发展五年规划》（2009—2014）的工作需要，汇集了国家体育总局武术运动管理中心、中国武术协会和国家体育总局武术研究院发布实施的文件，并对同类文件进行归类整理、对欠妥文字进行修删完善。其中，原样保留了《中国武术协会章程》等基本文件，将涉及训练竞赛一、二、三部，社会活动部、青少年活动部和外事部的竞赛类文件，全部归类合并，避免了过多重复；将运动员、教练员、裁判员管理系列，均按管理办法、注册与技术等级制度三部分进行编修，统一了格式。本章选取了与武术散打运动密切相关的内容以作参考。

第一节　武术竞赛赛风赛纪和反兴奋剂工作的管理办法

一、总　则

为认真落实国家体育总局关于狠抓赛风赛纪和反兴奋剂工作的指示精神，确保武术比赛文明、公平、精彩、祥和、成功，依据相关法规制定本办法。本办法适于在中华人民共和国境内开展的国际国内重大武术竞赛。

二、工作人员

第一条　自觉遵守国家法律法规和武术竞赛的各项规章制度，恪尽职守，忠实履行岗位职责。

第二条　严格执行赛风赛纪有关廉洁自律的各项规定，不接受运动队和裁判员的礼金、有价证券和支付凭证；不参与各种形式的赌博活动和由公款支付的高消费娱乐活动。

第三条　严格遵守并监督裁判组和参赛单位执行武术竞赛规则和规程。按照裁判员选拔原则和条件选派裁判员。

第四条　赛前不参与、不评论运动员技术水平及奖牌走向；不以个人意愿干扰和影响裁判员的评判工作，以身作则，秉公行事。

第五条　认真贯彻执行国家体育总局反兴奋剂工作规定，做好反兴奋剂工作的管理和赛前预防工作。

第六条　出现赛风赛纪或兴奋剂事件时不迟报、不瞒报。

三、运动队（员）

第七条　必须严格遵守《武术运动员管理办法》及赛区的各项规定和纪律要求；尊重观众，尊重裁判，尊重对手；不许罢赛，不许拒绝领奖，不向媒体散布不负责任的言论。

第八条　各参赛单位必须与国家体育总局武术运动管理中心签订《武术比赛运动队赛风赛纪和反兴奋剂责任书》，严格履行承诺。

第九条　严禁使用兴奋剂

1. 各参赛单位必须加强对本队运动员的日常监督、管理和教育。

2. 各参赛单位异地训练时须报国家体育总局武术运动管理中心备案，以便于进行兴奋剂赛外检查工作。

3. 必须服从并积极配合兴奋剂检查工作。

第十条　不准以送礼金、有价证券和支付凭证等方式贿赂工作人员和裁判员。

第十一条　各参赛单位不得私下结盟，搞小团体，以不正当的竞争手段谋取名利。

第十二条　比赛期间不得到裁判员住地和通过各种方式干扰裁判员的工作和生活。

第十三条　比赛中要努力拼搏，赛出风格，赛出水平，不许打假赛、无故弃权、故意伤人或以各种手段干扰和影响其他运动员比赛。

第十四条　在参加国际国内重大比赛之前，未经国家体育总局武术运动管理中心批准，不得邀请国家级、国际级武术裁判员跨省、自治区、直辖市体育局或武术中心（院、馆）、体育院校及行业体协进行讲学、辅导等活动。

四、裁判人员

第十五条　严格遵守《武术裁判员管理办法》及比赛的各项规定和纪律要求。

第十六条　所有裁判员必须与国家体育总局武术运动管理中心签订《武术比赛裁判员赛风赛纪责任书》，严格履行承诺。

第十七条 国家级、国际级武术裁判员在重大武术比赛之前，未经国家体育总局武术运动管理中心批准，不得接受跨省、自治区、直辖市体育局或武术中心（院、馆）、体育院校及行业体协的邀请进行讲学、辅导等活动。

第十八条 认真履行裁判员义务，服从工作安排，排除干扰，以规则为准绳，以运动员的现场水平为依据，做到公平、公正。

第十九条 按照规程要求按时到赛区报到，自觉遵守赛区管理的各项要求；不接受运动队的礼金、有价证券和支付凭证；不参与各种形式的赌博活动和由公款支付的高消费娱乐活动。

第二十条 比赛期间，不许饮酒、不许串门、不许擅自离开驻地。

第二十一条 自觉上交托管所有通讯设备，不相互议论参赛运动队（员）情况和比赛结果，不以任何形式干扰和影响其他裁判员的工作。

第二十二条 不许相互串通，打压对手，私下结盟，搞君子协定，暗箱操作。

五、处罚规定

第二十三条 凡工作人员有受贿行为或许愿、暗示、干扰和影响裁判工作的，一经发现将按照比赛相关规定严肃处理。

第二十四条 国家级、国际级武术裁判员在比赛之前，未经国家体育总局武术运动管理中心批准，接受跨省、自治区、直辖市体育局或武术中心（院、馆）、体育院校及行业体协的邀请进行讲学、辅导等活动，一律取消比赛执裁的资格。

第二十五条 严格执行国务院《反兴奋剂条例》和国家体育总局反兴奋剂的有关规定，对服用兴奋剂（药检结果呈阳性）的运动员和有关教练员，将按照有关规定严肃处理。

第二十六条 凡运动队人员贿赂和干扰裁判员工作或不服从判罚、谩骂和攻击裁判员；运动员罢赛、拒绝领奖、无故弃权、打架斗殴，不服从管理，扰乱赛场秩序；不论以何种理由，放弃或不参加比赛；在比赛中，弄虚作假，打假赛或故意伤人，将根据情节按照《参赛代表团赛风赛纪和反兴奋剂责任书》严肃处理。

第二十七条 裁判员凡接受贿赂、相互串通、搞君子协议、赛前排列名次、搞交易者，一经查实，视情节轻重分别给予停止使用、降级、撤销裁判等级的处分。

第二十八条　赛中关键的场次、项目，某个或多个裁判出现明显的错判、漏判影响到名次者，视情节分别给予停用或降级的处分。

第二十九条　裁判员在临场裁判评分中，出现一次明显错判，给予口头劝告；出现两次明显错判，给予警告，并亮黄牌，在完成该场比赛后，停止下一场比赛的裁判工作。在该次比赛中若出现两次警告，亮红牌并当场撤换，取消继续参加该次比赛裁判工作的资格，对裁判员的此项处罚由裁判长执行，须经总裁判长同意。并且，暂停注册一次。

第三十条　发现正、副裁判长有明显失误或偏袒行为并拒不接受总裁判组的正确意见，则给予警告、当场撤换，并亮红牌停止本次比赛的裁判工作。对裁判长的警告由总裁判长执行。

第三十一条　总裁判组成员如有偏袒行为，并拒不接受竞赛监督委员会的意见和决定，当场撤换，并取消担任该次比赛的裁判工作资格，停止使用。对总裁判组成员的警告由竞赛监督委员会执行。参赛人员在比赛中受到的处罚，均记入档案。凡受到处分者以书面形式通知有关单位。

六、附　则

第三十二条　本规定由国家体育总局武术运动管理中心负责解释。

第三十三条　本规定自公布之日起实行。

第二节　武术运动员管理办法、注册与技术等级制度

一、运动员管理办法

第一条　为了加强对武术运动员（以下简称运动员）的管理，促进武术运动

技术水平和运动员整体素质的提高，适应武术运动发展的需要，制定本办法。

第二条 本办法适用于在国家体育总局武术运动管理中心注册的运动员。

第三条 运动员应严格遵守《运动员守则》，努力钻研技术，加强武德修养。

第四条 国家体育总局武术运动管理中心是运动员的业务管理机构，各级武术主管部门负责对各自管辖范围内运动员的管理。

第五条 各级武术主管部门要建立与健全运动员的注册、选拔、考核、管理制度。

第六条 运动员必须是中国武术协会会员，并严格遵守国家体育总局关于《全国运动员注册与交流管理办法（试行）》的规定，按时注册，取得参赛资格。

第七条 运动员须遵守体育竞赛关于禁止使用兴奋剂的规定，无条件地接受兴奋剂检查。一旦发现使用违禁药物，将取消该次比赛成绩，并按国家体育总局有关规定进行处罚。

第八条 运动员须遵守武术竞赛规程、规则和赛区各项规定。

第九条 运动员比赛期间须遵守赛会的各项规定，尊重裁判，服从判决；尊重对手，讲究武术礼仪。若出现有违反《运动员守则》和赛区规定与要求者，将视其情节给予警告，取消比赛成绩，直至停止参加比赛的处罚。

第十条 运动员应积极参加全国或地区性武术比赛，但必须代表注册单位。若发生违反注册规定，擅自代表其他单位参赛或参加未经国家体育总局武术运动管理中心批准的跨省、自治区、直辖市的各类国内外武术竞赛活动（包括各类电视大奖赛、对抗赛、争霸赛等），将取消该运动员及其所在单位参加国内、国际比赛资格 1 年，取消该运动员申报健将或国际健将资格。

第十一条 运动员须牢固树立刻苦训练、勇于拼搏、为国争光的思想，努力提高运动技术水平。

第十二条 国家队运动员执行国家队的管理规定。

第十三条 运动员不得以任何理由拒绝国家队的选派任务，违者将被取消 1 至 2 年参加国内外比赛的资格。

第十四条 运动员须牢记武德，强化人格修养，模范遵守国家及地方法律法规，严格执行各项规章制度，远离社会上可能出现的非法势力的诱惑和利用，不参与任何打架、斗殴等违法活动。违者将取消其运动员资格，终身禁赛。

二、注册规定

第十五条 运动员参加国家体育总局主办的全国综合性运动会和全国单项比赛，应代表具有注册资格的单位（以下简称为“单位”）进行注册。

第十六条 各省、自治区、直辖市、新疆生产建设兵团、解放军、行业体协及经过国家体育总局、中国武术协会或武术运动项目管理中心批准认可的参加全国成年、青年和少年比赛的单位是具有注册资格的单位（香港和澳门特别行政区除外）。

第十七条 运动员本人或其法定监护人应与拟代表的注册单位签定代表资格协议。

第十八条 具有注册资格的单位每年必须在规定的时间内持有效的代表资格协议到中国武术协会或国家体育总局武术运动管理中心为运动员办理代表资格登记注册或确认手续。

第十九条 注册单位未在年度确认期为运动员办理确认手续，其代表资格协议终止，运动员有权向中国武术协会或国家体育总局武术运动管理中心提出申诉，并可自主选择新的注册单位。

第二十条 中国武术协会或国家体育总局武术运动管理中心须在每一年度注册期结束后 10 天内，将本年度注册名单以文件形式向全国公布。

第二十一条 注册证由中国武术协会或国家体育总局武术运动管理中心统一颁发，由注册单位负责管理和使用。

第二十二条 注册单位必须保证本单位注册运动员每两个注册年度之内至少参加一次国家体育总局、中国武术协会或国家体育总局武术运动管理中心举办的全国性比赛，或经批准举办的有 4 个以上（含 4 个）的省（区、市）级单位参加的区域性比赛。否则，运动员有权终止原注册协议，并自主选择新注册单位。运动员确因伤病不能参赛或注册单位已报名参赛，但该运动员无故不参赛的除外。

第二十三条 运动员协议期满后的第一个年度注册期，如原注册单位愿意继续留用运动员，但未能签定代表资格协议的，必须在该注册期内，向中国武术协会或国家体育总局武术运动管理中心提交注册优先权的报告。否则，该注册优先权自该年度注册期截止之日起终止。

第二十四条 已代表省、自治区、直辖市、新疆生产建设兵团、行业体协及国家体育总局、中国武术协会或国家体育总局武术运动管理中心认可“单位”注册的运动员，也可代表相应项目的俱乐部进行注册。参加俱乐部比赛以外的其他全国性年度正式比赛和全国综合性运动会时，必须代表原注册单位。

第二十五条 外籍运动员参加的全国单项比赛，应符合中国武术协会的有关规定。

第二十六条 运动员注册过程中发生争议问题或出现违规行为，任何单位或个人均可以书面形式向国家体育总局、中国武术协会或国家体育总局武术运动管理中心提出申诉或进行举报。

第二十七条 中国武术协会或国家体育总局武术运动管理中心须在接到申诉或举报30天内做出裁决。

第二十八条 当事人对中国武术协会或国家体育总局武术运动管理中心的裁决或处罚有异议，可在裁决公布之日起20天内，向国家体育总局提出书面复议申请，国家体育总局须在收到复议申请之日起30天内做出最终裁决。

第二十九条 其余未尽事宜，参照《全国运动员注册与交流管理办法》执行。

三、技术等级申请与审批

第三十条 本办法适用于在国家体育总局武术运动管理中心注册的运动员。

第三十一条 武术运动员等级称号由高到低分为：国际级运动健将、运动健将、一级运动员、二级运动员、三级运动员。

第三十二条 等级称号审批权实行授权、分级管理。申请国际级运动健将和运动健将，运动员所属单位将申请材料一式两份报一级运动员审批单位审核，审核合格加盖公章后报国家体育总局运动管理管理中心，再审核合格加盖公章后，连同《国际级运动健将/运动健将审核表》报总局审批。

第三十三条 各级等级称号的申请、审核、审批、授予，按照国家体育总局2009年4月17日的《运动员技术等级管理办法》执行。

第三节 武术教练员管理办法、注册与技术等级制度

一、教练员管理办法

第一条 为了加强对武术教练员（以下简称教练员）的管理，促进武术运动技术水平和教练员整体素质的提高，适应武术运动发展的需要，特制定本办法。

第二条 本办法适用于在国家体育总局武术运动管理中心（以下简称国家武管中心）注册的教练员。

第三条 教练员应严格遵守《教练员守则》，努力钻研技术，加强武德修养。

第四条 国家体育总局武术运动管理中心是全国武术教练员的业务管理机构，各级武术主管部门负责对各自职权范围内教练员的管理。

第五条 各级武术主管部门要建立与健全教练员的注册、选拔、考核、管理制度。

第六条 武术援外教练员的管理

1. 短期（3 个月以下）外派武术援外教练员，由国家体育总局武术运动管理中心统一选派，征得相关单位同意后，报国家体育总局批准。

2. 援外时间在 3 个月（含 3 个月）以上的武术援外教练员，由国家体育总局武术运动管理中心推荐、国家体育总局人力资源管理中心负责外派和管理工作。

3. 援外教练员须不断提高业务水平，遵守当地的地方性法规，维护国家形象，认真执教，按时归国。回国后一周内向派出单位提交工作总结。

4. 外派教练选派条件、程序，驻外执教时间、工作范围及相关管理规定按照《国家体育总局外派体育技术人员管理规定》执行。援外教练的待遇按照财政部和国家体育总局联合下发的财教〔2009〕54 号《外派体育技术人员待遇和财务管理办法》文件执行。其余未尽事宜，参照《国家体育总局外派体育技术人员管理规定》。

第七条 教练员须钻研业务，努力提高教学、训练水平，积极参加国家武管中心举办的各种培训，尤其要参加岗位培训，取得上岗资格。

第八条 教练员须遵守武术竞赛规程、规则和赛区各项规定。

第九条 教练员须按照国家体育总局武术运动管理中心的规定，按时注册。

第十条 严禁教练员教唆、强迫运动员使用违禁药物，违者按国家体育总局有关规定进行处罚。

第十一条 教练员只能代表其所注册单位在赛场的指定位置指导运动员比赛，不得以其他身份指导其他参赛队，违者将被驱逐出比赛现场，并停止注册1次。

第十二条 教练员在比赛期间须服从裁判，如发现有行贿、串联、结盟、打假赛、搞交易或在赛场无理取闹、不服从裁判等行为，视其程度给予停止1至2年担任赛场教练员资格，并通报全国。

第十三条 注册教练员不得参加未经国家武管中心批准的跨省、自治区、直辖市的各类国内外武术竞赛活动（包括各类电视大奖赛、对抗赛、争霸赛等），违者将停止其2年赛场教练员资格，取消其所在队参加国内外比赛的资格1年，并通报全国。

第十四条 教练员必须模范遵守国家及地方性法律法规，严格执行各项规章制度，强化武德修养，做到为人师表，以身作则。严禁唆使运动员参与社会违法势力的打架、斗殴等活动。违者将取消其教练员资格，终身禁赛。

二、注册规定

第十五条 国家体育总局武术运动管理中心负责对教练员进行资格审查、注册并颁发证书。

第十六条 教练员须按照国家体育总局武术运动管理中心的规定，按时注册，取得参赛许可。

第十七条 教练员必须是中国武术协会会员，并遵守中国武术协会章程及国家体育总局武术运动管理中心的有关规定。教练员注册以其与所属单位的协议书、聘书或合同书确定代表单位的基本依据。

第十八条 教练员以省、自治区、直辖市、新疆生产建设兵团体育局、总参军训和兵种部体育训练局、行业体协及有关体育院校为单位进行注册。各省、自治区、直辖市所管辖范围的教练员在本地区进行注册，并报国体育总局武术运动管理中心备案。

第十九条　教练员每两年注册一次，每次只能代表一个单位进行注册，注册时间为偶数年的 12 月 1 ~ 次年 1 月 31 日。未注册的教练员不得参加国家体育总局武术运动管理中心主办的各类比赛。

第二十条　教练员注册必须详细填报由国家体育总局武术运动管理中心印发的《全国武术教练员注册登记表》，提供协议书、聘书或合同书复印件 1 份，小二寸近期正面免冠证件彩色照片 2 张。

三、技术等级申报与审批

第二十一条　本办法适用于在国家体育总局武术运动管理中心注册的教练员。

第二十二条　武术教练员等级设：国家级教练（正高级）、高级教练（副高级）中级教练、助理教练四级。

第二十三条　等级称号的申请、审核、审批、授予，按照《事业单位岗位设置管理试行办法》（国人部发［2006］70 号）、《〈事业单位岗位设置管理试行办法〉实施意见》（国人部发［2006］87 号）和《关于体育事业单位岗位设置管理的指导意见》（国人部发［2007］101 号）执行。

第四节　武术裁判员管理办法、注册与技术等级制度

一、管理办法

第一条　为加强对武术裁判员的管理，促进武术裁判队伍的建设，提高武术裁判队伍的素质，保证武术竞赛公正有序进行，促进武术竞赛的规范化发展，根

据《中华人民共和国体育法》及国家体育总局《体育竞赛裁判员管理办法》制定本办法。

第二条 本办法适用于在国家体育总局武术运动管理中心注册的裁判员。

第三条 裁判员应严格遵守《裁判员守则》，努力钻研技术，加强武德修养。

第四条 国家体育总局武术运动管理中心对全国武术裁判员进行管理，中国武术协会具体组织实施。地方各级体育局在各自的职权范围内负责对武术裁判员（以下简称裁判员）进行管理。

有条件的武术协会应建立相应的裁判员委员会。

第五条 各级武术主管部门要建立、健全裁判员注册、考核管理制度，制订培养和发展裁判员队伍的计划。

第六条 裁判员以省、自治区、直辖市体育局、解放军、行业体协为单位进行注册。省、区、市以下单位的裁判员，通过以上隶属关系的单位进行注册。

第七条 裁判员享有以下权利

1. 对武术竞赛裁判工作提出建议、监督、批评；
2. 对武术竞赛规则和裁判方法提出意见；
3. 优先获得有关技术资料和参加有关活动、观摩武术竞赛；
4. 对不公正处罚向有关部门提出申诉。

第八条 裁判员承担以下义务

1. 严格遵守国家体育总局制定的《体育竞赛裁判员管理办法》等有关规定；
2. 努力学习武术竞赛规则和裁判法，钻研业务，不断提高裁判业务水平；
3. 积极参加全国或地区性武术竞赛活动，努力完成竞赛组织部门交给的裁判任务；
4. 积极参加裁判员的培训及经验交流活动。

第九条 参加由中国武术协会主办的全国性比赛裁判工作的执行裁判员，技术等级不得低于一级。

第十条 中国武术协会主办的各类全国性比赛的执行裁判员，由国家体育总局武术运动管理中心聘请。

第十一条 中国武术协会主办的全国性比赛，中国武术协会应当在赛前30天将聘请裁判员名单及分配的裁判员名额下发到各有关单位，各单位须按要求反馈意见，推荐名单必须经中国武术协会同意。未按期上报推荐名单的，取消该单位的裁判名额。

第十二条 奖励

1. 在武术竞赛裁判工作中，遵守有关规定，作风正派、执法公正、表现突出的，由赛区或中国武术协会给予表彰和奖励。

2. 积极进行武术竞赛制度、裁判法、器材及竞赛规则研究，对武术竞赛工作做出显著贡献的，由中国武术协会给予表彰和奖励。表彰活动每2－4年举行一次。

第十三条 处罚

1. 裁判员无故未按时到赛区报到，不参加裁判组活动，取消该次比赛裁判资格；未经请假批准，擅自离开赛区者，停止两年担任全国比赛裁判工作资格，暂停注册一次。

2. 中国武术协会聘请的裁判员，累计两次无故不能担任裁判工作的，暂停注册一次。

3. 未经中国武术协会批准，擅自参加各种国际性赛事或国内跨省市比赛裁判工作的裁判员，暂停注册一次。

4. 考核（含复考）不合格的裁判员，暂停注册和使用。

5. 裁判员在比赛中有接受贿赂、串通、搞君子协定、赛前排列名次、搞交易、偏袒或压制某一方运动员等行为的，视情节轻重分别给予停止该次比赛裁判工作的资格、停用二年、降级、撤销裁判等级等处分，并给予暂停注册一次、两次，直至不予注册的处理。

6. 各级裁判员必须持有经过注册的裁判员等级证书方能参加全国武术竞赛裁判员临场执法工作；连续两次未经审批单位注册的裁判员，技术等级称号自动取消，其裁判员证书失效。

7. 裁判员在临场裁判评分中，出现一次明显错判，给予口头劝告；出现两次明显错判，给予警告，并亮黄牌，在完成该场比赛后，停止下一场比赛的裁判工作。在该次比赛中若出现两次警告，亮红牌并当场撤换，取消继续参加该次比赛裁判工作的资格，对裁判员的此项处罚由裁判长执行，须经总裁判长同意。并且，暂停注册一次。

8. 裁判员不服从总裁判长、裁判长的指示，视情节给予警告或当场撤换。对裁判员的劝告、警告由裁判长执行，停止或撤换裁判员的工作，需经总裁判长同意。

9. 发现正副裁判长有明显失误或偏袒行为并拒不接受总裁判组的正确意见，则给予警告、当场撤换，并亮红牌停止本次比赛的裁判工作。对裁判长的警告由总裁判长执行。

10. 总裁判长、副总裁判长有偏袒行为，并拒不接受竞赛监督委员会的意见和决定的，当场撤换，并取消担任该次比赛裁判工作的资格。对总裁判长、副总裁判长的警告由竞赛监督委员会执行。

11. 裁判人员在比赛中受到的处罚，均记入档案。凡受到当场撤换处分者，以书面形式通知其派出单位。

第十四条 凡裁判员有下列情节者，给予撤销技术等级称号，终身停止裁判工作的处分：

1. 行贿受贿，执法不公；
2. 在重要比赛中，出现明显错判、漏判，造成恶劣影响；
3. 触犯刑律，受到刑事处罚。

第十五条 辅助裁判员由竞赛委员会统一选聘。

第十六条 辅助裁判员应严格遵守竞赛的各项规章制度，协助裁判员做好本职工作，如有违反比赛纪律，视其情节轻重给予相应处罚，并以书面形式通知其派出单位。

二、注册规定

第十七条 国家武管中心负责对裁判员进行资格审查、注册并颁发证书。

第十八条 裁判员须按照国家武管中心的规定，按时注册，取得参赛许可。国际级和国家级裁判参加注册，注册的年龄为男子60周岁（含60周岁）以下、女子55周岁（含55周岁）以下。

第十九条 裁判员以省、自治区、直辖市体育局、解放军、行业体协及直属体育院校为单位进行注册。省、区、市以下单位的裁判员，通过以上隶属关系的单位进行注册。

第二十条　中国武术协会负责对国家级以上裁判员进行资格审查、注册和管理。已经注册的一级裁判员名单应当报中国武术协会备案。二三级裁判员由各地、县级武术主管部门进行注册，并报省级武术协会备案。

第二十一条　裁判员必须是中国武术协会会员，并遵守中国武术协会章程及国家武管中心的有关规定。裁判员每两年注册一次，每次只能注册一个代表单位，注册时间为每偶数年的 12 月 1 日 ~12 月 31 日。国际级裁判员每人每次交纳注册费 80 元；国家级裁判员每人每次交纳注册费 50 元。

第二十二条　裁判员注册必须详细填报由中国武术协会下发的注册登记表，提供三张近期一寸免冠照片。

第二十三条　裁判员有下列情节者，暂停注册一次：

1. 受到赛区或审批单位处罚；
2. 考核不合格；
3. 两年内未担任裁判工作和未参加裁判学习。

第二十四条　各级裁判员必须持有经过注册的裁判员等级证书方能参加武术竞赛裁判员临场执法工作；连续两次未经审批单位注册的裁判员，技术等级称号自动取消，其裁判员证书失效。

三、技术等级申报与审批

第二十五条　裁判员的技术等级分为国际级、国家级、一级、二级、三级，另设荣誉裁判员。

第二十六条　等级称号的申请、审核、审批、授予，应当遵循公开、公正、效率原则，依照规定的权限、范围、条件、程序、期限进行。

第二十七条　申报三级、二级、一级裁判员须获得武术段位“四段”以上（含四段），申报国家级裁判员须获得武术段位“五段”以上（含五段），申报国际级裁判员须获得武术段位“六段”以上（含六段）；申报一级裁判年龄在 40 周岁以下（含 40 周岁），申报国家级裁判年龄在 50 周岁以下（含 50 周岁）。

第二十八条　其余条件按《体育竞赛裁判员管理办法》第三章“技术等级的申报与审批”执行。

第二十九条 中国武术协会每两年组织一次国家级裁判员晋级考试，由各省、自治区、直辖市体育局、解放军、各行业体协、直属体育院校根据国家体育总局分配的名额推荐符合报考条件的同志参加。考试合格者由中国武术协会报请国家体育总局批准，并颁发国家级裁判员证书。

第三十条 晋升国家级武术套路裁判员考试内容

1. 理论考试：武术基本理论、套路竞赛规则及裁判法；
2. 技术考试：演练拳术、器械套路各一套；
3. 裁判评分考试：根据运动员现场演练比赛套路或技术录像进行评分和分析；
4. 外语考试：裁判员临场工作一般用语（英语）。

第三十一条 晋升国家级武术散打裁判员考试内容

1. 理论考试：武术基本理论、散打竞赛规则及裁判法；
2. 技术考试：基本攻防技术、模拟实战演练一套拳术；
3. 裁判评分考试：对运动员现场实战或录像进行评判；
4. 外语考试：裁判员临场工作一般用语（英语）。

第三十二条 一、二、三级裁判员报考办法，由各省、自治区、直辖市体育局、各直属体育院校参照本规定制定。

第三十三条 参加晋级考试的裁判员如未获批准晋级，必须重新申请晋级考试。

第三十四条 国家级裁判员每四年复考一次。复考不合格者，可参加一次补考，补考仍不合格，取消国家级裁判员的称号。

第三十五条 国家级裁判员或具有特殊贡献的一级裁判员，从事武术裁判工作20年以上，积极参加竞赛裁判工作，男性年满60周岁、女性年满55周岁，不再担任临场执行裁判工作的，可申请“荣誉裁判员”称号。

第三十六条 “荣誉裁判员”由省、自治区、直辖市体育局、解放军、各行业体协、各直属体育院校推荐，中国武术协会评审后，报国家体育总局批准，并颁发“荣誉裁判员”证书。

第十章 武术散打心理学基础

武术散打技能学习的快慢，训练水平的高低，比赛时发挥的好坏，心理因素是一个重要的、有时甚至是决定性的变量，因此，了解和掌握心理学的基本知识，并将其运用到散打的训练和比赛中是十分重要的方面。它既可从心理角度去帮助教练员（包括运动员）在制定短期目标和长期计划时，做到系统性、目的性和针对性，又能为运动员提供一些解决赛前的心理难和情绪障碍的方法，提高他们临场心理应变能力。

第一节　武术散打技术中的心理学基础

一、武术散打运动的专门化知觉

武术散打运动的专门化知觉，是“距离感”即空间距离知觉或深度知觉。它不仅包括对自身与对方之间距离的判断、识别，还有对本身动作之间及活动范围的认识，这主要足靠双击锋芒的距离越短越好。一个高水平的选手往往避拳锋只有几毫米之距，这时对方的空当暴露无遗，使其由攻击者瞬间变为被动的挨打者。可以说，这时反击的成功率极高。主动进攻时，要求运动员在变换步法、身法、拳法、腿法等每一刹那间保持与对方最佳距离，做到进则能攻，退则能守。这种最佳距离可保证进攻时能贯彻战术意图，击中对方的力量也最大，又能躲开经验丰富对手的反击。可见精细和敏锐的距离感是武术散打的技术、战术中最重要的心理学基础之一。

由于距离感既要对彼我双方动作的形态、方向、幅度等空间特性的知觉，还要对其速度和节奏的知觉。这就包括了时间感的问题。因此，作为调节、控制双方距离的主要执行者——运动觉就必须要十分精确和协调。在空间上要对几厘米、几毫米之间差别的知觉，在时间上对几十毫秒差别的知觉，以及对有规律的细小时间间隔的知觉，需要通过一定心理训练手段才能获得。

（一）分解法

它可以和技术训练一起进行，但二者不完全相同，技术分解练习是简单重复个别动作，而心理训练的分解法练习要求在分解练习后，留下一定的时间间隔，即给每一动作向大脑的反馈传递留有时间，对每一具体动作形成正确的动知觉。如果开始就进行连续的技术动作练习，就难以形成对动作细节以及各个动作之间衔接的正确知觉。

在初期训练时，可以加强视觉的主导作用。如对镜子练习、看教练或别人模仿他的错误动作，使他有意识加强对自己技术动作的控制。另外，言语的提示可以帮助运动员对运动的感知觉、距离感和运动反应的区别。有些运动员没有知觉到对方的细小变化，或没有完成躲闪动作就急于进攻。如果教练在场边及时提示，可以提高运动员的知觉水平，调节肌肉活动，从而形成清晰的运动知觉。

（二）限制法

它是在排除视觉直接作用的情况下，加强运动知觉训练的一种方法。在限制训练中，暂时排除视觉作用，使内部运动分析器的活动上升为主导地位，由动觉代替视觉执行调控任务，以加快运动知觉的形成，距离感的精确或改正错误的技术成分。如戴上黑眼罩打固定沙袋，再打活动的多个沙袋，有了正确的空间定向和运动感知觉后，再和陪练队员一起进行单个技术动作的练习，真正实战攻防练习。当然在限制视觉练习时，可使看与不看的方法交替进行训练，不断检查、反馈，加速正确动作的形成，以及细微时空感区别的确立。

（三）预报与自我陈述法

预报训练是让运动员在完成技术动作的过程中，始终保持头脑中运动知觉形象的完整和清晰。通过对动作的知觉预测来监督和校正技术动作。通常情况下，运动员一出手，一个上步立即会感到其效果如何。一旦根据预报感到节奏不对、距离感不好或受到对方假动作欺骗时，立即加以调整。这种调整是以对动作和成败关系正确反映为依据的，是在知觉和思维基础上进行意识监督的结果。通过这种途径形成的运动技能、技巧可以受到人的意识控制。既可以迁移到新技能中，也便于对旧技能加以改造。因此可以提高形成和发展运动时空知觉和距离感的速度。运动员在训练中对自己每一攻防动作的结果预报越来越准确，那么他对自己与对方的距离、判断对手的每一细小动作，以及自己出击的力量、速度、节奏、方向和幅度的知觉也越来越精确，在他的大脑皮层中形成稳定的暂时神经联系。

动作的自我表述，是训练运动知觉另一重要手段。运动员利用口头言语分析、陈述技术动作，理解动作要领，这是对肌肉动作进行反馈的训练过程。它可以激活头脑中各种经验对运动知觉的补充或修正，并协调运动觉在大脑皮层中处于优势地位，距离感等时空特性趋于精确。而内部语言的省略性、片断性、语言不明确等特点是起不到口头言语所起的作用。

二、注意与反应

（一）注　意

在武术散打技、战术训练和比赛中，需要运动员有良好的注意品质。武术散打是一对一的对抗项目，对注意的范围要求比较狭窄，这有利于注意力的集中。如果将心理活动指向于对手，称为狭窄外在注意型，这种注意型要是具有积极的性质，那么在紧张激烈地比赛中不为场上热烈情景所分心，不为自己内部念头或情绪所动摇，而能专心致志地注意对手的一举一动，并适时做出相应的反应。要是具有消极性质，就容易分心，顾此失彼，失去自我控制。如果将心理活动指向自己内部的思想、情绪和自身动作称为狭窄内在注意型，它同样也有积极和消极之分。前者能主动将注意集中于内在的情绪、思想和自身动作，后者只注意某一种心理内容，经常陷于片面性，使注意对象成为注意灵活性的障碍。

注意的合理分配与转移是有意注意的特点，也是注意灵活性大小的两种具体表现。对于武术散打运动员来说，往往需要将注意力分配给对手、自身的动作以及内部心理因素。当然对于三种注意对象并不是每时每刻平均分配注意力，而是在某时刻将注意中心集中于某一对象，注意边缘部分兼管其余对象，在双方对峙中，注意的中心在对方身上，边缘部分监控自己的步法移动，内部情绪的稳定并保持高度警惕。不过在激烈地对抗时，再将注意力分配给内部心理活动比较困难，但这些内部心理活动恰恰就是调整自身运动的执行者。如有时运动员由于急躁、鲁莽、发挥不出自己应有的技战术水平，这就是因为运动员没有注意随时调节自己的情绪、意志等心理活动在一个适宜水平，而让自己全身心处于不良情绪控制之下，而本人还意识不到。可见运动员缺乏对各种对象注意的合理分配，就会给训练、比赛带来不利影响。所以教练员要善于诱导运动员了解、分析自己的注意分配特点，在训练中经常提醒，帮助他们提高注意分配能力。

注意的转移，是两种对象之间先后迅速交替，这可以大大弥补注意分配能力不足，可以使注意兼顾更多的方面。由于在武术散打中，对手只有一个，无器械，所以注意转移的范围是在狭小空间内进行，这就为注意迅速从对方的动作转移到自身动作，或内心活动提供较大的可能性。注意的分配和转移常常由于神经过程的灵活性和强度所规定，因此在选材，平时的训练，以及实战方案的制定应有针对性。

注意，在强度上只是注意的紧张性，在时间上的表现是稳定性。这二者在武术散打运动中常常是一对矛盾。在三局比赛中，运动员注意力高度集中，不能有丝毫松懈，这样容易产生精神上的疲劳，或者有时刚刚遭到打击，注意力还在疼痛部位，头脑中还有刚才遭到打击的表象，这些都可能引起注意力下降，甚至分心，以致产生一系列不良后果：反应下降、战术思维迟钝，等等。有经验的运动员会从对方的眼神中看出这一点，虽然对方还在紧盯着自己，但眼神较为呆滞，固定在某一点。这是攻击对方的最好时机。所以一个人需要发展积极的注意品质和掌握有意注意的手段和方法，即明确训练、比赛的目的任务，培养稳定的间接兴趣，培养顽强的意志品质，不断地同各种干扰作斗争，提高自我调控的能力。

（二）反 应

它是有意识地回答刺激的行动。众所周知，武术散打的反应属于复杂（选择）反应。即在反应过程中，同时有几种可能出现的刺激物和几种可供选择的应答动作。但事先并不知道实际要出现何种刺激物，也不确定哪一种应答动作。如在对峙过程中，不知道对方是进步还是跃步，是拳击还是脚攻，作为反应的一方可能是躲闪，也可能是格挡，反击的动作可能是拳腿的攻击，也可能贴身的摔打，等等。

反应，在武术散打运动中是非常重要的。反应快的常常是处于主动地位。武术散打的复杂反应，可以通过训练来发展。

1. 掌握武术散打技、战术的内部规律。如一般组合拳腿总是长短、上下、左右结合，这样可以加强对动作的预测，提高反应预备期的准确性。

2. 积累实战经验，尤其是比赛中的经验，储备对付各种攻击手段和防守反击的技、战术，这样在反应过程中可以迅速选择有利的应答动作。

3. 提高技术动作的合理性，特别是动作之间的衔接要简易、实用。如一个动作既是躲闪，又是攻击的开始。

4. 提高大脑神经活动过程的灵活性，即神经传导的起止速度和兴奋与抑制的转换的快慢、难易。这和一个人的神经类型，临场是否具有积极增力的情绪、顽强的意志有关。

第二节 武术散打战术中的心理学基础

一、观 察

它是一种有目的、有计划、比较持久的知觉。也是战术思维、战术意识的先决条件。在学习武术散打的各种技能，技战术及实战中都需要观察。一个勤于观察，又善于观察的运动员，可以随时留意各种类型的运动员，以及他们在各种情况下惯用的打法，以便博采众家之长形成自己有效的攻防体系。运动员的观察力，可以通过长期训练和比赛得到发展，但要遵循以下条件。

（一）观察要有明确的目的

即带着问题去观察。如攻防的转换、摔打的方法等。这样，在观察中，就能积极主动地、有选择地将外部信息变为自我的战术思维素材，并和自己已有的知识经验结合起来，从而获得良好的效果。

（二）要有丰富的武术散打运动知识和经验

一个经验丰富的武术散打运动员对双方快速变化的动作肯定要比新手观察得深入、清晰。

（三）观察必须系统而周密

如在观察教练的示范和优秀运动员的技术动作时，应善于在细微之中发现主要问题，在相似甚至在相同中发现差异，并及时总结观察结果，将别人的优点融进自己的技、战术体系中去。

二、战术思维

武术散打训练、比赛需要实施一系列的技术、战术。这些技、战术在什么形势下运用、怎样运用，思维起到组织、调控作用。由于在比赛中时效性很强，要求运动员在刹那间精确分析、判断，制定对策，付诸行动，因此战术思维的手段，形式不像一般思维以公理、定律，有充裕时间来判断、推理，而是依靠过去的经验，凭直觉形象来完成战术任务。因此大量丰富的有关知识经验是战术思维的内部前提。

战术思维，包括赛前的准备和赛中的调控。任何技、战术离开思维的支配、选择、组织和调节，只能是习惯性动作，是完不成任务的。一个有经验的高水平运动员在赛前会针对对手的特点制定相应的战术方案，这样会增强信心，减少攻防的盲目性。但场上的情况会不断变化，往往是出乎意料。这时思维会判断形势，及时调整技术动作和战术方案。如对方一贯以防守反击出名，这次却主动进攻。那么采取的对策，是对攻还是防守反击，经过几个回合的较量，认为还是加强防守，等到第三局对方体力不佳时再展开猛烈进攻，其结果符合实际情况，这就是战术思维的灵活性和实效性。随着实践经验不断丰富，战术思维能力不断提高，运动员会在比赛前形成各种战术思维模式。如对付高个、长臂，善于远距离攻击的是一种战术模式，对付矮个、腿法好、又喜欢贴身摔的是一种或几种战术模式。只有多种模式的思维，才能随机应变，出奇制胜。

三、战术意识

战术意识是指运动员在比赛中运用战术方面意识到的自觉的心理活动。它包括运用战术时所涉及的感知、记忆、思维和想象等心理活动的总和。如产生战术形式到做出行动反应的时间间隔非常短，要求运动员瞬间而且是公式化地完成战术任务，以致他们往往不假思索地选择一个战术方案。事后很难分析出哪些动作是思维后产生的，哪些是凭直觉完成的，而实际上感觉运动应是他们行动的机制，对变化形式的快速感知和判断，准确地从记忆中提取所需的动作，富有成效地思维等，这些都表明运动员处于良好的意识状态。它可以保证运动员在比赛中合理准确地应用体能和技术，以及巧妙地运用战术，从而顺利解决各种复杂问题。提高运动员战术意识的方法有如下几种。

（一）意识性训练

如表象训练和想象训练。

（二）实战训练

在带有比赛情景的练习中，加深对战术的理解和熟悉。

（三）实践经验总结

帮助运动员对比赛各个环节，战术初理情况的优缺点作出正确的评价，加深运动员对比赛中各种情况及其规律性有所认识。这些都将有效地促进运动员战术意识的发展。

第三节　武术散打训练比赛的情绪（情感）、意志和个性

一、情绪（情感）

昂扬的斗志，振奋的情绪，可以提高运动员的反应速度、知觉敏锐性、战术思维的敏捷和有效性，可使身体发挥出巨大潜力。相反，恐惧、过分激动或冷漠等消极情绪会使运动员注意力涣散，反应下降，距离感消失，战术思维贫乏和局限性。武术散打运动员在高强度的对抗训练中，其生理、心理的紧张度肯定会超过平时的工作、学习、劳动等，甚至超过别的运动项目运动员所具有的身心紧张。无论在体能训练，还是技、战术训练中，都会感到有某种或几种混合情绪在内心得到体验，并支配自己的行动。而比赛中的一些特殊条件：如比赛的任务、规模、个人比赛动机、双方实力对比等，使得在竞赛中体验到的情绪强度和激烈程度比训练时要大得多。如比赛进行到白热化程度，运动员的情绪达到一种最佳状态。在此影响下运动员的注意力高度集中，反应极快，战术思维异常活跃，身体的疲劳、疼痛全然不知。这些现象在训练中一般是不会出现的。再如新手初次参加大型比赛，往往会产生过分激动的情绪状态，这时他表现出运动感知觉迟钝，反应

缓慢，无预测力，思维模糊，平时熟练的动作也变得僵硬、不协调等反常现象。因此，在训练，尤其比赛中应将紧张、激动情绪的调整到一个适宜水平，过强或过弱都不利于技、战术水平的发挥。

二、意志锻炼

克服训练时产生的肌肉酸胀、伤病的疼痛和由长期艰苦训练产生的厌倦情绪等，需要有坚强的意志，比赛到了最艰苦的时刻，就更需要巨大的意志努力。意志努力的程度大小与克服困难程度大小成正比，克服困难越大，所需意志努力程度越高，也就越能表现出意志品质的坚强。武术散打运动员必须具备的意志品质有主动独立性、勇敢、果断。

培养上述意志品质可以从以下几方面着手。

（一）培养运动员具有远大目标和道德情感

一个人目标越大，理想越崇高，则越能在行动中表现出意志力。而道德情感是意志的动力，它们可以促进意志的形成和发展，使意志更加坚定。

（二）在训练比赛中磨炼意志

训练和比赛经常是在各种内外交困的情况下进行的，教练员可以有意识地激励运动员克服困难的信心。在克服困难的过程中可以有效地培养运动员的独立性、勇敢和果断等意志品质。对于一些意志品质较薄弱的运动员也可以采取一些具体措施。

1. 激励法

介绍和宣传运动员所尊敬的优秀选手的坚强意志，以激励他们产生仿效的愿望。

2. 诱导法

人为地设置一些困难条件，开始应从易到难、从简到繁，循序渐进，逐步培养克服困难的信心和决心。

3. 刺激法

通过大强度、大密度的训练来刺激机体，使之能承担更大的运动量，使意志不断得到磨炼。

4. 强制法

通过一定的行政手段，要求运动员完成各种任务，培养严格的组织纪律性，加强责任感，关键时刻能顶得上。

（三）意志的自我培养

要将外在的严格要求，变为内部的性格特征，这主要还是通过自我培养、自我教育才能起作用。在意志自我培养中应注意如下。

1. 实事求是地评定自己的优缺点、意志的强弱。

2. 存训练比赛时自觉地养成自我监督、自我命令的习惯。

3. 掌握意志自我培养的原则。无论干什么都要有一个明确的目的，善于预测自己的行动效果与结果，以及检查自己行动还有哪些不完善的，以便改正。

三、个性的培养

散打运动使运动员经常处在一种紧张状态，要求运动员调动全身各个器官投入到训练比赛中去。这需要消耗大量的神经、肌肉能量，同时也不断提高运动员应付身心紧张的能力。这些能力的获得，对他的个性和运动中所必需的心理品质形成与发展，产生巨大影响。

性格，是对周围客观现实的稳定态度及其相适应的习惯行为方式。通过长期紧张艰苦的训练比赛，教练员有目的地培养，运动员有意识地磨炼，以必要身心紧张为基础的独立性，勇敢和果断等意志品质，会在其性格结构中逐渐固定下来，成为他稳定的性格意志的特征。同样，一个新手在训练比赛中难免会交替出现一些积极的或消极的情绪。但在长期实践中，使他认识到只有积极的、稳定的情绪才能保证比赛取得胜利。于是他会努力朝积极方向去做，改正情绪中的消极因素，使他在各个不同的场合、不同的时间，都能有大致相同振奋的增力情绪。有着大致相同的情绪稳定性、深刻性、倾向性，这时就形成了其特有的性格情绪特征。在许多武术散打运动员中，我们可以发现他们在学习掌握技能、提高技术、临场发挥等方面存在认识过程的差异性。如有的人善于观察，记忆好，对别人的优点过目不忘，有的人勤于思考。这些性格的理智特征的形成和发展与教练员的平时训练、指导方式、训练环境及队友的影响，以及自身个性特点有关。尽管气质在长期训练中可以得到掩盖与改造，但它毕竟有其先天性的、稳定的特点。教练员了解运动员身上存在某种气质类型，将有助于训练计划和战术方案的制定。

（一）胆汁质

兴奋性高，反应快，爆发力强，但容易冲动。因此教练员在赛前要帮助他降低兴奋性，心理上保持冷静，不要过早反应，以免受对方假动作欺骗，在赛前防止出现过分激动状态。在训练中既要培养他成为主动进攻型选手，也要培养坚持到底的坚韧性，并教会他一些心理控制的训练方法。

（二）多血质

反应快，思维敏捷，在多变的任务面前表现出较强的体力和各种技、战术能力。但这类运动员往往过于自信，注意力易分散，坚持性较差。所以平时就应对他们严格要求，加强纪律性。比赛前多进行一些集中注意力的心理训练，在技、战术上要培养他们成为灵活多变，以智取胜的选手。

（三）粘液型

反应较慢，思维较迟钝，预测不及时、不准确。因此教练员在训练时应给他们制定详尽的行动计划。制定在各种条件下备用的战术方案。演练娴熟，并想象在未来的比赛中对手可能打出的战术，制定相应的策略和方案。他们的战术类型主要是防守反应型的。由于这一类运动员行动坚决，如果策略、方法正确，仍能发挥出较好的水平。

（四）抑郁型

在武术散打运动员中，尤其是高水平的运动员中不多见。这种类型的人一般不适于从事武术散打运动。

第四节　武术散打比赛中的心理学基础

心理训练和身体训练，技战术训练一起，组成现代训练体系。强大的体能是保证比赛胜利的生理物质基础，精湛的技、战术是取胜的基本条件，而良好的心理品质则是体能和技、战术得到充分发挥的内部动力。科学研究表明：人的运动潜能的发挥，在于体能、技能和心理因素的有机结合。心理训练在训练的体系中所占有的地位，因项目、人的心理特点而有所差异。

一、心理训练的种类及其任务

（一）赛前心理训练

一般赛前 2～3 周开始，其具体任务如下。

1. 使运动员了解此次比赛任务的社会意义，激起良好的比赛动机。

2. 搜集和研究将面临比赛及包括对手的心理素质等各方面的情况，然后从身体、技战术、心理品质进行比较，制定出克敌制胜的策略与战术。

3. 赛前训练要创造一定的条件，以便运动员消除过度心理紧张。

4. 在提高运动员意志品质、信心和战术思维的条件下，训练他们善于克服各种困难，以及应付突然产生障碍的能力。在训练中贯彻上述具体任务，是要使运动员确定参加比赛的目的，建立达到目的的心理定向，形成实现目的的信心，掌握自我调节和自我控制心理状态的方法，以达到最佳竞技状态。

（二）比赛过程的心理训练

它分为每次比赛前的心理调节和心理状态控制；一次比赛中心理影响，两次比赛间（包括每局比赛之间）心理影响，赛后消除生理和心理疲劳等。

二、心理训练方法

目前国内外对运动员进行心理训练的方法很多。

（一）暗示和放松训练

这种训练是通过语言暗示（他人或自我的），调节自主神经系统，使神经和肌肉得以放松的方法。一般采用放松训练的方法，可以分为 6 个步骤。

1. 开始姿势。舒适地仰卧在床上或长凳上，坐姿也可。两臂自然地放在体侧，两腿稍叉开，姿势确定后，初始应闭目，尽力使心绪安静。

2. 正式练习入静

练习一：一臂充分放松，使其产生沉重感，暗示语："我的臂很沉重"。收效之后，要使这种沉重感扩展到其余肢体。

练习二：使外周血管扩张，肢体产生温暖感。每次暗示时，都要在内心使过去有关体验重现。如想象自己右臂正浸泡在热水里，每天做 2 ~ 3 次，经 10 天左右，一般就能做到四肢产生温暖感了。

练习三：调节呼吸器官，使之有节奏的呼吸，更加深沉安静，暗示的同时，使自己感到呼吸缓慢而有节奏。

3. 对内脏器官产生影响的练习，将注意力集中于腹腔丛，两手交叉压放在腹腔丛部位，使腹部产生温暖感。沉重和温暖感都集中于腹腔丛，腹部从容地参与均匀呼吸，随着掌心下面的舒适温暖感在扩散，好像整个腹腔丛在散发热气。

4. 对心血管系统施加影响。通过暗示，调节心率，在默念同时，好像感到自己的心脏在有节奏地跳动。

通过上述活动，能有意识地调节由肢体到呼吸，进而内脏和大脑的活动状况，从而调节植物性神经机能，使肌肉放松，消除疲劳，解除紧张，达到储备生理、心理能量的目的。对参加比赛的运动员来说，不仅要学会控制肌肉放松、调节兴奋和抑制的平衡状态，还要善于动员身心的全部潜能，更好的进入竞技状态。

（二）模拟训练

这是根据比赛对手、环境、条件等方面的了解与分析，做出适应这些情况的训练安排，模拟训练的内容应尽可能与比赛情况相似，加强应付各种变化情况的适应能力。这对没有什么比赛经验的新手来说是尤其重要。模拟分实景模拟和语言图象模拟 2 种。

1. 实景模拟

在训练过程中，设置运动竞赛的情景和条件，让运动员感到训练情景和正式比赛时一样。除了比赛情景外，还要对作息时间、饮食起居等干扰因素的模拟。对对手技术的模拟，也是相当重要的，即陪练队员采用对手的技术来帮助参赛队员提高在比赛中的适应能力。

2. 语言图像模拟

利用语言和图像进行表象的模拟练习。如描绘未来竞赛的情形，引进运动员大脑的暂时神经联系活动，从而形成对比赛情境的先期适应，有利于比赛时的心理稳定。

（三）集中注意力训练

在比赛前和比赛中，人的注意力容易受到主、客观条件的影响。因此。保持注意力的高度集中，是在比赛获胜的重要条件。注意力分散的原因，往往是情绪波动，杂念过多，或是精神和身体的疲劳，以及比赛环境不适应，等等。但从注意分散到集中，必须通过一段时间训练，加强注意稳定性，提高干扰能力。其具体措施如下。

1. 培养对武术散打运动的浓厚兴趣和良好动机。这样有助于训练，比赛时全神贯注。

2. 培养意守能力。即把注意力集中在如“丹田”这样的穴位或内脏器官上，使得外界事物对自己不起或少起影响作用。与此同时，还可以和“视觉守点、听觉守音”结合起来练习。

3. 正确地选择注意对象。即注意对象（心理定势）在动作完成的敏捷和顺畅上，如果注意集中到比赛环境或比赛名次，则可能起副作用。

4. 在日常生活中，办事要有主见，观测始终，尽可能减少暗示性。

（四）表象重现与念动训练

表象重现训练是运动员有意识地、系统地在脑中再现已形成的运动动作表象。在训练和比赛时，运动员用语言暗示重现过去最佳竞技状态的运动表象。这种重现，可以是比赛情景，也可以是情绪体验的表象，但其内容必须是积极的、正确的、成功的。这样会唤起运动员的信心，消除紧张情绪。为了增强表象训练的效果，技、战术动作表象时间的长短、节奏应尽量与比赛中的实际情况一致。

以上仅介绍常用的心理训练方法，教练员和运动员在运动实践中可以根据每个人的具体情况，每次比赛具体情景，灵活加以运用或创造更好的方法。

三、赛前的心理准备

为了取得比赛的胜利，不仅要从身体、技战术方面准备，也要从心理方面进行充分地准备，形成最佳心理状态。赛前心理准备如下。

（一）确定良好的比赛动机

运动员参加比赛往往有多种动机，这时教练员应根据运动员不同特点，进行不同的诱导与教育。运动员认识比赛胜利对集体、对祖国荣誉的意义越深刻，就越能为形成良好的比赛心理状态创造条件。另外，也不能否认运动员参赛的个人动机，关键在于要摆正社会动机和个人动机的关系。

（二）树立必胜的信心

信心，是发挥运动员能力的最重要条件之一。没有信心会导致运动员心理过程混乱，影响技术实力和战术的发挥，甚至招致失败。造成无信心的原因很多：如比赛经验不足；由于以前曾被打败过而产生心理障碍，过高估计对手；对教练提出的战术方案产生怀疑，等等。树立信心，除形成正确的比赛动机，了解运动员个性特点和意志品质，有针对性地教育外，还可采用心理训练方法，帮助他们树立信心。如赛前公开训练、测验或模拟比赛，让运动员经常在假想的各种情况下进行练习，这对武术散打训练及比赛相当重要。

（三）顽强的战斗意志

武术散打比赛是对运动员意志的考验，因为在比赛中始终是在高强度、快节奏的相搏气氛中进行的，任何一点意志松懈都会导致失败。因此，主动、勇敢、顽强的意志品质，可以使比赛中的困难变为顺利，被动变为主动，劣势变为优势，弥补体力和技术的不足，甚至改变整个比赛局面，达到取胜的目的。对意志品质的培养，前面已谈过，这里只强调的一点：从难、从严、从实战出发地刻苦锻炼，是培养一个优秀武术散打运动员的重要途径，平时培养什么样的作风，比赛时就会表现什么样作风。所以平时训练，就要在复杂而艰苦的条件下进行，培养适应鏖战环境，勇于克服困难的顽强意志。

（四）形成最适宜的情绪和兴奋状态

比赛时的情绪直接影响到技术、战术的发挥。运动员比赛前的情绪肯定是兴奋的。但兴奋强度不能过高，也不能过低。过高，会产生赛前热症，整个心理过程处于紊乱状态，肌肉僵硬，技战术走形；过低，各方面机能都不能充分调动起来，同样也发挥不了应有的技战术水平。只有将情绪兴奋程度保持适宜的水平，才能充分发挥自己的应有水平。在赛前心理准备中，首先要培养运动员具有高度责任心、荣誉感，只有这样，才会在困难中克服恐惧、消沉等不良情绪。其次，要使运动员掌握自我调节情绪的手段，有意识地改变影响情绪的体验条件，以使注意力转移到具有积极情绪作用的刺激物上，改变表象内容，增强取胜的信心。

第十一章　武术散打运动损伤与防治

第一节　武术散打运动常见的损伤

运动性伤病包括运动损伤和运动性病症。运动损伤是指机体在运动中内力、外力的作用下引起的一系列急慢性损伤；运动性病症是指因训练安排不当或比赛训练时的负荷过大而造成的运动员身体机能下降或功能紊乱所出现的各种疾病与症状。

一、武术散打运动员运动性伤病预防与救治的训练学意义

作为技能类格斗对抗性项目的武术散打运动，以互相击打为对抗的基本形式，比赛中对抗激烈，动作变化快，运动强度高，难免会发生这样那样的伤病。即使是在没有对抗性的训练中，也常常由于种种原因，导致伤病的发生。

运动性伤病不仅会使武术武术散打运动员无法参加训练或比赛，妨碍运动成

绩的提高，缩短运动员的运动寿命，或使运动员过早地结束运动生涯，而且，严重的损伤还会导致运动员伤残或丧失生命。另外，运动性损伤会给运动员和群众带来不良的心理影响，有碍武术散打运动的推广与普及。因此，研究武术散打运动员伤病发生的原因和规律，采取有效的预防和及时合理的救治，是武术散打运动训练中不可忽视的问题，具有重要的实践意义。

伤病的有效预防，可以减少训练中意外的发生，使运动训练得以持续健康地进行，保证运动员训练水平不断提高。对意外或突然发生的损伤事故进行急救和有效的临时处理，可以保护伤员的生命安全，避免再度伤害，减轻损伤者的痛苦，预防并发症，为伤员的转运和进一步治疗创造条件。另外，伤病及时合理的治疗和康复，可以阻止急性伤病的发展，促进慢性伤病的早期康复，恢复运动员的运动能力，促使运动员尽快重返训练和竞赛场。

武术散打运动员运动性伤病中，运动损伤占主要地位。运动性病症常见的主要有运动性血尿、运动性贫血、低血糖等几种，其发生原因主要与运动员身体状态和运动负荷有关，本书将其在第四节中论述。以下各节主要针对运动损伤进行探讨。

二、武术散打运动员常见运动损伤发生的特点

武术散打运动员运动损伤的发生与武术散打运动中的训练安排、技术动作特点、运动员的身体素质与训练水平、运动环境等因素有关。

与其他项目相比，武术散打运动员的损伤发生率是较高的，尤其是专业运动员发生率更高。对1996年全国武术锦标赛中武术散打团体赛和个人赛的参赛213名男运动员的检查与调查统计表明，100%的运动员都曾发生过两次以上的损伤。

武术散打运动员的损伤可以发生在全身各部，但各部位各种类型损伤的发生率也有较大差别。总的来说，在相互对抗中，引起的鼻黏膜损伤出血最为常见，其次是身体各部位的擦伤，尤其是小腿部的擦伤。上肢损伤以肩关节脱位、肩袖损伤、肘内侧软组织捩伤、指间关节损伤最多见；下肢最常见的是小腿部擦伤、膝关节内外侧副韧带损伤、踝关节扭伤、足背挫伤及足舟骨和跖骨骨折。尤其是在比赛中不戴护头、护胸、护腿时，损伤发生概率更大，尤其是头部损伤，还常

发生眉弓或眼角开裂。

虽然人们较多注意武术散打运动员在比赛中发生的损伤，但是大多数损伤还是发生在训练中。据统计，比赛中发生的损伤只占28%，训练中发生的损伤占72%。训练中发生的损伤有急性也有慢性，但以慢性和劳损性损伤为主；比赛中发生的损伤则主要是急性损伤，另外也有部分是旧伤复发或加重。

有人对散打专业男生44人在训练中损伤的调查结果显示，武术散打运动训练过程中损伤的发生主要在关节部位。发生率从高到低依次为：腕—膝—趾—踝—指（表11－1）。分析原因，主要是因为某些关节灵活性强，不稳定，承受力差，在剧烈运动时重心不稳的情况下，关节易向一侧倾斜，就可能造成关节的扭伤。另外，关节经常做超幅度的运动，使关节头与关节面不吻合，不断旋转碾磨，也是关节损伤高发的原因。

表11－1　武术散打训练损伤部位统计表

<table>
<tr><td>部位</td><td>指</td><td>腕</td><td>肘</td><td>肩</td><td>颈</td><td>胸腹</td><td>趾</td><td>踝</td><td>小腿</td><td>膝</td><td>大腿</td><td>髋</td><td>合计</td></tr>
<tr><td>例数</td><td>19</td><td>32</td><td>9</td><td>15</td><td>10</td><td>5</td><td>25</td><td>23</td><td>12</td><td>31</td><td>3</td><td>8</td><td>192</td></tr>
<tr><td>构成%</td><td>9.8</td><td>16.6</td><td>4.7</td><td>7.8</td><td>5.2</td><td>2.6</td><td>13</td><td>12</td><td>6</td><td>16</td><td>1.5</td><td>4</td><td>100</td></tr>
<tr><td rowspan="2">合计</td><td colspan="4">（上肢）75例</td><td>10</td><td>5</td><td colspan="6">（下肢）102例</td><td>192</td></tr>
<tr><td colspan="4">38.9%</td><td>5.2</td><td>2.6</td><td colspan="6">52.5%</td><td>100</td></tr>
</table>

（朱翠立，2000）

有人对10名不同级别的武术散打运动员在某一场比赛中的损伤情况的调查表明（表11－2），在比赛中的损伤规律与训练中基本一致：下肢损伤率最高，其次是上肢，躯干占第三位，头部损伤最少。究其原因，武术散打运动中下肢负担最大，又是主要击打和被打部位，没有上肢灵活。上肢由于部位高、面积小，也较灵活，故其损伤率较下肢少，但由于上肢既要进攻又要防守，因此损伤率也较高。躯干是主要被攻击对象，但相对距离较远又有上肢防护，位列第三；头部因部位较高、被击打面积小、又是着重保护的对象，损伤率最低。

表 11－2　武术散打竞赛中运动员各部位损伤次数与损伤率

部位	下肢	上肢	躯干	头部
损伤次数	67	56	45	25
损伤率	41%	30%	24%	14%

（戴伟宇，1999）

从损伤的解剖学性质上分析，武术散打运动员的损伤主要是软组织损伤，包括肌肉、韧带、肌腱、筋膜、关节囊、腱鞘、皮下组织等，但也有骨组织和内脏器官的损伤，如大脑的损伤。戴氏的统计结果表明，肌肉损伤居第一位，关节损伤占第二位，骨性损伤占第三位（表 11－3）。这基本反映了损伤由浅入深的规律。肌肉面积大且表浅，故最易受伤；骨头硬且位置深，又有肌肉包裹，所以受伤最少。

表 11－3　武术散打比赛中肌肉、关节和骨性损伤的次数与损伤率

部位	肌肉	关节	骨性
损伤次数	49	23	19
损伤率	43%	34%	26%

（戴伟宇，1999）

从专项技术过程和特点的角度看，武术散打运动竞赛中的损伤有以下特点：第一、被动挨打性损伤率最高，损伤程度较严重；第二、主动进攻损伤次之，损伤程度较轻；第三、空打性损伤率较低，但损伤程度较严重。

第二节　武术散打运动损伤发生的原因与防治

一、武术散打运动员常见损伤的发生原因

（一）思想上重视不够，缺乏预防损伤的必要知识

武术散打运动损伤的发生，常与武术散打训练组织者、指导者和参与者对预防运动损伤的意义认识不足、思想上麻痹大意及缺乏必要的预防知识有关。有些教练员实施训练不系统，缺乏安全意识，不重视安全教育，在训练和比赛中没有积极采取各种有效的预防措施，发生运动损伤后，也不认真分析原因、总结经验教训，使伤害事故时有发生。

（二）缺乏合理的准备活动

准备活动的目的是进一步提高中枢神经系统的兴奋性，增强各器官系统的功能活动，使人体从相对的静止状态过渡到紧张的活动状态。据国内有关调查资料的分析，缺乏准备活动或准备活动不合理，是造成运动损伤的首位或第二位的原因。武术散打运动训练中在准备活动问题上常存在的问题如下。

1. 准备活动不充分

武术散打运动训练中，常用的练习程序是先做一些热身活动，使神经系统的兴奋程度和其他各器官系统的功能活动适度动员起来，然后进入压腿、踢腿、下叉等专项练习。这些练习的动作幅度大、速度快，要求相应的对抗肌不仅具有很好的伸展性，还必须具备及时放松、协调配合的能力。如果准备活动不充分，肌肉的伸展性没得到充分改善，神经系统的兴奋性也较低，对抗肌弹性和伸展性较差，不能及时而充分地放松，进入练习时操之过急，猛踢、猛打、猛拉，就容易

发生肌肉和韧带拉伤。朱翠立的调查统计表明，在训练中，准备活动不充分是运动员损伤发生的首要原因，其次才是疲劳和技术动作错误等（表11-4）。

表11-4　武术散打训练中损伤发生原因统计表

原因	准备活动不充分	疲劳	带伤训练	局部负担过大	技术动作错误	没带护具	合计
例数	26	16	15	9	16	14	96
构成%	27.1	16.6	15.6	9.4	16.6	14.6	100

（朱翠立，2000）

2. 准备活动的内容与正式运动的内容结合得不好，或缺乏专项准备活动

充分的准备活动需要结合专项运动来设计，有主有次。没有针对性的准备活动，运动中负担较重的部位没有得到充分地预备时，或者两次训练活动间的间歇时间较长，运动员忽视进入第二次练习前的准备活动时，或因长时间的停训休息后，消退的专项条件反射性联系尚未恢复时，幅度过大、力量过强、速度过快的动作都会造成关节韧带扭伤、肌肉拉伤。

3. 准备活动的时间过长、量过大

过长、过大的准备活动后，身体已经出现疲劳，再参加正式运动时，身体的功能水平不是处于最佳状态而是有所下降，此时参加剧烈运动时身体容易受伤。

（三）技术动作的错误

技术动作的错误，违反了人体结构功能的特点及运动时的力学原理而造成损伤，这是初参加运动训练的人或学习新动作时发生损伤的主要原因。另外，在学习动作时没有掌握正确的动作要领，不注重动作的技术环节，一味儿追求效果，急于求成，或者过于侧重力量性练习，忽略了柔韧性、灵活性练习，都会导致技术动作失误，导致损伤发生。再次，不必要的精神紧张和疲劳或劳损的肌肉也是形成错误动作的重要原因。

（四）运动负荷（尤其是局部负担量）过大

安排运动负荷时，没有充分考虑到锻炼者的生理特点，运动负荷超过了锻炼者可以承受的生理负担量，尤其是局部负担过大，引起过度疲劳，酸性物质积累，营养物质不足，肌肉的弹性、伸展性、力量和协调性降低，受到快速牵拉，很容易损伤，即使没发生大的损伤，但长期微细损伤的积累而造成慢性劳损，这也是专项训练中造成运动损伤的主要原因之一。

（五）身体机能下降

在睡眠或休息不好、患病受伤或损伤初愈阶段及疲劳等身体机能下降时，肌肉力量、动作的准确性和身体的协调性显著下降，甚至技术熟练的运动员，在这种情况下也可能发生运动技术错误，而引起损伤。同时，随着生理机能下降，运动员警觉性和注意力减退，反应较迟钝，此时参加剧烈运动或练习较难的动作，就很容易发生损伤。

（六）心理状态不良

运动员参加训练或比赛时的心理状态与运动损伤的发生也有着一定的关系，如运动员心情不好、情绪低落或急躁、训练缺乏自觉性和积极性，思想不集中，兴奋不起来，这时参加运动训练或者比赛，必然容易受伤；心情急躁，急于求成，或者信心不足、胆怯犹豫，或者赛前过于紧张，场上心慌意乱等都会造成运动员自控能力差，常导致损伤发生；运动员好胜心强，好自我表现，不顾主客观条件的可能性，盲目或冒失地进行运动与比赛，或者心理品质训练不够，缺少勇敢、果断、坚毅和胜不骄、败不馁的自控能力时，也常常引起损伤的发生。

（七）组织方法不当

在训练中，不遵守循序渐进、系统性和个别对待的原则；实战训练和比赛中分组不合理；在组织方法上，学生过多，教师缺乏及时正确的指导，缺乏保护和自我保护措施；比赛日程安排不当，比赛场地和时间任意更改；允许有病或身体不合格的人参加比赛等，这些都可成为受伤的原因。

（八）场地设备缺陷

运动场地不平，有小碎石或杂物；地垫维护不良或年久失修，表面不光滑或有裂缝或地垫密合不严，边界区有缝隙；缺乏必要的防护用具（如护头、护裆、护腿，护腕、护踝等）。

（九）不良气候的影响

气温过高易引起疲劳和中暑，气温过低易发生冻伤，或因肌肉僵硬，身体协调性降低而引起肌肉韧带损伤；潮湿高热易引起大量出汗，发生肌肉痉挛或虚脱；光线不足、能见度差，影响视力，使兴奋性降低和反应迟钝而导致受伤等。

二、武术散打运动员常见损伤的预防原则与措施

（一）重点预防

训练中的损伤以慢性的损伤居多，这些慢性损伤可由一次急性损伤后处理不当或恢复训练过早而转变成慢性损伤造成，但更多的是因运动负荷安排不当，局部负担过重引起多次微细损伤的积累而成。因此，除做好急性损伤的正确处理之外，更重要的是要科学地安排训练，防止腱止装置和骨等各种组织的劳损发生。

在实战训练或比赛中，急性损伤相对较多，而劳损较少，这时要注意急性损伤的预防。在损伤种类的构成比上，关节扭伤占首位，其中以腕关节、膝关节及踝关节扭伤为最多见。因此，尤其应加强手腕、膝关节及足踝关节的力量训练以及有关各项技术动作的训练和指导。

（二）运动损伤的预防原则和措施

1. 加强思想教育

平时要积极认真地对运动员开展预防运动损伤的宣传、教育工作，使其在运动训练和比赛中，克服麻痹大意思想，并要求掌握运动损伤的预防知识，采取各

种行之有效的预防措施，认真贯彻以预防为主的方针。

2. 合理安排教学、训练和比赛

教练员要根据运动员的年龄、性别、健康状况和运动技术水平，认真研究技术动作，估计哪些动作不易掌握和哪些技术动作容易发生损伤，做到心中有数，事先采取相应的预防措施。加强全面训练，合理运用各种形式的身体练习方法，全面提高运动员的身体素质。加强基本技术教学，使学生正确掌握踢、打、摔、进退、攻防等动作要领，掌握正确的动力定型。即使是运动成绩较好的儿童少年，也应在全面训练的基础上结合专项训练，不宜过早或片面地进行专项训练，也不要过早地要求他们出成绩。合理安排运动负荷，尤其要注意运动器官的局部负担量和伤后体育活动安排，要避免单一的训练方法，防止引起局部负担量过大。儿童少年活泼好动，即使身体出现疲劳时仍然表现出对体育活动的强烈愿望和浓厚的兴趣，对此要适当加以调整或抑制。要遵守循序渐进、个别对待等教学训练原则。

3. 认真做好准备活动

正式训练和比赛前都要认真做好准备活动。准备活动的内容，要根据训练和比赛的内容和特点而定，既有一般性准备活动（跑步、关节操、热身操），又有专项准备活动，使准备活动最后部分的内容与训练（或比赛）的基本内容相似。对运动中负荷较大和易伤部位，要特别注意做好准备活动，适当地做一些力量性和伸展性练习。

准备活动的量，要根据运动员的特点、气象条件和教学训练或比赛的情况而定。一般认为，兴奋性较低、天气寒冷时，准备活动的时间可稍长些。相反，体育锻炼者的兴奋性较高，或天气炎热时，准备活动的时间可短些。已伤部位的准备活动要谨慎小心。全套准备活动要循序渐进。准备活动的量，以身体感到发热，微微出汗为宜。

准备活动结束距正式训练或比赛之间的时间不宜过长，准备活动结束后应尽快进入正式训练或比赛。在运动中若间歇时间过长或教学训练转折时，都要补做准备活动或补做专项准备活动。

4. **加强易伤部位的训练**

循序渐进地加强易伤部位或相对较弱部位的训练，提高它们的功能，是预防运动损伤的一种积极手段。例如，为了预防髌骨劳损，可采用“站桩”的方法以增强股四头肌和髌骨功能；为了预防腰部损伤，除加强腰背肌训练外，还应加强腹肌力量训练，有助于防止脊柱过伸而造成腰部损伤；为了预防股后肌群拉伤要加强股后肌群的力量和伸展性练习等。

5. **加强保护和自我保护**

保护在武术散打训练和比赛中十分重要，因它是一项激烈对抗性项目，很容易发生技术失误或被击受伤。尤其是刚刚参加训练或学习者，判断和控制能力差，应该穿好护具，做好自我保护。

每个武术散打运动员，都应掌握自我保护的方法，如身体失去平衡时，应立即调整重心以保持身体平衡；当快要跌倒时，要立即低头、屈肘、团身，以肩背部着地顺势做滚翻动作，而不可直臂撑地；从高处跳下时，要用前脚掌先着地并同时屈膝，以增强缓冲作用等。教师要把保护和自我保护的知识与方法传授给学生。

6. **加强医务监督**

对参加运动训练的运动员，都要定期进行体格检查。参加重大比赛的前后，要进行补充检查或复查，以了解体育锻炼或比赛前、后的身体变化。对患有各种慢性病的人，更要加强医学观察和定期或不定期的健康检查。禁止损伤患者或身体不合格的人参加剧烈运动或比赛。要做好自我监督，身体若有不良反应时，应认真分析原因，必要时要请医生作医学检查。要认真做好运动场地、器材和个人防护用具的管理和安全卫生检查，对已损坏的场地设备要及时维修。禁止穿着不合适的服饰和护具参加训练。平时要加强体育保健知识的宣传和教育，增强自我保健意识，提高遵守体育卫生要求的自觉性。

7. **做好运动损伤的调查和统计**

造成运动损伤的原因很多，只有通过调查、统计和分析，了解运动损伤的发生原因和发病规律，才能采取有效的预防措施。填写运动损伤登记卡，是调查、统计和分析运动损伤的基本方法。应做好这方面的工作。

第三节　武术散打运动损伤的现场急救和处理

一、急救的原则和注意事项

急救时必须抓住主要矛盾，救命在先，做好休克的防治。损伤时伤员常因出血、疼痛而发生休克。在现场急救时，要注意预防休克，若发生休克，必须优先抢救休克。其次，骨折、关节脱位、严重软组织损伤或合并其他器官损伤时，应做好伤部的包扎固定，以便安全转运和预防并发症。

急救必须分秒必争，力求迅速、准确、有效，做到快救、快送医院处理。救护人员要保持镇静，切不可惊慌失措或顾此失彼，即使出现危急情况也应镇静地进行有条不紊的抢救工作。经急救处理后，应陪伴伤员到医院，并向医生介绍发病情况和急救经过。

二、休克与休克的急救

休克是人体遭受体内外各种强烈刺激（如剧烈疼痛和大量出血）后发生的一种全身急性循环衰竭综合征。有效循环血量的锐减，导致组织器官的缺氧和代谢紊乱，若不及时抢救，可引起伤员的死亡。

（一）病　因

1. 骨折、脱位、严重软组织损伤、睾丸挫伤后的剧烈疼痛引起周围血管扩张，使有效循环血量相对减少。这是引起武术散打运动员休克的主要原因。

2. 损伤导致大血管破裂、腹部挫伤合并肝脾破裂等大出血引起血容量突然降低，使有效循环血量不足。这种情况较少见。

3. 另外，过度疲劳、饥饿、寒冷、酷暑等，是休克发生的重要诱因，并能加重休克程度。

（二）征　象

休克的发生分为兴奋期和抑制期。

1. 兴奋期

休克的兴奋期紧跟损伤而出现，它是抑制期的前导，只持续几分钟乃至数秒钟。此期伤员多表现有：烦躁不安，呻吟和叫唤，表情紧张，面色苍白，脉搏快而有力，呼吸急促，血压正常或反而稍高。若能及时抢救，或可避免进入抑制期。

2. 抑制期

伤员出现明显病容，精神萎靡，表情淡漠，口渴，头晕，出冷汗，四肢发凉，呼吸急促，脉搏快而无力，血压下降。严重者出现发绀（面色、口唇青紫）、昏迷。

（三）急　救

立即让伤员平卧休息，保暖但勿过热，以免皮肤血管扩张，影响生命器官的血流量并增加机体耗氧量。昏迷患者，应松解衣领，侧偏头部，把舌牵出口外以保持呼吸道通畅，必要时可给氧或人工呼吸。针刺或用手指掐点人中、内关、足三里、合谷等穴。针刺时用强刺激手法。骨折或脱位的伤员，应做必要的急救固定。伤处有出血时，应及时采取适当的方法止血，疑有内出血的患者，应尽快送医院处理。疼痛剧烈时应给镇痛剂和镇静剂，以减轻痛苦，防止休克加重。

休克是严重而危险的病理状态，在进行现场急救的同时，应迅速请医生处理，或尽快把伤员送到医院。

三、骨折及其急救处理

所谓骨折是指骨的连续性遭到破坏。它分为完全性骨折、不完全性骨折（如骨裂）；开放性骨折和闭合性骨折。在武术散打运动中，由于强烈的对抗性，骨折时有发生。一旦发生骨折或疑似骨折时，应按相关要求进行现场急救。

（一）骨折的特征与诊断要点

1. 剧烈疼痛

发生骨折的当时，疼痛较轻，但随后疼痛较重，活动肢体时更痛，持续剧痛可发生休克。

2. 明显的肿胀和淤血

骨和周围软组织的血管破裂，导致局部明显出血和肿胀。

3. 独特畸形

完全骨折时，常因暴力作用和肌肉痉挛，使骨折断端移位，出现伤肢缩短、侧突成角或旋转畸形。

4. 假关节活动和骨擦音

四肢长骨完全骨折时，骨折处出现类似关节的异常活动，称假关节活动；移动肢体时因断端相互摩擦而出现骨擦音，这是完全性骨折的特有征象。在检查时要谨慎小心，决不可有意去寻找异常活动和骨擦声，以免加重损伤和增加伤员痛苦。

5. 敏锐压痛和震痛

骨折处有敏锐的压痛，轻轻叩击远离骨折的部位，在骨折处出现疼痛加重。

6. 功能障碍

因疼痛、肌肉痉挛、骨杠杆作用破坏和周围软组织损伤等造成功能障碍，肢体多不能站立、行走或活动。

独特畸形、假关节活动、骨擦音是骨折的三大特殊症状，有其中之一者，即可确诊有骨折存在。其他作为可疑征象，尚需最后拍 X 光片确诊，尤其是骨裂。

症状较轻的骨折常无明显的全身症状，严重骨折可因剧痛、出血或神经损伤而发生休克。

（二）骨折的急救原则

1. 防治休克

严重骨折、多发性骨折或同时合并其他损伤的伤员，易发生休克。急救时要注意预防休克，若有休克必须先治休克，再处理骨折。

2. 就地固定

骨折后及时用夹板固定，以避免断端移动，防止损伤加重；固定后伤肢较为稳定与安静，可减轻疼痛，且便于伤员转运。因此，未经固定，不可随意移动伤员，尤其是大腿、小腿和脊柱骨折的伤员。

3. 先止血再包扎伤口

伤员有伤口出血时，应先止血，清洗创面，再包扎伤口并固定。为暴露伤口，可剪开衣服、鞋袜，不要用手脱下。

（四）包扎固定注意事项

夹板的长短、宽窄要适宜，使骨折处的上下两个关节都固定。若无夹板时，可用树枝、竹片等代用品。夹板要用绷带或软布包垫，夹板的两端、骨突部和空隙处要用棉花或软布填妥，防止引起压迫性损伤。肢体明显畸形而影响固定时，可将伤肢沿纵轴稍加牵引后再固定。缚扎夹板的绷带或宽布条应缚在骨折处的上下段；固定要牢靠，松紧度应适中，过松则失去固定作用，过紧会压迫神经血管。因此。四肢骨折固定时应露出指（趾）端，若发现指（趾）端苍白、发麻、发凉、疼痛或呈青紫色，应立即松解夹板，重新固定。上肢骨折固定后，用悬臂带把患臂挂于胸前，下肢骨折固定后，可把患腿与健腿捆缚在一起。经固定后尽快将伤员送到医院，争取及早治疗。

四、关节脱位的急救处理

关节脱位，又称脱臼，是指关节面之间失去了正常的连接关系。武术散打运动中最常见的是肩关节脱位。在关节发生脱位时，由于暴力作用还可伴有关节囊撕裂，关节周围软组织牵拉伤，严重时还可伤及神经或伴有骨折。

（一）关节脱位的征象与诊断要点

1. 疼痛、压痛、淤血、肿胀

受伤关节周围广泛的疼痛、压痛，组织损伤严重时，淤血、肿胀明显。习惯性脱位时症状较轻或不明显。

2. 特有的畸形

关节脱位使关节骨端脱离了正常的位置关系，关节周围的骨性标志相互关系发生改变，破坏了患肢原有的轴线，整个肢体呈一种特殊的姿势并与健侧不对称，如肩关节脱位时的“方肩畸形”、肘关节后脱位时的“靴样畸形”。触摸关节周围也可发现移位的骨端。

3. 弹性固定

脱位后关节周围未断裂的肌肉痉挛可将脱位的骨端保持在特殊的位置上，对该关节做任何被动运动时，虽然有一定的活动度，但存在弹性阻力，当去除外力后，又会回到原来的特殊位置，这种体征称为“弹性固定”。

4. 功能障碍

关节结构异常，关节周围肌肉损伤、疼痛，使关节失去正常活动功能。

特有畸形和弹性固定是关节脱位后的特有体征，其中任何一项都可确诊关节脱位的存在。最后尚需到医院通过 X 线检查，可确定脱位的具体情况及有无伴有骨折。

（二）关节脱位的急救原则

关节脱位后，在没有医生或整复技术时，不可随意施行关节整复手术，以免加重关节周围软组织损伤。其急救原则与骨折基本相同。伤后应立即用夹板、绷带或三角巾把伤肢固定于脱位所形成的姿势，尽快把伤员送到医院，争取及早复位。

第四节　武术散打运动员常见运动性损伤诊断与治疗

不同运动损伤的诊断与治疗。

一、擦　伤

擦伤是皮肤受到粗糙物体表面的外力摩擦所致，皮肤被擦破后主要表现为出血或组织液渗出。武术散打运动员踢靶、打靶或相互对抗时，脚背、手、臂、口、眼、鼻都有可能出现擦伤。

创口浅、面积小、无异物污染的皮肤擦伤，训练和比赛时可直接喷上“好得快”等同类药物后继续训练比赛。待比赛、训练结束后，用生理盐水或凉开水洗净创口，周围用75%酒精棉球消毒，创口上涂抹2%的红汞药水或1% ~2%的龙胆紫液，待干即可，勿需包扎。但面部擦伤最好不用紫药水涂抹；关节附近的擦伤也不宜使用暴露疗法，因为干裂后既影响运动又易感染，还有可能波及关节，可采用5% ~10%的磺胺软膏或青霉素软膏涂敷。

大面积的擦伤，易受感染，应先用碘酒和酒精在伤口周围消毒，再用生理盐水清除伤口异物，外敷凡士林或1%雷弗奴尔纱布，用胶布固定。对于污染较严重的伤口，先将异物彻底清除，再用纱布覆敷伤口，由医生清创后，还要施用抗菌药物和注射破伤风抗毒血清。感染的伤口应每日换药。

二、撕裂伤

武术散打运动中的撕裂伤多发生于面部，尤其是眼角、眉弓部，还有额部、唇部。主要是由于暴力打击所致；唇部还可因护齿或牙齿切割黏膜而致伤。

当发生面部撕裂伤后，为了继续比赛，可先用生理盐水冲洗，再用肾上腺素液棉球压迫止血，后用粘胶封合。待比赛结束后再详细处理或到医院做治疗。

眼角、眉弓及额等其他部位撕裂伤轻者可先用2.5%的碘酒和75%的酒精将伤口周围皮肤消毒，再用消毒纱布覆盖，加压包扎；伤口小者，可用粘膏粘合即可。伤口大、深或污染重者，应及时送医院，由医务人员做清创术，清除污染、异物和坏死组织，彻底止血，缝合伤口，口服或注射抗菌药物以防感染，注射破伤风抗毒血清。

口唇部切割伤，应视口腔黏膜的溃烂和肿胀程度不同，酌情处理。轻者用生理盐水洗净后用消毒棉球压迫止血即可，重者送医院后先用生理盐水洗刷，再清创、止血和缝合，并口服或注射抗菌药物以防感染及预防破伤风治疗。

三、挫　伤

挫伤是钝性暴力作用人体某部时，引起该处皮下及深部组织的闭合性损伤。在武术散打运动中，相互冲撞，或被踢打，或失衡倒地时，自我保护不合理，碰击在器械上（如擂台边缘），都有可能发生挫伤。轻者仅是皮下组织（如肌肉、韧带等）挫伤，重者（如头、胸、腹部和睾丸挫伤）常因某些器官的损伤而合并休克。在武术散打运动中比较常见的是股四头肌和小腿前部挫伤。

（一）征　象

疼痛（先轻后重，一般持续24小时）、压痛、出血、肿胀、功能障碍。出血可表现为淤点、淤斑及皮下组织中局限性积血（血肿），挫伤重者疼痛和功能障碍较明显。

复杂性挫伤因伴有一些合并症而较为严重。如，头部挫伤后，轻者可发生脑震荡，严重者可能会造成颅骨骨折而合并脑挫伤以至危及运动员的生命；大、小腿肌肉挫伤严重时可引起股四头肌及腓肠肌肌肉或肌腱的断裂，后期有时还会出现继发钙质沉着化骨，形成化骨性肌炎；胸部挫伤可合并肋骨骨折甚至肺脏损伤形成气胸或血胸；睾丸挫伤可因剧烈疼痛而引起休克；腰腹部挫伤可合并肾挫伤和肝、脾破裂而引起内出血和休克；少数挫伤可继发感染性化脓；严重的挫伤形成的血肿有时会妨碍血液循环，引起局部肌肉的缺血性挛缩。

(二) 处 理

对于单纯性挫伤，立即施行局部冷敷后外敷新伤药，加压包扎，抬高伤肢。对于复杂性的挫伤，如有休克症状时，应首先进行抗休克处理，再将伤员放在适当位置休息。如果睾丸挫伤，应以三角带吊起，卧床局部冷敷；胸肋部、腰腹部、头部挫伤伴有严重合并症时应在局部冷敷、止血、止痛处理后急送医院。肌肉、肌腱断裂者在将肢体包扎固定后，送医院治疗。

四、肌肉肌腱拉伤

由于肌肉主动地猛烈收缩，其收缩力超过了肌肉本身所承担的能力，或肌肉受力牵伸时，超过了肌肉本身特有的伸展程度时，就会造成肌肉拉伤。拉伤可发生在肌腹或肌腱交界处或腱的附着处。由于致伤力的大小和作用性质不同，可引起肌肉、肌腱部分纤维断裂、完全断裂或微细损伤。除肌肉本身的拉伤外，常可同时合并肌肉周围的辅助结构如筋膜、腱鞘和滑囊的损伤。

比赛或训练前准备活动不充分，肌肉的弹性伸展性差；长时间训练和连续比赛，疲劳积累，肌肉会有僵硬、酸痛感，力量减弱，协调性差，注意力不集中，都有可能造成肌肉拉伤。

(一) 征 象

局部疼痛、压痛、肿胀，肌肉紧张、发硬、痉挛，功能发生障碍。当受伤肌肉主动收缩或被动拉长时疼痛加重，肌肉收缩抗阻力试验阳性。肌肉断裂者，受伤时会有明显感觉，常能听到断裂声，受伤部位肿胀明显，皮下淤血严重，局部用手可摸到凹陷或一端异常膨大。

(二) 处 理

肌纤维轻度拉伤及有肌痉挛者，用针刺法（阿是穴斜刺法）或伤部局部注射肾上腺皮质激素类药物可以取得很好的疗效。肌纤维部分断裂者，伤后马上给予冷敷、局部加压包扎、适当制动、抬高伤肢，并把患肢放在使受伤肌肉松弛的位置以减轻疼痛。在48小时后可进行按摩（揉、捏、搓或点穴），但手法要轻缓。对怀疑有肌肉、肌腱完全断裂者，应在局部加压包扎固定患肢后，立即送医院确诊，必要时进行手术缝合。

五、击　昏

击昏是一种近似休克的非常严重的情况，击昏时伴随出现的是机体机能的急剧障碍。在武术散打运动中，下颌、鼻梁、颞部、颈部侧面、腹腔神经丛部、两侧肋骨下方受重击时，均可发生击昏现象。

（一）症状与诊断

击昏的典型症状是步态不稳、摇摇晃晃、状如醉酒，或倒地，意识丧失（时间长短不等）；脉搏减弱，呼吸表浅，血压降低，肌张力减低，腱反射减弱。

（二）急救和处理

发生击昏后，立即平卧休息，意识丧失者可使用催醒法（嗅氨水、掐人中等均可），必要时注射强心剂。没有合并症者一般预后良好。

六、脑震荡

脑震荡是颅脑损伤中最轻的一种急性闭合性损伤。一般是指头部遭受暴力作用后，脑的神经组织被震荡而引起大脑暂时性的意识和机能障碍，无明显器质性病变。但脑震荡可与其他颅脑损伤（颅内血肿、脑挫伤、颅骨骨折）合并存在，故应引起重视。

（一）征　象

头部受伤后即刻发生轻度的短时意识障碍，轻者几秒钟，重者也不超过半小时，昏迷时全身肌肉松弛无力，面色苍白，瞳孔放大，皮肤和腱反射减弱或消失，脉搏细弱，呼吸表浅。患者清醒后有逆行性健忘症（即对受伤情景甚至受伤前一段时间的事不能回忆，但对往事能清楚记忆），还常伴有头痛、头晕、耳鸣、心悸、失眠等症状，少数患者可能会有恶心、呕吐、心烦不安、注意力不集中，并可因头部活动或情绪紧张而加重。以上症状大多于数日后逐渐减轻或消失。

（二）处 理

急救时，必须让伤员安静、平卧、保暖，不可随意搬动和让伤员坐或站立。昏迷不醒者，可掐人中或嗅以氨水使之苏醒。

治疗期间，应嘱患者短期（一两周）卧床休息，保持安静和良好睡眠状态，直至头痛、恶心等症状消失为止。不要过早参加运动，否则有可能带来后遗症；此外还可给予适当的药物治疗，如头痛者可用去痛片；恶心、呕吐者可给予氯丙嗪；心情烦躁、忧虑失眠者可服用安定，亦可配合针灸、按摩、中药、气功、太极拳等手段治疗。

由于脑震荡可与颅内血肿或脑挫伤并存，因此，伤员经过急救处理后，应卧床静息，严密观察，以便及时发现其他严重颅脑损伤。如有下列症状之一者，提示可能有严重的颅脑损伤，应立即送医院处理：昏迷时间在 5 分钟以上，耳、口、鼻流脑脊液或血液，清醒后头昏、恶心、呕吐剧烈，两瞳孔不对称或变形，清醒后有颈项强直或出现第二次昏迷。

在护送去医院时，患者应平卧，头侧用衣物等固定，避免摇晃及震动，以免加重病情。治疗休息期间，不能参加任何训练和比赛，否则会引起后遗症。

可采用“闭目举臂平衡试验”“指－鼻试验”来初步判断其平衡与协调能力，以决定其是否痊愈和可以恢复体育活动。

七、脑挫伤

脑组织挫伤也是头部遭受暴力作用所致，但比脑震荡严重，有器质性病理改变：轻者仅软脑膜下有小出血点，神经细胞水肿、退变；重者可出现脑静脉淤血、出血、肿胀及坏死；严重的颅内出血可危及生命。本症往往合并颅骨骨折及蛛网膜下腔出血。

(一)脑挫伤的征象与诊断要点

1. 持续性意识丧失及昏迷，轻的可类似脑震荡，重者深度昏迷，可延续数小时至数日、数周不等，一般30分钟内清醒者多属脑震荡，30分钟后仍昏迷者多为脑挫伤。另外，清醒后又迅速昏迷者多为脑血肿。

2. 局灶症状为伤部对侧偏瘫、失语、呼吸异常、吞咽障碍。如果为脑干的原发损伤，除有持续性昏迷外，还会有大脑强直、瞳孔散大或缩小、双侧眼球外视。

(二)处 理

症状轻者处理原则同脑震荡，重者应急送医院住院观察，进行止血，减轻脑水肿，降低颅内压，预防合并症。

(三)注意事项

受伤后应保持其呼吸通畅，防止误吸。脑损伤合并颈椎损伤者，在搬运时必须用护颈夹板固定头部，避免摇晃和震动；如有开放性脑损伤，应予以消毒包扎；如同时有休克发生，要注意抗休克处理。

八、肩关节脱位

肩关节脱位常于运动员摔倒，上臂外展、手或肘着地时发生。另外上臂外展，肩关节突然过度背伸；或肩关节过度外旋时，也可以发生。

(一)诊断要点

①有明显的受伤史；②肩关节疼痛及运动障碍；③“方肩”畸形：肩峰外突，失去原来的圆形，可伴有肢体缩短；④X线检查，可明确脱位的情况及有无骨折发生。

肩关节前脱位在喙突下或锁骨下能触摸到脱位的肱骨头。

（二）急救与处理：

1. 关节脱位的急救固定法：取 2 块三角巾，一块用来悬挂前臂，屈肘 90 度角，三角巾斜挎胸背部，在健侧肩上打结；另一块三角折叠成宽带，绕过患肢上臂，在健侧腋下打结。

2. 肩关节前脱位的简便复位法：在肩关节急性脱位半小时内，由于患处反射性的神经传导阻滞而处于麻木状态，不须麻醉就可复位。较为简单易行的足蹬拔伸复位法是：患者仰卧，术者坐于患侧床边与患者相对，将与其相邻之足跟置于伤员腋窝，紧贴胸臂并向外推挤上臂上端，双手握患肢腕部，以足跟顶住腋窝做持续牵引，并逐渐内收、内旋其上肢，即可使其复位（图 11－1）。如果没有熟练掌握整复技术，不可随意施术，以免加重损伤。

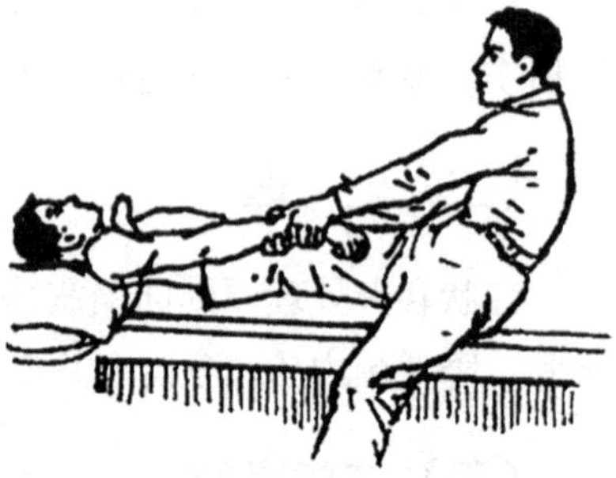

图 11－1　肩关节脱位简便复位法

3. 肩关节习惯性脱位者，多是由于肩胛盂的前部盂唇或盂缘撕裂，或肱骨头外上方的压缩变形，致使关节不稳而经常脱出。患此症者一般需手术治疗，否则不能从事转肩动作较多的活动。

九、肩袖损伤

肩袖的主要功能是稳定肩关节，使肱骨头紧密靠着肩关节盂。肩袖损伤是由于肩关节反复超常范围运动，使腱袖受到肩峰、肱骨头与喙肩韧带的不断挤压、摩擦，或肌肉的反复牵拉，使肌腱、滑囊发生微细损伤而致的劳损病症。

（一）诊　断

肩袖损伤时，肩外展疼痛，有时会向上臂、颈部放射，肩外展或伴内、外旋时，疼痛加重。压痛局限于肩峰与肱骨大结节之间。疼痛弧试验阳性：上臂外展上举或从上往下放时，在 60～120 度的弧度内出现疼痛，少于或超过这个弧度时疼痛消失。肩外展外旋抗阻力试验阳性。急性期常伴有三角肌疼痛，慢性期则继发三角肌萎缩乏力。肩袖肌腱断裂少见，完全断裂者，肩外展不能，出现“耸肩”。

（二）处　理

急性期上臂置于外展30度位置，适当休息、理疗、针灸、按摩、外敷中药或痛点封闭，效果都较好。在痛点注射强的松龙或醋酸氢化可的松加1%奴弗卡因溶液10～20毫升止痛便可恢复活动，但不可反复应用。怀疑有肌腱断裂者，送医院进一步检查或处理。

十、肘关节内侧软组织损伤

肘关节内侧软组织损伤是指尺侧腕屈肌群和旋前圆肌在肱骨内上髁附丽处及肘关节囊和尺侧副韧带的牵拉性损伤。突然摔倒时，前臂外展、外旋撑地，和突然猛烈的直拳击空（尺侧腕屈肌群被突然强力牵拉）；以及突然猛力勾拳动作（尺侧腕屈肌群和旋前圆肌强烈收缩），都是造成这类损伤的典型动作。

（一）征　象

大多数患者有急性受伤史，伤后肘内侧疼痛，肘关节伸展活动稍微受限，肘在重复受伤的动作时疼痛，局部肿胀，组织撕裂时可见皮下淤血。肘内侧压痛，多在肱骨内上髁和屈腕肌群或旋前圆肌的起始部。肘关节被动外展出现疼痛为韧带损伤；屈肘、屈腕、前臂旋前抗阻力疼痛加重为肌肉损伤。

（二）处　理

损伤急性期患肢应停止运动，局部以强的松龙加奴弗卡因痛点封闭，效果较好。此外，还可配合理疗、外敷中药或按摩，都能收到较好的疗效。按摩手法可在局部做推、揉、分筋、理筋、点穴和肘关节屈伸运动。

十一、掌骨骨折

在武术散打运动中，常见的是通过掌腕关节的拇指掌骨基底部骨折和第五、第二掌骨颈部骨折。运动员戴手套而又没捆好保护绷带，或在空手进行训练时，如果掌骨沿纵轴受到暴力打击，就会发生此类骨折。如运动员用勾手拳以拇指击中对方时，常导致通过掌腕关节的拇指掌骨基底部骨折；以直拳击中对方，常会产生第五、第二等掌骨颈部骨折。

（一）征　象

通过掌腕关节的拇指掌骨基底部骨折发生时还常合并腕掌关节脱位。伤肢拇指的腕掌关节部的桡背侧明显突出、压痛，拇指外展、内收和对指活动受限。X 线可辅助诊断。掌骨颈骨折时，伤后掌骨呈“低头”畸形，致使掌指关节的背侧隆起变得低平（有时因局部肿胀遮盖了这种畸形）。

（二）处　理

通过掌腕关节的拇指掌骨基底部的骨折，应急送医院复位处理。应该注意的是此类骨折复位容易而固定困难，常因复位后再脱位或固定不理想，结果形成一个疼痛僵直的关节，外展、内收和对指活动受限。因此，在 X 线检查复位满意后，应制动 5 周，以确保痊愈，否则应在石膏上加粗铁丝，将拇指做持续牵引固定。

掌骨颈骨折复位容易。复位后应将伤指固定于 90 度屈曲位，石膏固定 3 周便可。

十二、腰部急性扭伤

腰部急性扭伤，又称“闪腰”，有明显的创伤史，它可发生在肌肉、韧带、筋膜及小关节部位。90% 的病例发生在腰骶部和骶髂关节。腰痛可于伤后立即出现，也可一两天后出现。运动员自身腰、骶部肌力不足，也是造成急性腰扭伤的内在因素。

（一）征　象

1. 肌肉轻度扭伤

患处隐痛，随意运动受限，不能弯腰，24～48 小时后症状达高峰。扭伤严重时因肌痉挛可引起脊柱生理曲线改变。腰肌扭伤时疼痛可牵涉到下肢，但仅局限在臀部，大腿后部和小腿感觉正常。

2. 棘上韧带与棘间韧带扭伤

扭伤后局部的棘突上或棘突间有明显而局限的压痛，过度向前弯腰时疼痛加重，而向后伸腰时疼痛较轻。如疼痛剧烈，压痛处韧带松弛而有凹陷，腰前屈时棘突间距离增大，提示可能为韧带完全断裂。

3. 筋膜破裂

腰部扭伤造成的腰背筋膜破裂，多发生在骶棘肌鞘部和髂嵴上、下缘。患处有明显压痛，弯腰和腰扭转时疼痛较重，腰伸展时疼痛较轻。其余征象与肌肉扭伤相似。

4. 小关节交锁

往往发生于肌肉无活动准备的仓促弯腰扭转动作，受伤当时即有腰部剧烈疼痛，呈保护性强迫体位，不敢做任何活动，亦惧怕任何搬动，尤其不能做腰后伸活动，几乎整个腰部肌肉都处于紧张僵直状态，走路时以手扶腰，步态迟缓，惧怕触动。疼痛位置较深，不易触到压痛点，但叩击伤处可引起震动性剧烈疼痛。

（二）处　理

急性腰扭伤的患者一般应卧床休息，仰卧于有垫子的木板床，腰部垫一薄枕，以便放松腰肌，也可以与俯卧位相间交替，避免受伤组织受牵扯和受凉，以利修复。轻度扭伤休息 2～3 天，较重扭伤需休息一周左右。

伤后即可进行穴位按摩或针灸，在人中、肾俞、大肠俞、委中等穴位上施以手法，以产生较强的得气感，一般都能止痛并使腰部活动度增加。小关节交锁者在放松后施行脊柱旋转复位法，效果迅速。

腰椎侧扳法：伤员侧卧，上面的腿屈曲，下面的腿伸直。术者双手分别按在患者的肩部和臀部并作反方向的运动，当腰部转到最大范围时，稍稍施一重力扳动，常可听到“咔嗒”声（图11－2），症状立即缓解。

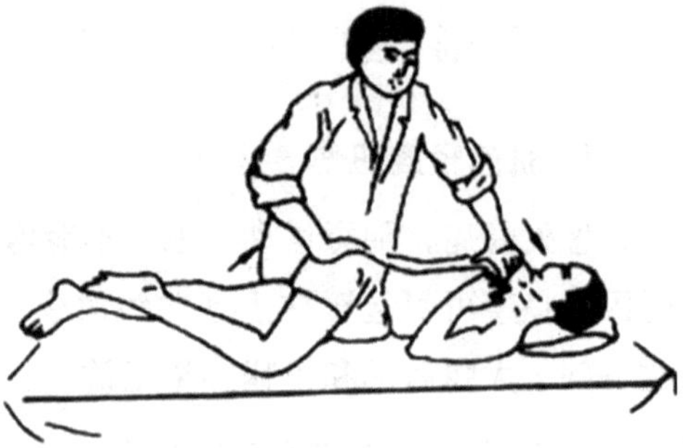
图11－2 腰部侧扳法

此外，急性腰部扭伤后还应配合外贴活络止痛膏，内服活络止痛药以及拔罐、针灸、理疗、局部注射强的松龙等方法，以取得更好的疗效。

十三、腰部劳损

腰部肌肉、韧带和筋膜因受长期反复地牵拉、紧张所致的慢性积累性损伤。无明显的急性创伤史，逐渐发生。

（一）征象与诊断

有长期反复慢性腰痛史或多次创伤史。腰部酸胀疼痛，沉困、僵硬活动不利。疼痛为一侧或两侧不等，范围较大，有时可牵涉到臀部，疼痛在久坐久立劳累和天气变化时加重，休息和得暖或轻微按摩后即可减轻。在脊柱活动过程中，特别是前屈时会在某一角度出现明显腰痛。劳损部位触诊有压痛或酸胀反应和硬结或痉挛的条索状肌肉。X线下有时可见腰椎畸形。

（二）处　理

按摩和体疗是治疗腰痛的重要方法。

按摩疗法对腰部劳损引起的腰部肌肉痉挛和组织粘连最为有效，能达到减轻或消除腰痛的目的。按摩一般采用重手法治疗：按压、推、滚、揉、摩、弹筋、分筋、叩击等，可每次依此顺序进行按摩，也可选择其中若干手法有机组合，穴位按摩可取肾俞、大肠俞、环跳、委中等穴），每次按摩10～20分钟，每日或隔日一次。

体疗的目的是加强腰、腹肌锻炼，以增强腰背肌的弹性和耐力，协调腰腹部肌肉的平衡性，提高脊柱的稳定性、灵活性和耐久力，改善肌肉供氧状态，松解粘连。因此，过多地卧床休息是不适当的。体疗的原则是在不引起疼痛和肌肉痉挛的前提下进行肌肉静力性收缩锻炼，持之以恒必会收效。如仰卧举腿或三点支撑、俯卧“飞燕”等均可。锻炼时 4 拍为一遍，然后还原，松弛肌肉。每次至少做 30 遍。

针灸、理疗、强的松龙痛点注射、反悬（倒佳）疗法、内服活络止痛药物等，对治疗腰部劳损有一定辅助作用。

十四、髂腰肌血肿（股神经麻痹）

武术散打运动员比赛中相互抱摔、转体侧踹动作，以及后倒地时自我保护不当，均可引起腰部肌肉猛烈收缩而损伤髂腰肌，出现髂腰肌下血肿，该血肿常压迫神经引起股神经麻痹。

（一）征　象

①受伤后髂窝部即刻疼痛且逐渐加重，患肢不能直立。②卧位时髋呈屈曲外旋畸形，强迫伸直时疼痛。③当血肿形成压迫股神经时，股四头肌麻痹，大腿前部知觉障碍，特别是膝部知觉消失。④在髂骨窝部可触到有压痛的肿块（血肿），穿刺时可抽出积血。⑤X 线检查时能见到腰大肌部阴影异常。

（二）处　理

治疗时宜采用卧床休息，局部冷敷后沙袋加压止血，并用止血、镇痛及预防感染的药物。要尽量减少出血，如已形成血肿，应尽早抽出积血，以免血肿压迫股神经引起永久性的股神经麻痹。

十五、膝关节急性损伤

膝关节构造复杂，关节周围的肌肉和肌腱，内、外侧副韧带，前、后十字韧带以及内、外侧半月板等共同维持其稳定性，是全身易发生运动损伤的关节之一。

（一）征　象

膝关节急性损伤的征象有膝关节疼痛、膝关节肿胀、膝关节压痛、膝关节活动障碍，以及膝关节交锁等。关节交锁常见于半月板部分撕裂、十字韧带断裂、内侧副韧带断裂，其表现为偶然一次膝关节屈伸活动中，突然“卡住”于半屈伸状态，一些患者在主动活动膝关节时，伴随“咔嗒”一声而再伸直，称为“解锁”。

（二）检查方法

1. 膝关节侧向运动试验

用于检查侧副韧带的损伤。方法是伤者仰卧，膝关节微屈 30 度，检查者一手握住并固定踝部，另一手放在膝关节下部，被动外翻膝关节，膝关节外翻活动异常与膝内侧痛，提示膝内侧副韧带断裂；若关节无明显异常活动而仅有轻微疼痛，则多为韧带扭伤。被动内翻膝关节，如膝内翻活动异常与膝外侧痛，则提示膝外侧副韧带断裂；关节无明显异常活动而仅有轻微疼痛，则多为韧带扭伤。这项检查应在受伤时立即检查，可以避免出现假阳性。

2. 抽屉试验

这是检查前后十字韧带有无松弛的方法。患者取仰卧位，双膝屈曲，检查者用大腿抵住患者的足背，双手握住患肢胫骨上端用力前、后推拉。如果胫骨上端有向前移动现象，则证明前十字韧带松弛。反之，如向后过多地移动，则证明有后十字韧带断裂。

3. 麦氏征试验

是检查膝关节半月板损伤的方法。患者取仰卧位，检查者一手握住患肢足部，另一手扶在膝上，先充分屈膝屈髋，然后使小腿外展、外旋，将膝关节由极度屈曲而缓慢伸直，如内侧关节间隙有响音（听到或手感到），同时出现疼痛，即表明内侧半月板损伤。反之，内收、内旋小腿伸直膝关节，外侧关节间隙有响音则为外侧半月板损伤。

（三）处　理

1. 轻微侧副韧带扭伤

疼痛较轻，肿胀不明显，侧向运动试验无异常，无关节屈伸功能障碍的患者，将患膝置于微屈曲位，制动 2 ~ 3 天，外敷活血止痛中药。3 天后，可开始步行锻炼，用舒活酒按摩治疗；膝关节患处由远心端向近心端做轻推摩，大小腿肌肉用揉捏法。每日练习直膝抬腿及负重直抬腿、抗阻伸膝抬腿 2 – 3 次，总时间约 40 ~ 50 分钟。如参加比赛，应用粘膏支持带及弹力绷带保护。

2. 较重的侧副韧带扭伤

患膝疼痛明显加剧的病例，早期治疗时应着重止痛、止血和保护损伤韧带不至于进一步加重损伤。可采用棉垫或海绵加弹力绷带加压包扎，再用托板将患膝固定于微屈位后抬高患肢休息。2 ~ 3 天后去除压迫材料，开始进行按摩，手法与轻微扭伤同，隔日 1 次，最好配合外敷和内服活血散淤、消肿止痛中药或理疗，继续托板固定，并同时开始每日做 2 ~ 3 次股四头肌静力收缩（绷紧）。伤后 10 天左右可加大按摩力量，增加按摩手法，增加直膝抬腿练习并逐渐过渡到负重直膝抬腿练习，同时仍可配合外用和内服舒筋活络中药。2 ~ 3 周以后解除托板固定，开始练习走路，继续按摩治疗并增加弹筋手法，开始练习膝关节屈伸运动并逐渐过渡到屈曲位抗阻力伸膝练习。刚恢复下地走路时，伤处可贴活络膏或橡皮膏，患肢鞋跟用楔形垫垫高 0. 5 ~ 1 厘米，以防反复扭伤，此法可持续至局部无压痛和肌力恢复正常为止。为了使膝关节功能良好恢复，可同时采用按摩、理疗、中药熏洗。

3. 十字韧带不完全断裂

先用长腿托板固定患肢于 30 度（伸直为 0 度）6 周。固定期间与解除固定后的按摩治疗和功能练习原则上与较重的扭伤相同。

4. 十字韧带和侧副韧带完全断裂

尽量在伤后一周内手术缝合。

5. 半月板损伤

由于急性期难以作明确诊断，可按重度扭伤处理，如有“交锁”感，必须“解锁”后才能固定。如是半月板边缘破裂还有自愈可能。

6. 陈旧性损伤

坚持有计划地、积极地坚持 3 个月以上股四头肌和膝关节屈肌功能锻炼和按摩治疗。如果股四头肌代偿功能良好，关节稳定性无明显受累，症状不明显，无关节交锁征象，对膝关节要求不大的项目且不妨碍训练者，一般不予手术治疗，但应注意训练量和强度适宜，并加强医务监督。如症状严重，疼痛明显，关节不稳，关节交锁，妨碍训练者，可考虑手术治疗。

十六、踝关节急性扭伤

组成踝关节的韧带有三组，即内侧副韧带（三角韧带）、外侧副韧带和胫腓韧带联合。踝关节急性扭伤多为外侧副韧带扭伤，约占 80%。严重时韧带断裂，往往包括胫腓韧带联合骨折撕脱分离，内、外、后踝骨折——三踝骨折。

（一）征　象

踝外侧副韧带扭伤者有足内翻受伤史，踝外侧疼痛，疼痛轻重与伤势有密切关系。

1. 踝外侧韧带扭伤

患足可以持重，跛行，踝外侧轻度肿胀。踝关节强迫内翻试验可使疼痛加重，踝关节稳定，无异常活动。

2. 踝外侧韧带完全断裂

患足不能持重，跳跃式跛行，外踝剧痛，肿胀严重而且范围大，外踝和足背出现皮下瘀斑。踝关节强迫内翻试验时伤处剧痛，同时有踝关节不稳和距骨异常活动。踝关节前抽屉试验如果活动范围大，说明踝关节外侧副韧带完全断裂。

（二）处　理

现场急救处理时立即用拇指压迫痛点（韧带的断裂部）止血，同时做强迫内翻试验及踝抽屉试验，检查是否有韧带断裂。如疑有韧带断裂，应立即用大块海绵垫或棉花块压迫包扎，绷带缠绕的方向应与受伤暴力作用方向相反，如外侧副韧带损伤应将踝关节包扎于轻度外翻背屈位，抬高伤肢运送医院。

1. 外侧副韧带轻度扭伤：用绷带或粘膏支持带包扎后，外敷新伤药，将踝关节固定轻度外翻位 4 ~7 天。轻度韧带捩伤应尽早活动，一般 4 天以后可保持原固定下地走路，并配合按摩、理疗、中药熏洗和踝背伸抬腿练习。按摩治疗时，踝关节外侧用推摩手法，足背和小腿前外侧用捏和揉捏方法。若是比赛中受伤需继续比赛时，可用粘膏支持带固定后继续参赛，赛后用同样的方法治疗。

2. 外侧副韧带严重扭伤（踝关节强迫内翻试验出现轻度不稳）：加压包扎止血，并用托板将足固定于轻度外翻背屈位，抬高伤肢休息，配合内服活血止痛中药治疗。3 天以后解除加压包扎材料，继续托板固定，并配合按摩、理疗、外敷与内服舒筋活络中药、针灸等治疗方法，固定制动 1 ~2 周。解除固定后，应继续治疗，积极从事功能锻炼，如下地活动、提踵、踝关节屈伸运动，直至痊愈。

3. 踝关节强迫内翻试验或踝关节前抽屉试验出现明显松动或有“开口”感时（即外侧副韧带完全断裂），或合并踝部骨折时，经现场急救处理后，及时转送医院诊治。

十七、足部跖骨骨折

武术散打运动中的跖骨骨折，多由直接外力作用在跖骨上引起，例如侧鞭腿时足背如果碰到肘尖等处时便可导致跖骨骨折。

（一）症状及诊断

疼痛、压痛、足背肿胀、足部不能持重、前脚落地时伤部剧痛，有明显受伤史。X 线检查，可明确有无骨折及骨折的部位和程度。

（二）处 理

如足背部有急性创伤史并有骨折征象时，应赤足，在小腿后放一直角夹板，然后用宽带固定膝下、踝上和足部，急送医院处理。伤后患足应停止训练。停训期间应进行患侧踝关节的功能锻炼，一月后痊愈，便可逐渐投入正常训练。

的基础上，完成了年初提出的武术标准化建设的既定目标。我们坚持把武术标准化建设当作一个长期的动态过程，首先是在思想上逐步树立标准化建设的意识；其次是逐步从基础做起，扎实推进，不断提高；再次是着重解决目前在标准化建设中存在的不足，完善现行标准，着手研发新的标准建设。

2. 狠抓队伍建设和赛风赛纪工作，顺利完成年度国内外赛事

2012年总局武术中心举办和参加的国内外赛事共26项，有全国武术套路锦标赛和冠军赛、全国武术散打锦标赛和冠军赛、全国武术套路和散打精英赛、全国武术对练大奖赛、首届中国武术套路王中王争霸赛、全国传统武术比赛、全国农民武术比赛、全国武术之乡比赛、全国“市长杯”武术太极拳比赛、第二届全国武术少林拳比赛、全国武术健身操比赛等；国际赛事有世界杯散打比赛、郑州国际少林武术节、第4届世界太极拳健康大会、第5届世界传统武术锦标赛等。

做好裁判员培训工作。为进一步加强武术裁判员的队伍建设，培养后备力量，提高整个裁判队伍的素质，促进武术竞赛质量的提高，适应国内武术运动发展和走向世界的需要。8月7－9日在山东省泰安市举办全国武术散打一级裁判员晋级考试班。经采用笔试、口试、技术考核、实践评判等方法进行考核，共有52人达到了国家级裁判员标准，这次培训不仅培养了一批年轻的武术散打一级裁判骨干，增加了裁判员队伍实力，提升了整体水平，锻炼了队伍。全年共完成了国际级、国家级、一级裁判上岗培训和为参赛单位培训一级裁判员骨干的任务，全年培训人员达300余人次，完成了运动员注册，裁判员晋级考核任务。

一年来，狠抓武术比赛中赛风赛纪工作，通过各方面的共同努力，今年武术赛场上没有违反赛风赛纪的现象和行为发生。

3. 贯彻落实《全民健身条例》，发挥武术在全民健身中的重要作用

（1）武术边疆西部行活动

2012年5月起，分批赴黑龙江、吉林、辽宁等地送教材、送教学、送服装、送经费，经过努力，完成了武术边疆西部行的活动计划，各地反映效果良好。2012年武术边疆行活动的最大亮点是援藏援疆活动，西藏体育局在开展太极拳健身和比赛方面，加大了工作力度，从机关到学校，从社区到社会学练太极拳，参加人数越来越多，逐渐形成了一定的规模，在西藏太极拳协会已批准成立。

(2) 扎实、稳步推进武术之乡工作

经过调研发现，全国武术之乡发展不平衡，部分地区缺乏有效的监督机制，一些地方重视申报，不重视建设，存在着武术主管部门职能弱化，武术协会组织运行不畅，武术普及推广长期低迷，公共武术服务体系建设迟滞等问题。继2011年组织武术之乡的主管部门人员进行动员、调研和清理。2012年1月份在去年函件复查的基础上，展开全国武术之乡实地复查工作，5个工作组分赴全国16个省区市，对25个全国武术之乡进行实地复查；2月份出台《全国武术之乡管理办法》，在全国武术协会主席、秘书长会议上征求了意见；3月底印发给全国武术之乡试行。废除全国武术之乡荣誉终身制，实行动态管理，巩固和提升了全国武术之乡的美誉度、权威性、带动力和影响力，更好地发挥了武术之乡在全民健身中的特殊作用。7月18日举办了全国武术之乡武术教练员培训班、7月19日举办了全国武术之乡工作会议和2013年武术之乡比赛承办地的交接仪式。这些会议对加强武术之乡管理工作，规范管理程序，真正发挥武术之乡的阵地作用具有重要的意义。

(3) 精心组织“全民健身日”武术健身活动

为贯彻落实国家体育总局群体司关于开展8月8日“全民健身日”活动的通知精神，进一步发挥民族传统体育项目的优势，武术中心以“推动全民健身、科学习练武术、传承民族文化、强健民族体魄”“习练武术、强健体魄，一人一拳、健康生活”和“尚武崇德、健康快乐”为主题，于6月初向各省区市武术管理部门下发《关于2012年“全民健身日”开展全国武术健身活动的通知》，要求各地武术中心、武术协会精心筹办“全民健身日”武术健身活动，并在7月19日召开的全国武术之乡工作会议上专门动员，充分调动全国武术之乡积极性，形成武术中心、武术协会、武术之乡齐联动，全国“百万人武动武术”的健身盛况。

4. 积极开展武术国际交流与合作，进一步做好武术推广工作

积极开展武术双边交流和推广活动。2012年共派出了22个出访团队，197人次，访问了22个国家和地区，足迹遍及亚、非、欧、美各大洲，宣传了武术，扩大了武术和中国文化在海外的影响力。并组建了20人的中国武术表演团，在何青龙书记的带领下圆满完成了出访新加坡、文莱的宣传任务，受到当地热烈欢迎和官方好评，取得如期效果。

共派出7名武术教练，分赴秘鲁、古巴、多米尼加、伊朗等国执行援教任务，受到相关协会的感谢和赞扬。

抓好国际赛事，做好基础培训。成功进行了11项国际赛事活动，立足与各大洲武术协会合作，建立培训点，改变过去的被动做法。把大规模组团出访和多数在中国国内办班，变为送教上门，把有限的援外经费用在比较稳定的地点，长期发挥作用，真正做到了实实在在为国际推广培训做点事，做到雪中送炭。现在整个国际推广的形式发展比较好，国际推广有了一些新的路子，出现了新的工作局面。11月7日—12日在黄山举办了第5届世界传统武术锦标赛，来自55个国家和地区的2800多人参加了本届比赛。该赛事是在党的十八大期间举行，又面临着一些复杂的国际形势，为比赛增添了很大的难度。中心领导和承办单位都高度重视，尤其是对日本、以色列等敏感国家在接待安保等方面均采取了特殊措施，并在一些细节上保证万无一失，保证了运动员的安全和赛事的顺利进行，使大赛取得了圆满成功，为十八大献上了一份厚礼。

5. 武术段位制标准化建设取得重要突破，形成了良好的发展局面

2012年段位制工作按照年度工作计划继续扩大“突破口”、向纵深发展。突出抓好了深入发动与完善操作措施、培养骨干与加强组织建设、降低门槛与突出技术亮点三方面的工作。广泛宣讲开展武术段位制工作的重要意义，明确段位制工作的目标、任务，解决实施过程中遇到的各种问题，围绕“继续扩大段位制标准化建设‘突破口’并向纵深发展”进行了新一轮深入发动工作，并在统一思想的基础上，进一步完善操作措施。一是通过全国武术协会主席和秘书长会议进行广泛动员，提高了各地武术管理部门对段位制工作的重视程度，也下达了根据各地武术发展情况提出的任务指标。二是召开区域和院校代表座谈会进行具体动员，制定并印发了《关于进一步推动武术段位制标准化发展的通知》。三是召开全国武术段位制工作会议进行专题动员，印发了《中国武术协会武术段位制考试点的申报程序、职责和管理试行办法》。四是召开“高校武术段位制工作座谈会”，期间还组织来自全国26所高校的32位代表就段位制教程进入课堂、进入校园达成共识，形成了《全国高校武术段位制工作座谈会会议纪要》。

在培养段位制工作骨干方面，中心采取了以点带面的方法。强调各地武术协会主要负责人，明确各地武术协会主席是段位制工作的第一责任人的责任，秘书长是直接责任人。由于首先抓了骨干中的骨干，各地在培养和壮大段位制骨干队伍，落实设立专门办事机构，做到了专管专办，取得了较好的效果。

全年共办段位制指导员、考评员培训班22期，培训指导员4043人、考评员4381人。随着段位制指导员和考评员队伍的发展，为各地成立段位制考试点储备了专业骨干和必备人员。今年9月，中心首批批准设立了323个“中国武术协会段位考试点”。段位考试点的设立，形成了推广和普及段位制的有力抓手，也为实施段位制工作计划，将任务层层落实到基层，编织成了执行网络。目前，各地考试点已在各级武术协会的指导下，逐步展开段位培训和考试工作。

降低段位制考评门槛，突出技术亮点。根据中心2012年段位制工作的总体要求，采取了“降低门槛与突出技术亮点”的做法，在《关于进一步推动武术段位制标准化发展的通知》中，分别针对初学武术者、已从事武术教学者、已取得武术段位制指导员和考评员资格证者、所教学生取得相应段位达一定数量者，以及年满45周岁以上的武术专业、职业教学工作者和传统武术拳种传承人等，制定了他们各自考取段位和指导员与考评员资格的规定。此外，还就简化考评程序和下放审批权限做出了若干具体规定。

由于采取了“降低门槛与突出技术亮点”的做法，收到了一定成效。从今年中心主办的指导员考评员培训班来看，3月底的广州培训班参加人数为338人，4月西安培训班人数达到353人，9月长春班的人数达到923人，说明这些规定和技术亮点，正日益为习武者理解和接受。武术段位制正通过这些骨干逐步传播开来。

6. 武术研究取得成果，专家委员会发挥了积极作用

专家委员会自成立之初，就积极参加武术的各项大事活动，先后参加、出席了年初的全国武术协会主席和秘书长联席会议、“感恩杯”第10届香港国际武术节、2012年全国武术段位制工作座谈会、全国武术高段位评审、太极禅技术体系评审会和太极拳高峰论坛，以及在中国香港、新加坡举行的3次涉外武术段位考试，参与了中心各部门组织的各类武术锦标赛、国际和全国传统武术比赛、市长杯武术太极拳比赛、武术边疆西部行等活动。2012年10月27日—29日，在湖北省武当山特区召开了2012年度专家委员会年会。这次会议进一步明确了专家委员会的作用和与之相应的建设目标。会期围绕专家委员会管理办法进行了讨论，完成了“管理办法”修改稿。并对《青年学者工作委员会管理办法》进行了修订，会后正式下发各位专家。

武术研究在加强武术基础建设方面，主要做了两方面工作：一是在理论上强调树立大武术观、标准化建设；二是抓武术研究院标准化建设。

在研究工作方面，中国武术研究大约申报131项，已确定94项。历史文献的清理也在不同程度的开展，此外，投入170万元对20世纪80年代的挖整资料进行数码化翻拍，形成电子文件。

7. 武术进校园工作取得明显进展，青少年武术工作展现新机遇

刘延东同志多次在正式会议或工作报告上提到要把武术推进到孔子学院，国务院提出了体教结合，并就此事专门开了全国电视电话会议，下发了一套文件，制定了一套政策。从计划把段位制的教程编成学校教材、教学参考书，到计划在学校体育竞赛中开展包括武术在内的6个项目，再到组织培养学校武术师资，武术进学校工作正在逐步推进。一是充分发挥组织功能，形成合力；二是严格按照标准化要求建章立制，抓好赛风赛纪；三是多方合作共同推进青少年武术工作。今年教育部举办的体育竞赛活动中，把“中小学生系列武术健身操”作为一个比赛项目，并在开幕式演出中进行展示。中央文明委也提出，要把中华武术推向乡村学校、少年宫，决定逐步在全国选建的8 000个农村学校、少年宫中推广不带器械的武术运动。当前形势发展对我们极为有利，各级管理部门的高度重视，解决好当前武术进学校和武术馆校等方方面面的问题和困难也会迎刃而解，这是武术进学校的一个抓手，我们要把握机会，一刻不放松做好武术进校园工作。青少年武术工作的标准化建设取得成果，促进了赛事规范运行，后备力量的健康发展。

2013年

2013总局武术中心工作展望

1. 开好年初的全国武术协会主席和秘书长联席会议，总结好中国武术协会

2012年工作情况，通报部署2013年度工作、工作规划和目标，对先进单位和个人进行表彰，举行颁奖仪式，下发相关文件，组织好专题讨论，征求与会代表意见建议，充分调动各个方面的积极性，有的放矢地做好各项计划工作，为启动年度工作创造条件。

2. 继续筑牢段位制标准化工作的基础，加强段位制工作各级组织，各类人员和各级站点的监管工作。普及和推广武术段位制，是现在加强武术全民健身和各地武术协会工作的一个重要任务。2013年段位制工作要注重做好以下工作。

（1）要进一步梳理段位制的管理文件和操作文件，继续建立健全推动段位制持续发展的系列文件。提倡责任制，坚持责任制，明确各级协会的任务指标；明确各省区市协会主席是段位制工作的第一责任人，秘书长是直接负责人；明确各级武术协会主要任务就是做好段位制培训和考评工作，做到公开任务指标，量化考核体系，层层落实责任。

（2）要抓好组织建设，在建立健全各级段位制办公室的基础上，把段位考试点建设好，真正发挥出考试点就在习武者身边的作用。要以普及段位制为前提，继续着力办好段位制考评员和指导员培训班，壮大段位制工作的骨干队伍。发挥已有指导员考评员的作用，以段位武术为主要锻炼内容引导武术全民健身活动，在学校、企业、机关、社区、乡镇的武术活动站点做好武术段位的普及推广和申报考评工作。通过扩大段位武术的普及面，扩大段位制市场。同时，通过正式启动评颁荣誉段位，解决好高龄武术爱好者和传承人的荣誉段位，以及为武术发展做出较大的社会名流的荣誉段位问题。

（3）段位制已经进入一个良好的发展机遇期，要强调落实年度工作。早计划、早安排，要把整个段位制的文件进一步梳理好，要在段位普及的前提下，不断壮大骨干队伍，把段位制的考试点建设好，做实，真正地发挥作用。

3. 进一步增强武术研究院的地位和作用，发挥专家委员会的桥梁作用、执行作用和服务作用，进入2013年后，要充分发挥好各位专家的智囊作用，实现进一步擦亮武术研究院牌子的目标，开好专家委员会的年度例行会议，加强组织建设，做好专家委员会管理办法的修订、充实专家委员会力量、成立青年学者工作委员会这三件事，发挥好专家委员会参政议政的参谋指导作用。

4. 抓好第12届全运会武术比赛各项工作，确保赛风赛纪和反兴奋剂工作不出任何问题。全运会设项调整后，各专业队竞争会非常激烈，赛事活动必将成为对武术管理工作的一次检验。我们要高度重视赛风赛纪和反兴奋剂工作，加强对裁判员、运动员、教练员、工作人员的教育和监督管理工作，确保武术赛事不出赛风赛纪和兴奋剂问题。我们要全力以赴做好组织工作，实现公平、公正、公开的办赛宗旨，达到总局提出的办赛目标。

5. 全力做好2013年各项国内外赛事组织工作。要促进武术赛事活动水平的提高和发挥，总结经验，处理好数量和质量关系的问题，继续抓好各项赛事的同时，调动各方面的积极性，吸引更多的社会力量，支持武术事业的发展。全年国内外赛事任务仍然较为繁重，有第12届世界武术锦标赛、世界武搏运动会、世界运动会武术比赛、东亚运动会武术比赛、第六届亚洲青少年武术锦标赛、亚洲室内运动会泰拳及自由搏击比赛、世界杯泰拳比赛、世界自由搏击比赛、中欧4国武术散打争霸赛、中亚4国武术散打争霸赛，国内赛事有全国武术锦标赛、冠军赛等计划内赛事。我们要认真组织好每一项赛事，严格标准，抓好赛事质量和组织筹备工作。

6. 大力加强全国武术之乡建设和武术“六进”（进学校、进社区、进乡镇、进机关、进军营、进企业）工作的落实。继续扩大武术的社会基础，特别是对武术之乡的建设，抓好武术工作的社会基础和骨干队伍建设，继续做好举办全国武术运动会的筹备工作。武术“六进”工作要总结现在的试点经验，扩大试点面，争取国家支持，继续抓好六进的推广，把“六进”工作做大。

（1）要增强社会责任感，始终把社会效益放在首位，大力传承武术文化，弘扬武术健身理念，建立武术健身的科学依据和指标，引领武术健身时尚，发挥传统武术健身的优势作用，更好地服务全民健身。

（2）要以人为本，增强武术植根于基层、植根于大众的意识，用祖先智慧结晶的传统体育项目强壮百姓身体，更加自觉、主动地承担起传统武术服务人民身心健康的责任。把武术服务人民、服务社会作为基点和归宿，立足社会、贴近大众，让群众信赖，让社会武术大群体满意。充分发挥中国武术协会和各地武术协会作用，培养骨干、建立队伍、多办活动、走近人民、服务社会，将武术协会打造成社会武术“和谐”之家。

（3）要坚持继承、传承，更加自觉、主动地承担起创新、发展的责任。中华武术文化博大精深，拳种套路繁多，其丰富的文化内涵和旺盛的生命力，形成独特的价值功能和作用，深受不同人群的钟爱。要善于在继承前人文化创造的基础上不断进行新的补充，我们要立足社会武术，大力宣扬传统武术文化，百花齐放，形成社会武术新的发展格局和理念，重服务、重扶持，为武术文化的繁荣和科学发展提供强大动力平台。

7. 积极推进青少年武术工作各项新举措。青少年是传承民族文化的主体，是祖国的未来，而青少年武术内容广泛，层次丰富，既有竞技比赛，又有群体活动，既包括套路运动，又包括散打运动。青少年习练群体是武术发展的后备基地，是武术更好发展的保证，新年度的青少年武术队伍建设要自成体系，要考虑好今后的长远发展。既要积极培养武术专业后备人才，又要充分发挥武术文化教育功能，要很好地维护好这片阵地。2013 年要继续加大与总局青少司、科教司，与教育部体卫艺司的沟通和协作，增加在政策层面、管理层面的支持和保障。同时抓好武术进入学校的各项准备工作，从基础上做实，稳步推进青少年武术工作。

8. 武术产业的系统开发，综合利用，发挥武术市场的导向作用。

我们要加大监管力度，予以正确的引导，统一标准，整合资源，大力发展武术产业，运用市场化手段，把武术产品的市场开发做足，把品牌做响，把推广做大做强，充分展示武术在体育产业中的巨大市场价值。

（1）建立健全武术产业开发名录和产品标准化体系。编制《中国武术协会市场开发目录》，积极探索与武术事业发展和市场开发的有识之士和企业的友好合作，共同弘扬中华武术精神，共谋中国武术市场大发展。

（2）充分发挥中国武术协会产业委员会的作用，调动社会参与、企业赞助的积极性。我们要发挥好中国武术协会产业委员会的职能作用，进一步调动社会各界参与武术开发的积极性，形成企业赞助武术事业良性发展的大好局面。

（3）办好中国武术散打百强争霸赛等商业性赛事活动。中国武术散打百强争霸赛将于2013 年初进行第一季 6 场比赛，此次赛事将贯穿全年，是由全国最优秀的武术散打运动员参赛，以职业联赛为根本，以商业操作为主线，将娱乐融入竞技，以竞技体现娱乐，带动中国整个武术产业发展的一次赛事活动。是武术市场开发很好的赛事品牌，对于武术走向市场化、产业化、规模化的一次尝试，是具有历史意义的。我们要把握好这次难得的机遇，要充分利用中国武术协会新闻委员会的资源优势，结合陕西华商报和陕西广播电视台资源优势，及时召开赛事新闻发布会，对赛事给予积极的报道宣传，扩大赛事影响力力争将中国武术散打百强争霸赛办成国内外一流、武术界顶级的精品赛事，进一步推动武术的影响力。

9. 进一步做好国际交流与宣传推广工作，巩固和发展外部环境。2013 年继续派团出访亚、欧、非、美各洲，扩大武术在海外的影响。全力以赴地进行武术申奥工作，进一步密切与国际奥委会等体育组织的沟通交流与合作。在新年度的宣传工作中，仍然要以树立大武术观，加快标准化建设为重点，要在保持宣传报道武术竞赛活动的同时，加大对段位制活动的宣传力度，外事和宣传工作要照顾到武术方方面面的发展。

10. 加大教育管理力度，进一步强化自身建设。

着力于建机制，强基础，坚持把制度建设放在首位；定职责，强督办，坚持把规范管理落到实处；建队伍，塑形象，坚持发挥从严管理的作风。

（1）进一步加强思想作风和工作建设。以开展贯彻学习十八大精神为契机，坚持把理论学习同研究解决工作中的难点、热点问题紧密结合起来，转化为解决实际问题的实际能力。增强学习的针对性和有效性，统一思想认识，端正工作态度，使干部职工的理论水平和业务素质进一步提高，使全体人员树立正确的人生观、价值观和政绩观，树立武术部门的良好形象。

（2）进一步加强制度建设。进一步健全完善各项管理制度，用制度管人管事，推进工作的规范化、制度化、科学化。

（3）进一步加强干部队伍建设。注重对干部队伍的教育监管，使全体干部职工要担当起社会责任，切实履职尽责。

（4）进一步加强班子建设。领导干部要严格要求自己，为职工创造好的工作条件，解决好干部职工的实际困难，真正做到凝心聚力，团结和带领干部职工推进中心工作科学发展。

（5）进一步加强勤政廉政建设。要管好手中的权，用好手中的权，真正做到权为民所用、利为民所谋。进一步加强作风建设，进一步密切干群关系，畅通群众诉求渠道，做好沟通反馈工作，通过扎实细致的工作为群众服好务。坚决防止吃拿卡要、冷硬横推、慵懒软散，坚持做到清正清廉。时刻绷紧反腐倡廉的弦，思想上高度重视，制度上做好保障，生活中谨言慎行，坚决抵制不良思想侵蚀和利益诱惑。

2013年，武术中心坚持以大武术观为统领，在“三融入”中展现武术的重要文化价值和社会价值，将以普及推广武术段位制为龙头，加强各级武术组织建设，不断扩大社会武术指导员和志愿者队伍，推进武术之乡管理见成效。扩大武术“六进”的试点经验，扎实筑牢武术文化进学校、进社区、进乡镇、进机关、进军营、进企业的常态化基础，全力构建武术文化公共服务体系。